Christian Pree

Bibliographie der deutschsprachigen Science Fiction und Fantasy

2011

Die Daten zu Büchern und Stories wurden mit größter Sorgfalt erstellt. Für die Richtigkeit, Vollständigkeit und Aktualität kann ich jedoch keine Gewähr übernehmen.

Inhaltsverzeichnis

Vorbemerkungen

Es gibt viele Leser, die gerne auf E-books oder auch Hörbücher umgestiegen sind. Ich gehöre nicht dazu. Für mich besteht ein Buch aus Papier. Dennoch ist in der Liste auch das eine oder andere nur elektronisch erschienene Werk zu finden. Das sind dann frei herunterladbare Werke, zumeist Sekundärliteratur.

Eine wesentliche Herausforderung einer Bibliographie in einem bestimmten Zeitraum erschienener Phantastik besteht darin, dass sich die Genres innerhalb der Phantastik oft nicht scharf abgrenzen lassen. In meiner Datenbank erfolgt die Abgrenzung nach meinem Dafürhalten, basierend auf über dreißig Jahren Beschäftigung mit dem Genre, aber meine Einschätzung muß nicht jedermann teilen. Hinweise auf relevante, in dieser Bibliographie fehlende Werke sind jederzeit herzlich willkommen.

Die folgende Liste enthält ausschließlich 2011 erschienene deutschsprachige Bücher und Stories aus dem Bereich Phantastik mit Schwerpunkt SF und Fantasy. Die Daten sind in erster Linie aus Büchern entnommen, die ich tatsächlich in der Hand gehalten habe. Das ist ein zentrales Kriterium für meine Datenbank: Das Buch gibt es wirklich, und die Primärdaten sind dem Buch entnommen und nicht aus irgendwelchen sekundären Quellen. Aufgrund der in den letzten Jahren stark angestiegenen Flut an Publikationen, besonders im Bereich Print on Demand, ist es aber schlicht nicht möglich, tatsächlich jede Publikation zu besitzen, nicht vom Platz her, und erst recht nicht finanziell. Und, offen gestanden, für so manche Publikation ist mir jeder Cent zu schade, da reicht mir zur Entscheidung über den Kauf schon eine komplett sinnfreie und/oder vor Rechtschreibfehlern strotzende Inhaltsangabe. Für die Bibliographie hingegen werte ich nicht, da stehen alle Publikationen gleichberechtigt nebeneinander. Wenn eine Publikation in der Deutschen Nationalbibliothek als im Bestand vermerkt ist, oder bei Amazon als „Auf Lager", oder auf der Seite des Verlags als lieferbar, dann halte ich die Existenz des Buches für ausreichend wahrscheinlich, um es hier zu listen.

Eine vollständige Übersicht wirklich aller 2011 erschienenen Werke, bis hin zum letzten, obskursten Buch, das ist diese Liste nicht – und kann und will es auch nicht sein. Es sind trotzdem 1338 Buch- bzw. 1453 Story-Einträge geworden.

Die dieser Liste zugrundeliegende Datenbank ist im Netz zu finden: Auf der Webseite www.chpr.at sind derzeit (Stand: Juni 2016) über 45.000 Bücher aus den Bereichen SF und Fantasy bibliographisch erfaßt, ebenso ca. 170.000 Kurzgeschichten und Artikel.

http://www.chpr.at/sfstory.html	Autoren-Übersicht
http://www.chpr.at/sf-jahr.html	Jahres-Übersicht
http://www.chpr.at/sf-uebs.html	Übersetzer-Übersicht

Aufbau der bibliographischen Daten

Die Autoren sind jeweils fett gedruckt, danach folgen die Publikationen des Autors, die 2011 publiziert wurden. Die Dokumentation zu jeder Publikation besteht aus bis zu sechs Zeilen, wobei Zeilen entfallen können, wenn keine Daten vorliegen.

Beispiel für Bücher:

```
Joe Abercrombie
Heldenklingen (2011) (D) (F) [1]
The Heroes (2011) (E)
Ü: Kirsten Borchardt
Heyne SF & F, 52523:  1. Aufl. (PB) (DE)
894 S., ISBN: 978-3-453-52523-8
Serie: Barbar, Inquisitor und Magier, 5
```

Zeile 1: Titel des Werks, plus

- Erscheinungsjahr
- Sprache
- Inhaltliche Einordnung

SF	Science Fiction	F	Fantasy
PH	Phantastik	HO	Horror
AH	Alternativwelten	SP	Sekundärwerk Phantastik

- laufende Nummer

Zeile 2: Fremdsprachiger Original-Titel des Werks, plus

- Erscheinungsjahr der fremdsprachigen Originalausgabe
- Originalsprache

E	Englisch (außer USA)		
US	US-amerikanisches Englisch		
F	Französisch	RU	Russisch
NL	Niederländisch	J	Japanisch
I	Italienisch	SP	Spanisch

Zeile 3: Übersetzer

Zeile 4: Verlag und Auflage, plus

- Publikationsform

TB	Taschenbuch	PB	Paperback
HC	Hardcover	RH	Romanheft
GB	Großband	A4	A4-Format

- Erscheinungsart

OA	Originalausgabe	DE	Deutsche Erstausgabe
OZ	Originalzusammenstellung	ND	Nachdruck
NZ	Nachdruck-Zusammenstellung		

Zeile 5: Seitenzahl und ISBN

Zeile 6: Serie

Beispiel für Stories:

Nina Allan

```
Angelus (2011) (D) [8]
Angelus (2008) (E)
Ü: Ulrich Blode
14 S.
   Christoph Weidler (Hrsg.)
   Phase X 8 (SF)
   Atlantis Phase X, 8, 978-3-941258-91-4
```

Zeile 1: Titel des Werks, plus

- (Erst-)Erscheinungsjahr
- Sprache
- laufende Nummer

Zeile 2: Fremdsprachiger Original-Titel des Werks, plus

- Erscheinungsjahr der fremdsprachigen Originalausgabe
- Originalsprache

Zeile 3: Übersetzer

Zeile 4: Anzahl Seiten der Story

Zeile 5: Autor bzw. Herausgeber des Buchs, in dem die Story erschienen ist

Zeile 6: Titel des Buchs, plus

- Inhaltliche Einordnung

SF	Science Fiction	F	Fantasy
PH	Phantastik	HO	Horror
AH	Alternativwelten	SP	Sekundärwerk Phantastik

Zeile 7: Verlag und ISBN

Bücher (eigenständige Publikationen)

Joe Abercrombie

Heldenklingen (2011) (D) (F) [1]
The Heroes (2011) (E)
Ü: Kirsten Borchardt
Heyne SF & F, 52523: 1. Aufl. (PB) (DE)
894 S., ISBN: 978-3-453-52523-8
Serie: Barbar, Inquisitor und Magier, 5

Dan Abnett

Blutiger Pakt (2011) (D) (SF) [2]
Blood Pact (2009) (E)
Ü: Christian Jentzsch
Heyne SF & F, 53387: 1. Aufl. (TB) (DE)
418 S., ISBN: 978-3-453-53387-5
Serie: Warhammer 40000

Planet 86 (2011) (D) (SF) [3]
Embedded (2011) (E)
Ü: Alfons Winkelmann
Heyne SF & F, 52813: 1. Aufl. (TB) (DE)
431 S., ISBN: 978-3-453-52913-7

Ann Aguirre

Die Enklave (2011) (D) (SF) [4]
Enclave (2010) (US)
Ü: Michael Pfingstl
Blanvalet Fantasy, 26812: 1. Aufl. (PB) (DE)
349 S., ISBN: 978-3-442-26812-2

G.A. Aiken

Dragon Fire (2011) (D) (F) [5]
Last Dragon Standing (2010) (US)
Ü: Karen Gerwig
Piper Fantasy TB, 6827: 1. Aufl. (TB) (DE)
512 S., ISBN: 978-3-492-26827-1
Serie: Drachenwandler, 4

Dragon Touch (2011) (D) (F) [6]
What a Dragon Should Know (2009) (US)
Ü: Karen Gerwig
Piper Fantasy TB, 6804: 1. Aufl. (TB) (DE)
512 S., ISBN: 978-3-492-26804-2
Serie: Drachenwandler, 3

Tina Alba

Feuersänger (2011) (D) (F) [7]
Blitz Allgemeine Reihe, 294: 1. Aufl. (HC) (OA)
532 S., ISBN: 978-3-89840-294-1

Jörg-Uwe Albig

Berlin Palace (2011) (D) (SF) [8]
Rowohlt rororo, 25738: 1. Aufl. (TB) (ND) (EA: 2010)
222 S., ISBN: 978-3-499-25738-4

Alma Alexander

Die verborgene Königin (2011) (D) (F) [9]
The Hidden Queen (2001) (E)
Ü: Edda Petri
Bastei-Lübbe Fantasy, 20561: 1. Aufl. (PB) (DE)
413 S., ISBN: 978-3-404-20561-5

Aaron Allston

Rückschlag (2011) (D) (SF) [10]
Backlash (2010) (US)
Ü: Andreas Kasprzak
Blanvalet Fantasy, 26678: 1. Aufl. (TB) (DE)
461 S., ISBN: 978-3-442-26678-4
Serie: Star Wars: Das Verhängnis d. Jedi-R, 4

Verurteilung (2011) (D) (SF) [11]
Fate of the Jedi 7 (2011) (US)
Ü: Andreas Kasprzak
Blanvalet Fantasy, 26681: 1. Aufl. (TB) (DE)
510 S., ISBN: 978-3-442-26681-4
Serie: Star Wars: Das Verhängnis d. Jedi-R, 7

Bobby Anders

Hinter Eis (2011) (D) (SF) [12]
ProVerbis, 4: 1. Aufl. (HC) (OA)
269 S., ISBN: 978-3-9502506-4-0

Kevin David Anderson

(mit: Sam Stall)
Die Nacht der lebenden Trekkies (2011) (D) (SF) [13]
Night of the Living Trekkies (2010) (US)
Ü: Ronald M. Hahn
Heyne SF & F, 52855: 1. Aufl. (TB) (DE)
300 S., ISBN: 978-3-453-52855-0

Peter Anghelides

Ein anderes Leben (2011) (D) (SF) [14]
Another Life (2007) (E)
Ü: Susanne Döpke
Cross Cult Torchwood, 1: 1. Aufl. (TB) (DE)
379 S., ISBN: 978-3-941248-58-8
Serie: Torchwood, 1

Anonymus

Das Buch ohne Gnade (2011) (D) (F) [15]
The Devil's Graveyard (2010) (E)
Ü: Michael Kubiak
Lübbe Allgemeine Reihe, 6048: 1. Aufl. (PB) (DE)
429 S., ISBN: 978-3-7857-6048-2

Uwe Anton

Die Rebellen von Escalian (2011) (D) (SF) [16]
Moewig Perry Rhodan, 2622: 1. Aufl. (RH) (OA)
63 S.
Serie: Perry Rhodan - Heft, 2622

Das Thanatos-Programm (2011) (D) (SF) [17]
Moewig Perry Rhodan, 2600: 1. Aufl. (RH) (OA)
64 S.
Serie: Perry Rhodan - Heft, 2600

Tödliches Psychospiel (2011) (D) (SF) [18]
Pabel-Moewig PR - Planetenromane, 12: 1. Aufl. (TB) (ND) (EA: 1995)
161 S.
Serie: Perry Rhodan - Planetenromane, 12

Die zweite Anomalie (2011) (D) (SF) [19]
Moewig Perry Rhodan, 2623: 1. Aufl. (RH) (OA)
59 S.
Serie: Perry Rhodan - Heft, 2623

Neal Asher

Prador Mond (2011) (D) (SF) [20]
Prador Moon (2006) (E)
Ü: Thomas Schichtel
Bastei-Lübbe SF Abenteuer, 23352: 1. Aufl. (TB) (DE)
285 S., ISBN: 978-3-404-23352-6
Serie: Ian Cormac - Polity, 1

Christian von Aster

Armageddon TV (2011) (D) (SF) [21]
periplaneta, 72: 1. Aufl. (TB) (ND) (EA: 2004)
220 S., ISBN: 978-3-940767-72-1

Der letzte Schattenschnitzer (2011) (D) (F) [22]
Klett-Cotta Hobbit-Presse, 93917: 1. Aufl. (HC) (OA)
312 S., ISBN: 978-3-608-93917-0

Katharina Bachman

Der Zeitzug oder: Schicksale im Tunnel des Lebens (2011) (D) (SF)
[23]
Libri Books on Demand, 8544: 1. Aufl. (TB) (OA)
186 S., ISBN: 978-3-8448-8544-6

Paolo Bacigalupi

Biokrieg (2011) (D) (SF) [24]
The Windup Girl (2009) (US)
Ü: Hannes Riffel, Dorothea Kallfass
Heyne SF & F, 52757: 1. Aufl. (TB) (DE)
606 S., ISBN: 978-3-453-52757-7

Thomas Backus

Zombies - Sie werden Dich fressen! (C) (2011) (D) (HO) [25]
Persimplex Allgemeine Reihe, 20: 1. Aufl. (HC) (OA)
428 S., ISBN: 978-3-86440-020-9

Martin O. Badura

Sigruns Rache (2011) (D) (SF) [26]
Buchverlag Krefeld, 37: 1. Aufl. (HC) (OA)
217 S., ISBN: 978-3-941026-37-7
Serie: Generation VRIL, 2

Michael Bahner

Die Macht der Asche (2011) (D) (SF) [27]
sfbasar-blog: 1. Aufl. (EP) (OA)
6 S.

Iain Banks

Die Sphären (2011) (D) (SF) [28]
Matter (2008) (E)
Ü: Andreas Brandhorst
Heyne SF & F, 53377: 1. Aufl. (TB) (ND) (EA: 2008)
798 S., ISBN: 978-3-453-53377-6

Die Wespenfabrik (2011) (D) (SF) [29]
The Wasp Factory (1984) (E)
Ü: Irene Bonhorst, Thomas Ballhausen, Karin Kaltenbrunner
Milena exquisite corpse, 7: 1. Aufl. (HC) (ND) (EA: 1991)
242 S., ISBN: 978-3-85286-205-7

James Barclay

Einst herrschten Elfen (2011) (D) (F) [30]
Once Walked With Gods (2010) (US)
Ü: Jürgen Langowski
Heyne SF & F, 52881: 1. Aufl. (TB) (DE)
559 S., ISBN: 978-3-453-52881-9

Jäger des Feuers (2011) (D) (F) [31]
Noonshade (2000) (US)
Ü: Jürgen Langowski
Heyne SF & F, 52754: 1. Aufl. (TB) (NZ) (EA: 2005)
767 S., ISBN: 978-3-453-52754-6
Serie: Der Bund des Raben, 2

Kind der Dunkelheit (2011) (D) (F) [32]
Nightchild (2001) (US)
Ü: Jürgen Langowski
Heyne SF & F, 53380: 1. Aufl. (TB) (NZ) (EA: 2006)
735 S., ISBN: 978-3-453-53380-6
Serie: Der Bund des Raben, 3

Peter Barroll

Das Wrack (2011) (D) (SF) [33]
tredition Allgemeine Reihe, 9477: 1. Aufl. (TB) (OA)
404 S., ISBN: 978-3-8424-9477-0

Sandra Baumgärtner

Carpe Noctem (2011) (D) (PH) [34]
Kleine Schritte, 134: 1. Aufl. (TB) (OA)
216 S., ISBN: 978-3-89968-134-5
Serie: Seraphim, 1

Stephen Baxter

Die letzte Arche (2011) (D) (SF) [35]
Ark (2009) (E)
Ü: Peter Robert
Heyne Allgemeine Reihe, 26657: 1. Aufl. (TB) (DE)
687 S., ISBN: 978-3-453-26657-5

Greg Bear

Kryptum (2011) (D) (SF) [36]
Cryptum (2011) (US)
Ü: Tobias Toneguzzo, Andreas Kasprzak
Panini Halo - Blutsväter, 1: 1. Aufl. (HC) (DE)
363 S., ISBN: 978-3-8332-2126-2
Serie: Halo - Blutsväter, 1

Das Schiff (2011) (D) (SF) [37]
Hull Zero Three (2010) (US)
Ü: Usch Kiausch
Heyne SF & F, 53375: 1. Aufl. (TB) (DE)
477 S., ISBN: 978-3-453-53375-2

Anna Becker

Die Zeitreise-Agentin (2011) (D) (SF) [38]
AAVAA, 365: 1. Aufl. (TB) (OA)
193 S., ISBN: 978-3-86254-365-6
Serie: Zeitreise-Agentin, 1

Die Zeitreise-Agentin (2011) (D) (SF) [39]
AAVAA, 366: 1. Aufl. (TB) (OA)
285 S., ISBN: 978-3-86254-366-3
Serie: Zeitreise-Agentin, 1

Bernard Beckett

Das neue Buch Genesis (2011) (D) (SF) [40]
Genesis (2005) (E)
Ü: Christine Gallus
Loewe script5, 128: 1. Aufl. (TB) (ND) (EA: 2009)
172 S., ISBN: 978-3-8390-0128-8

Jason N. Beil

Verrat in Faerie (2011) (D) (F) [41]
The Talisman of Faerie II (2004) (E)
Ü: Michael Krug
Otherworld, 9536: 1. Aufl. (PB) (DE)
395 S., ISBN: 978-3-8000-9536-0
Serie: Die Talisman-Kriege, 2

Alfred Bekker

Angriff der Orks (2011) (D) (F) [42]
Ueberreuter Allgemeine Reihe, 5607: 1. Aufl. (HC) (OA)
184 S., ISBN: 978-3-8000-5607-1
Serie: Die wilden Orks, 1

Die Drachen-Attacke (2011) (D) (F) [43]
Ueberreuter Allgemeine Reihe, 5644: 1. Aufl. (HC) (OA)
176 S., ISBN: 978-3-8000-5644-6
Serie: Die wilden Orks, 3

Die Eisdämonen der Elben (2011) (D) (F) [44]
Schneider Allgemeine Reihe, 12561: 1. Aufl. (HC) (OA)
202 S., ISBN: 978-3-505-12561-4
Serie: Elbenkinder, 7

Der Fluch des Zwergengolds (2011) (D) (F) [45]
Ueberreuter Allgemeine Reihe, 5608: 1. Aufl. (HC) (OA)
176 S., ISBN: 978-3-8000-5608-8
Serie: Die wilden Orks

Gefährten der Magie (2011) (D) (F) [46]
BVK Lesewelten, 218: 1. Aufl. (TB) (OA)
121 S., ISBN: 978-3-86740-218-7

Die Geister der Elben (2011) (D) (F) [47]
Schneider Allgemeine Reihe, 12560: 1. Aufl. (HC) (OA)
201 S., ISBN: 978-3-505-12560-7
Serie: Elbenkinder, 6

Herrschaft der Alten (2011) (D) (SF) [48]
Edition Zweihorn, 89: 1. Aufl. (TB) (OA)
146 S., ISBN: 978-3-935265-89-8

Die Hüter der Magie (2011) (D) (F) [49]
Blanvalet Fantasy, 26764: 1. Aufl. (TB) (OA)
476 S., ISBN: 978-3-442-26764-4
Serie: Gorian, 2

Im Reich des Winters (2011) (D) (F) [50]
Blanvalet Fantasy, 26765: 1. Aufl. (TB) (OA)
478 S., ISBN. 970-3-442 26765-1
Serie: Gorian, 3

Weltraumkrieg (2011) (D) (SF) [51]
Kempen, 217: 1. Aufl. (TB) (OA)
114 S., ISBN: 978-3-86740-217-0
Serie: Avalon Space Fighter

Lanning C. Bel

Serasin - Feuermagier 1 (2011) (D) (F) [52]
Novum pro, 307: 1. Aufl. (TB) (OA)
316 S., ISBN: 978-3-99003-307-4
Serie: Serasin, 1

Serasin - Feuermagier 2 (2011) (D) (F) [53]
Novum pro, 308: 1. Aufl. (TB) (OA)
368 S., ISBN: 978-3-99003-308-1
Serie: Serasin, 2

Serasin - Feuermagier 3 (2011) (D) (F) [54]
Novum pro, 309: 1. Aufl. (TB) (OA)
399 S., ISBN: 978-3-99003-309-8
Serie: Serasin, 3

Bettina Belitz

Dornenkuss (2011) (D) (F) [55]
Loewe script5, 123: 1. Aufl. (HC) (OA)
816 S., ISBN: 978-3-8390-0123-3
Serie: Splitterherz, 3

Scherbenmond (2011) (D) (F) [56]
Loewe script5, 122: 1. Aufl. (HC) (OA)
688 S., ISBN: 978-3-8390-0122-6
Serie: Splitterherz, 2

Alden Bell

Nach dem Ende (2011) (D) (SF) [57]
The Reapers Are the Angels (2010) (US)
Ü: Friedrich Mader
Heyne SF & F, 52833: 1. Aufl. (TB) (DE)
318 S., ISBN: 978-3-453-52833-8

Stephan R. Bellem

Portal des Vergessens (2011) (D) (F) [58]
Otherworld, 9533: 1. Aufl. (PB) (OA)
285 S., ISBN: 978-3-8000-9533-9

Die Wächter Edens (2011) (D) (PH) [59]
Otherworld, 9548: 1. Aufl. (PB) (OA)
308 S., ISBN: 978-3-8000-9548-3

Michael Belz

Die Sternenkrieger (2011) (D) (SF) [60]
Libri Books on Demand, 4123: 1. Aufl. (TB) (OA)
232 S., ISBN: 978-3-8423-4123-4
Serie: Yuugata, 1

Elmar Benninghaus

Futuristische Mord-Fiktionen (C) (2011) (D) (SF) [61]
Libri Books on Demand, 1250: 1. Aufl. (TB) (OA)
135 S., ISBN: 978-3-8448-1250-3

Der Kirchenplanet (2011) (D) (SF) [62]
Libri Books on Demand, 1005: 1. Aufl. (TB) (OA)
91 S., ISBN: 978-3-8448-1005-9

Dorothea Bergermann

Tagrichter (2011) (D) (F) [63]
Ulisses Spiele Das Schwarze Auge, 11070: 1. Aufl. (TB) (OA)
376 S., ISBN: 978-3-89064-126-3
Serie: DSA, 134

W. Berner

Die Geister des Saturns (2011) (D) (SF) [64]
Hary-Production Star Gate, 83: 1. Aufl. (GB) (OA)
132 S.
Serie: Star Gate, 83

Martina Bernsdorf

Finsternis über Asharan (2011) (D) (F) [65]
Noel, 123: 1. Aufl. (TB) (OA)
367 S., ISBN: 978-3-942802-23-9

Michael T. Bhatty

Asiya (2011) (D) (F) [66]
Panini Runes of Magic: 1. Aufl. (TB) (OA)
361 S., ISBN: 978-3-8332-2239-9
Serie: Runes of Magic

Ilsa J. Bick

Brennendes Herz (2011) (D) (SF) [67]
Ashes (2011) (US)
Ü: Robert A. Weiß, Gerlinde Schermer-Rauwolf, Sonja Schuhmacher
Egmont Ink, 5: 1. Aufl. (HC) (DE)
512 S., ISBN: 978-3-86396-005-6
Serie: Ashes, 1

Laura Bickle

Flammenzorn (2011) (D) (F) [68]
Embers (2010) (US)
Ü: Frauke Meier
Bastei-Lübbe SF & F, 20651: 1. Aufl. (TB) (DE)
365 S., ISBN: 978-3-404-20651-3

Judith Billes

Unicorn: Erbe aus längst vergengener Zeit (2011) (D) (F) [69]
Novum pro, 253: 1. Aufl. (TB) (OA)
196 S., ISBN: 978-3-99003-253-4

Randall Bills

Die Zweifel des Ketzers (2011) (D) (SF) [70]
Heretic's Faith (2011) (US)
Ü: Reinhold H. Mai
Ulisses Spiele Battletech Dark Age, 42017: 1. Aufl. (TB) (DE)
311 S., ISBN: 978-3-86889-162-1
Serie: Battletech - Dark Age, 17

Alisha Bionda

Die Mitternachtsträne (2011) (D) (F) [71]
EDFC Fantasia, 350: 1. Aufl. (EB) (OA)
218 S.
Serie: Fantasia, 350

John Birmingham

Das verlorene Land (2011) (D) (SF) [72]
After America (2010) (US)
Ü: Ronald Gutberlet
Heyne SF & F, 52601: 1. Aufl. (TB) (DE)
749 S., ISBN: 978-3-453-52601-3

Anne Bishop

Blutsherrschaft (2011) (D) (F) [73]
Shalador's Lady (2010) (US)
Ü: Kristina Euler
Heyne SF & F, 52777: 1. Aufl. (TB) (DE)
589 S., ISBN: 978-3-453-52777-5
Serie: Die Schwarzen Juwelen, 8

Ben B. Black

Geheimwaffe Kurnuk (2011) (D) (SF) [74]
HJB Sternendschungel, 53: 1. Aufl. (GB) (OA)
96 S.
Serie: Ren Dhark - Drei Jahre, 53

Das Weltuntergangsprogramm (2011) (D) (SF) [75]
HJB Sternendschungel, 52: 1. Aufl. (GB) (OA)
95 S.
Serie: Ren Dhark - Drei Jahre, 52

Nina Blazon

Ascheherz (2011) (D) (F) [76]
Bertelsmann cbt Fantasy, 16065: 1. Aufl. (HC) (OA)
544 S., ISBN: 978-3-570-16065-7

Zweilicht (2011) (D) (F) [77]
Bertelsmann cbt Fantasy, 16117: 1. Aufl. (HC) (OA)
416 S., ISBN: 978-3-570-16117-3

S.A. Bodeen

Überleben (2011) (D) (SF) [78]
The Compound (2008) (US)
Ü: Christian Dreller
Oetinger, 74: 1. Aufl. (TB) (ND) (EA: 2010)
284 S., ISBN: 978-3-8415-0074-8

Frank P. Böhmert

Ein cooler Hund (C) (2011) (D) (PH) [79]
p.machinery Außer der Reihe, 2: 1. Aufl. (TB) (OA)
60 S., ISBN: 978-3-942533-21-8

Horst Bohse

Die große Flut: Experiment Homo (2011) (D) (SF) [80]
edition winterwork, 88: 1. Aufl. (TB) (OA)
436 S., ISBN: 978-3-943048-88-9

Rose-Lise Bonin

Zeitsprung 1 (2011) (D) (SF) [81]
smu, 8: 1. Aufl. (TB) (OA)
289 S., ISBN: 978-3-9813315-8-5

Simon Borner

Tachyonen-Exil (2011) (D) (SF) [82]
Bastei Sternenfaust, 165: 1. Aufl. (RH) (OA)
64 S.
Serie: Sternenfaust, 165

Osbourne Borough

Träumende Seelen (2011) (D) (SF) [83]
Pro Business Allgemeine Reihe, 824: 1. Aufl. (TB) (OA)
497 S., ISBN: 978-3-86805-824-6
Serie: Meridian

Frank Borsch

Begegnung der Unsterblichen (2011) (D) (SF) [84]
Moewig Perry Rhodan, 2594: 1. Aufl. (RH) (OA)
63 S.
Serie: Perry Rhodan - Heft, 2594

Die dunklen Zwillinge (2011) (D) (SF) [85]
Pabel-Moewig Perry Rhodan Neo, 6: 1. Aufl. (TB) (OA)
161 S.
Serie: Perry Rhodan Neo, 6

Der Okrivar und das Schicksal (2011) (D) (SF) [86]
Moewig Perry Rhodan, 2584: 1. Aufl. (RH) (OA)
63 S.
Serie: Perry Rhodan - Heft, 2584

Sternenstaub (2011) (D) (SF) [87]
Pabel-Moewig Perry Rhodan Neo, 1: 1. Aufl. (TB) (OA)
161 S.
Serie: Perry Rhodan Neo, 1

Der Tanz der Vatrox (2011) (D) (SF) [88]
Moewig Perry Rhodan, 2585: 1. Aufl. (RH) (OA)
59 S.
Serie: Perry Rhodan - Heft, 2585

Pierre Bottero

Die Insel des Schicksals (2011) (D) (F) [89]
<unbekannt / unknown> (F)
Herder Kerle, 70582: 1. Aufl. (HC) (DE)
315 S., ISBN: 978-3-451-70582-3
Serie: Ewilan, 3

J.L. Bourne

Tagebuch der Apokalypse 2 (2011) (D) (SF) [90]
Beyond Exile (2010) (US)
Ü: Ronald M. Hahn
Heyne SF & F, 52819: 1. Aufl. (TB) (DE)
448 S., ISBN: 978-3-453-52819-2
Serie: Tagebuch der Apokalypse, 2

Andreas Brandhorst

Die Stadt (2011) (D) (SF) [91]
Heyne SF & F, 52764: 1. Aufl. (PB) (OA)
590 S., ISBN: 978-3-453-52764-5

Katja Brandis

(mit: Hans-Peter Ziemek)
Ruf der Tiefe (2011) (D) (SF) [92]
Beltz & Gelberg Allgemeine Reihe, 81082: 1. Aufl. (HC) (OA)
415 S., ISBN: 978-3-407-81082-3

Mark Brandis

Astropolis (2011) (D) (SF) [93]
Wurdack Mark Brandis, 19: 1. Aufl. (TB) (ND) (EA: 1980)
174 S., ISBN: 978-3-938065-67-9
Serie: Weltraumpartisanen, 19

Blindflug zur Schlange (2011) (D) (SF) [94]
Wurdack Mark Brandis, 21: 1. Aufl. (TB) (ND) (EA: 1981)
168 S., ISBN: 978-3-938065-78-5
Serie: Weltraumpartisanen, 21

Raumposition Oberon (2011) (D) (SF) [95]
Wurdack Mark Brandis, 22: 1. Aufl. (TB) (ND) (EA: 1982)
178 S., ISBN: 978-3-938065-79-2
Serie: Weltraumpartisanen, 22

Sirius-Patrouille (2011) (D) (SF) [96]
Wurdack Mark Brandis, 18: 1. Aufl. (TB) (ND) (EA: 1979)
184 S., ISBN: 978-3-938065-66-2
Serie: Weltraumpartisanen, 18

Der Spiegelplanet (2011) (D) (SF) [97]
Wurdack Mark Brandis, 17: 1. Aufl. (TB) (ND) (EA: 1978)
192 S., ISBN: 978-3-938065-65-5
Serie: Weltraumpartisanen, 17

Triton-Passage (2011) (D) (SF) [98]
Wurdack Mark Brandis, 20: 1. Aufl. (TB) (ND) (EA: 1981)
168 S., ISBN: 978-3-938065-68-6
Serie: Weltraumpartisanen, 20

Libba Bray

Ohne. Ende. Leben. (2011) (D) (SF) [99]
Going Bovine (2009) (US)
Ü: Siggi Seuß
dtv Premium, 24879: 1. Aufl. (PB) (DE)
559 S., ISBN: 978-3-423-24879-2

Hajo F. Breuer

(mit: Ben B. Black, Jan Gardemann, Uwe Helmut Grave, Achim Mehnert)
Die Herren des Universums (2011) (D) (SF) [100]
Unitall Ren Dhark Weg ins W., 33: 1. Aufl. (HC) (OA)
345 S., ISBN: 978-3-905937-81-7
Serie: Ren Dhark - Weg ins Weltall, 33

(mit: Ben B. Black, Jan Gardemann, Uwe Helmut Grave, Achim Mehnert)
Jagd auf die POINT OF (2011) (D) (SF) [101]
Unitall Ren Dhark Weg ins W., 31: 1. Aufl. (HC) (OA)
352 S., ISBN: 978-3-905937-19-0
Serie: Ren Dhark - Weg ins Weltall, 31

(mit: Jan Gardemann, Uwe Helmut Grave, Achim Mehnert, Conrad
Shepherd)
Para-Attacke (2011) (D) (SF) [102]
Unitall Ren Dhark Weg ins W., 28: 1. Aufl. (HC) (OA)
352 S., ISBN: 978-3-905937-16-9
Serie: Ren Dhark - Weg ins Weltall, 28

(mit: Ben B. Black, Uwe Helmut Grave, Achim Mehnert, Conrad Shepherd)
Priester des Bösen (2011) (D) (SF) [103]
Unitall Ren Dhark Weg ins W., 30: 1. Aufl. (HC) (OA)
352 S., ISBN: 978-3-905937-18-3
Serie: Ren Dhark - Weg ins Weltall, 30

(mit: Ben B. Black, Jan Gardemann, Uwe Helmut Grave, Conrad Shepherd)
Sternengefängnis Orn (2011) (D) (SF) [104]
Unitall Ren Dhark Weg ins W., 32: 1. Aufl. (HC) (OA)
351 S., ISBN: 978-3-905937-80-0
Serie: Ren Dhark - Weg ins Weltall, 32

(mit: Ben B. Black, Jan Gardemann, Uwe Helmut Grave, Achim Mehnert)
Tödliche Rückkopplung (2011) (D) (SF) [105]
Unitall Ren Dhark Weg ins W., 29: 1. Aufl. (HC) (OA)
352 S., ISBN: 978-3-905937-17-6
Serie: Ren Dhark - Weg ins Weltall, 29

Brom

Der Kinderdieb (2011) (D) (F) [106]
The Child Thief (2009) (US)
Ü: Jakob Schmidt
Knaur Allgemeine Reihe, 50688: 1. Aufl. (TB) (ND) (EA: 2010)
664 S., ISBN: 978-3-426-50688-2

Meljean Brook

Wilde Sehnsucht (2011) (D) (AH) [107]
The Iron Duke (2010) (US)
Ü: Beate Bauer
Egmont lyx, 8606: 1. Aufl. (TB) (DE)
479 S., ISBN: 978-3-8025-8606-4
Serie: Die eiserne See, 1

Graham Brown

Black Sun (2011) (D) (SF) [108]
Black Sun (2010) (US)
Ü: Fred Kinzel
Blanvalet Allgemeine Reihe, 37385: 1. Aufl. (TB) (DE)
443 S., ISBN: 978-3-442-37385-7

Scott G. Browne

Schicksal! (2011) (D) (PH) [109]
Fated (2010) (US)
Ü: Falk Behr, Momo Evers
Droemer Allgemeine Reihe, 22604: 1. Aufl. (PB) (DE)
410 S., ISBN: 978-3-426-22604-9

Wolfgang Brunner

Das Geheimnis von Griphus Nix (2011) (D) (PH) [110]
Noel, 95: 1. Aufl. (HC) (OA)
350 S., ISBN: 978-3-940209-95-5
Serie: Cryptanus, 2

John Buchan

Die Nacht von Beltane (2011) (D) (PH) [111]
The Outgoing of the Tide (1902) (E)
Ü: Simone Schroth
Edition TES BunTES Abenteuer, 201103: 1. Aufl. (RH) (DE)
32 S.

Col Buchanan

Farlander - Der Pfad des Kriegers (2011) (D) (F) [112]
Heyne SF & F, 52773: 1. Aufl. (PB) (OA)
701 S., ISBN: 978-3-453-52773-7

Royce Buckingham

Fiese Finsterlinge (2011) (D) (F) [113]
Demonocity (2011) (US)
Ü: Joannis Stefanidis
Penhaligon, 3058: 1. Aufl. (HC) (DE)
221 S., ISBN: 978-3-7645-3058-7

Jesse Bullington

Die traurige Geschichte der Brüder Großbart (2011) (D) (F) [114]
The Sad Tale of the Brothers Grossbart (2009) (US)
Ü: Eva Bauche-Eppers
Bastei-Lübbe Fantasy, 28550: 1. Aufl. (PB) (OA)
541 S., ISBN: 978-3-404-28550-1

Stefan Burban

Nahende Finsternis (2011) (D) (SF) [115]
Atlantis Allgemeine Reihe, 157: 1. Aufl. (TB) (OA)
287 S., ISBN: 978-3-941258-57-0
Serie: Der Ruul-Konflikt, 2

Nahende Finsternis (2011) (D) (SF) [116]
Atlantis Edition Atlantis: 1. Aufl. (HC) (OA)
287 S.
Serie: Der Ruul-Konflikt, 2

Jim Butcher

Die Befreier von Canea (2011) (D) (F) [117]
Princeps' Fury (2008) (US)
Ü: Andreas Helweg
Blanvalet Fantasy, 26788: 1. Aufl. (PB) (DE)
603 S., ISBN: 978-3-442-26788-0
Serie: Codex Alera, 5

Der Protektor von Calderon (2011) (D) (F) [118]
Captain's Fury (2007) (US)
Ü: Andreas Helweg
Blanvalet Fantasy, 26779: 1. Aufl. (PB) (DE)
606 S., ISBN: 978-3-442-26779-8
Serie: Codex Alera, 4

Myra Cakan

Dreimal Proxima Centauri und zurück (2011) (D) (SF) [119]
Edition Phantasia Paperback SF, 1014: 1. Aufl. (TB) (OA)
208 S., ISBN: 978-3-937897-47-9

Jack Campbell

Fluchtpunkt Ixion (2011) (D) (SF) [120]
Courageous (2008) (US)
Ü: Ralph Sander
Bastei-Lübbe SF Abenteuer, 23351: 1. Aufl. (TB) (DE)
397 S., ISBN: 978-3-404-23351-9
Serie: Die verschollene Flotte, 3

Gearys Ehre (2011) (D) (SF) [121]
Valiant (2008) (US)
Ü: Ralph Sander
Bastei-Lübbe SF & F, 20018: 1. Aufl. (TB) (DE)
414 S., ISBN: 978-3-404-20018-4
Serie: Die verschollene Flotte, 4

Der Hinterhalt (2011) (D) (SF) [122]
Relentless (2009) (US)
Ü: Ralph Sander
Bastei-Lübbe SF & F, 20642: 1. Aufl. (TB) (DE)
382 S., ISBN: 978-3-404-20642-1
Serie: Die verschollene Flotte, 5

Trudi Canavan

Die Heilerin (2011) (D) (F) [123]
The Rogue (2011) (E)
Ü: Michaela Link
Penhaligon Allgemeine Reihe, 3042: 1. Aufl. (HC) (DE)
576 S., ISBN: 978-3-7645-3042-6
Serie: Saga von Sonea, 2

Die Hüterin (2011) (D) (F) [124]
The Ambassador's Mission (2010) (E)
Ü: Michaela Link
Blanvalet Allgemeine Reihe, 37725: 1. Aufl. (PB) (ND) (EA: 2010)
608 S., ISBN: 978-3-442-37725-1
Serie: Saga von Sonea, 1

Sofie Capasso

Ozeanaugen (2011) (D) (F) [125]
Libri Books on Demand, 6262: 1. Aufl. (TB) (OA)
284 S., ISBN: 978-3-8423-6262-8

Jacqueline Carey

Fluch der Götter (2011) (D) (F) [126]
Godslayer (2005) (US)
Ü: Michael Siefener
Heyne SF & F, 52257: 1. Aufl. (TB) (ND) (EA: 2009)
463 S., ISBN: 978-3-453-52257-2
Serie: Elegie an die Nacht, 2

Lewis Carroll

Alice im Wunderland (2011) (D) (F) [127]
Alice in Wonderland (1865) (E)
Ü: Angelika Beck
Anaconda Allgemeine Reihe, 694: 1. Aufl. (HC) (NÜ)
160 S., ISBN: 978-3-86647-694-3
Serie: Alice in Wonderland, 1

Rainer Castor

Tor nach Terra (2011) (D) (SF) [128]
Moewig Perry Rhodan, 2576: 1. Aufl. (RH) (OA)
64 S.
Serie: Perry Rhodan - Heft, 2576

David Chandler

Die Metropole der Diebe (2011) (D) (F) [129]
Den of Thieves (2011) (US)
Ü: Andreas Decker
Piper Fantasy TB, 6754: 1. Aufl. (PB) (DE)
494 S., ISBN: 978-3-492-26754-0
Serie: Ancient Blades, 1

George Tomkyns Chesney

Die Schlacht bei Dorking (2011) (D) (SF) [130]
The Battle of Dorking: Reminiscences of a Volunteer (1871) (E)
Ü: Karl Grädener
Unitall SF de luxe classic, 1: 1. Aufl. (HC) (NÜ) (EA: 1879)
112 S., ISBN: 978-3-905937-44-2

Ted Chiang

Die Hölle ist die Abwesenheit Gottes (C) (2011) (D) (SF) [131]
<unbekannt / unknown> (US)
Ü: molosovsky
Golkonda Allgemeine Reihe, 12: 1. Aufl. (TB) (DE)
178 S., ISBN: 978-3-942396-12-7

Cinda Williams Chima

Das Exil der Königin (2011) (D) (F) [132]
The Exiled Queen (2010) (US)
Ü: Susanne Gerold
Goldmann Fantasy, 46975: 1. Aufl. (TB) (DE)
672 S., ISBN: 978-3-442-46975-8
Serie: Dämonenkönig

Nicholas Christopher

Eine Reise zu den Sternen (2011) (D) (PH) [133]
A Trip to the Stars (2000) (US)
Ü: Roberto De Hollanda, Pociao
dtv Allgemeine Reihe, 21312: 1. Aufl. (TB) (ND) (EA: 2002)
670 S., ISBN: 978-3-423-21312-7

Cassandra Clare

Clockwork Angel (2011) (D) (F) [134]
Clockwork Angel (US)
Ü: Franca Fritz, Heinrich Koop
Arena Allgemeine Reihe, 6474: 1. Aufl. (HC) (DE)
580 S., ISBN: 978-3-401-06474-1
Serie: Chroniken der Schattenjäger, 1

Arthur C. Clarke

Die Stadt und die Sterne (2011) (D) (SF) [135]
The City and the Stars (1956) (E)
Ü: Tony Westermayr
Heyne SF & F, 53397: 1. Aufl. (TB) (ND) (EA: 1960)
326 S., ISBN: 978-3-453-53397-4
Serie: Meisterwerke der SF

Ally Clock

Die eiskalte Flamme (2011) (D) (F) [136]
Hillenbrand Temporia, 3: 1. Aufl. (RH) (OA)
55 S., ISBN: 978-3-943303-02-5
Serie: Temporia, 3

Der Fluch der Vestas (2011) (D) (F) [137]
Hillenbrand Temporia, 2: 1. Aufl. (RH) (OA)
57 S., ISBN: 978-3-943303-01-8
Serie: Temporia, 2

Die halbe Münze (2011) (D) (F) [138]
Hillenbrand Temporia, 1: 1. Aufl. (RH) (OA)
57 S., ISBN: 978-3-943303-00-1
Serie: Temporia, 1

Michael Cobley

Waisen des Alls (2011) (D) (SF) [139]
The Orphaned Worlds (2010) (E)
Ü: Norbert Stöbe
Heyne SF & F, 52588: 1. Aufl. (TB) (DE)
622 S., ISBN: 978-3-453-52588-7
Serie: Darien, 2

Eoin Colfer

Der Atlantis-Komplex (2011) (D) (F) [140]
Artemis Fowl and the Atlantis Complex (2010) (E)
Ü: Claudia Feldmann
List Allgemeine Reihe, 35061: 1. Aufl. (HC) (DE)
335 S., ISBN: 978-3-471-35061-4
Serie: Artemis Fowl, 7

Und übrigens noch was (2011) (D) (SF) [141]
And Another Thing (2009) (E)
Ü: Gunnar Kwisinski
Heyne Allgemeine Reihe, 40795: 1. Aufl. (TB) (ND) (EA: 2009)
412 S., ISBN: 978-3-453-40795-4
Serie: Hitchhiker, 6

Suzanne Collins

Flammender Zorn (2011) (D) (SF) [142]
Mockingjay (2010) (US)
Ü: Peter Klöss, Sylke Hachmeister
Oetinger Allgemeine Reihe, 3220: 1. Aufl. (HC) (DE)
430 S., ISBN: 978-3-7891-3220-9
Serie: Tribute von Panem, 3

Ally Condie

Die Auswahl (2011) (D) (SF) [143]
Matched (2010) (US)
Ü: Stefanie Schäfer
S. Fischer FJB, 2119: 1. Aufl. (HC) (DE)
453 S., ISBN: 978-3-8414-2119-7
Serie: Cassia & Ky, 1

Brenda Cooper

Sternenwind (2011) (D) (SF) [144]
The Silver Ship and the Sea (2007) (US)
Ü: Bernhard Kempen
Blanvalet Fantasy, 26799: 1. Aufl. (TB) (DE)
507 S., ISBN: 978-3-442-26799-6
Serie: Chelo Lee, 1

Elspeth Cooper

Die Lieder der Erde (2011) (D) (F) [145]
Songs of the Earth (2011) (E)
Ü: Michael Siefener
Heyne Allgemeine Reihe, 26713: 1. Aufl. (PB) (DE)
558 S., ISBN: 978-3-453-26713-8
Serie: Wilde Jagd, 1

Matthew J. Costello

Rage (2011) (D) (SF) [146]
Rage (2011) (US)
Ü: Timothy Stahl
Panini Allgemeine Reihe, 2329: 1. Aufl. (PB) (DE)
332 S., ISBN: 978-3-8332-2329-7

Ben Counter

Am Abgrund (2011) (D) (SF) [147]
Battle For the Abyss (2008) (E)
Ü: Ralph Sander
Heyne SF & F, 52785: 1. Aufl. (TB) (DE)
433 S., ISBN: 978-3-453-52785-0
Serie: Warhammer 40000: Großer Bruderkrieg, 8

Bernard Craw

Präludium (2011) (D) (SF) [148]
Ulisses Spiele Classic Battletech, 41020: 1. Aufl. (TB) (OA)
444 S., ISBN: 978-3-86889-164-5
Serie: Battletech Classic, 20

Türme im Nebel (2011) (D) (F) [149]
Ulisses Spiele Das Schwarze Auge, 11072: 1. Aufl. (TB) (OA)
377 S., ISBN: 978-3-86889-166-9
Serie: DSA, 135

Alison Croggon

Das Baumlied (2011) (D) (F) [150]
The Singing (2006) (E)
Ü: Michael Krug
Bastei-Lübbe SF & F, 20004: 1. Aufl. (TB) (ND) (EA: 2009)
526 S., ISBN: 978-3-404-20004-7
Serie: Pellinor-Saga, 4

Die Krähe (2011) (D) (F) [151]
The Crow (2006) (E)
Ü: Michael Krug
Bastei-Lübbe SF & F, 20002: 1. Aufl. (TB) (NA) (EA: 2008)
572 S., ISBN: 978-3-404-20002-3
Serie: Pellinor-Saga, 3

Das Rätsel (2011) (D) (F) [152]
The Riddle (2004) (E)
Ü: Michael Krug
Bastei-Lübbe Fantasy, 20634: 1. Aufl. (TB) (ND) (EA: 2008)
494 S., ISBN: 978-3-404-20634-6
Serie: Pellinor-Saga, 2

Justin Cronin

Der Übergang (2011) (D) (SF) [153]
The Passage (2010) (US)
Ü: Ulrike Draesner
Goldmann Allgemeine Reihe, 46937: 1. Aufl. (TB) (ND) (EA: 2010)
1040 S., ISBN: 978-3-442-46937-6

Kady Cross

Das Mädchen mit dem Stahlkorsett (2011) (D) (F) [154]
The Girl in the Steel Corset (2011) (E)
Ü: Jürgen Langowski
Heyne Allgemeine Reihe, 26740: 1. Aufl. (HC) (DE)
368 S., ISBN: 978-3-453-26740-4
Serie: Finlay Jayne, 1

Thomas Czingraber

Ria und der Außenseiter / Ria und das Diadem vom Eschensee (2011) (D)
(F) [155]
Wagner Allgemeine Reihe, 1012: 1. Aufl. (TB) (OA)
238 S., ISBN: 978-3-86279-012-8
Serie: Ria, 2

W. Bill Czologosz

Die Abenteuer von Huckleberry Finn und Zombie Jim (2011) (D) (HO)
[156]
Adventures of Huckleberry Finn and Zombie Jim (2009) (US)
Ü: Caspar D. Friedrich
Panini Allgemeine Reihe, 2331: 1. Aufl. (PB) (DE)
283 S., ISBN: 978-3-8332-2331-0

Gordon Dahlquist

Das Dunkelbuch (2011) (D) (F) [157]
The Dark Volume (2008) (US)
Ü: Susanne Mende
Blanvalet Allgemeine Reihe, 37211: 1. Aufl. (TB) (ND) (EA: 2009)
608 S., ISBN: 978-3-442-37211-9
Serie: Miss Temple und ihre Gefährten, 2

Casey Daniels

TV tot (2011) (D) (F) [158]
Dead Man Talking (2009) (US)
Ü: Dorothee Danzmann
Feder & Schwert Pepper Martin, 11505: 1. Aufl. (TB) (DE)
317 S., ISBN: 978-3-86762-101-4
Serie: Pepper Martin, 5

Hjalti Danielsson

Das brennende Leben (2011) (D) (SF) [159]
The Burning Life (2010) (US)
Ü: Helga Parmiter
Blanvalet Fantasy, 26753: 1. Aufl. (TB) (DE)
446 S., ISBN: 978-3-442-26753-8
Serie: EVE

James Dashner

Im Labyrinth (2011) (D) (SF) [160]
The Maze Runner (2009) (US)
Ü: Anke Caroline Burger
Carlsen Chicken House, 52019: 1. Aufl. (HC) (DE)
496 S., ISBN: 978-3-551-52019-7
Serie: Die Auserwählten, 1

Daniel Daub

Das Schwert im Stein (2011) (D) (F) [161]
AAVAA, 795: 1. Aufl. (TB) (OA)
303 S., ISBN: 978-3-86254-795-1

Das Schwert im Stein (2011) (D) (F) [162]
AAVAA, 797: 1. Aufl. (TB) (OA)
463 S., ISBN: 978-3-86254-797-5

Peter David

Gebranntes Kind (2011) (D) (SF) [163]
Once Burned (2011) (US)
Ü: Stephanie Pannen
Cross Cult New Frontier: 1. Aufl. (TB) (DE)
251 S., ISBN: 978-3-942649-00-1
Serie: Enterprise - New Frontier - Cap'Tab, 1

Kartenhaus (C) (2011) (D) (SF) [164]
House of Cards / Into the Void (1997) (US)
Ü: Bernhard Kempen
Cross Cult New Frontier, 1: 1. Aufl. (TB) (ND) (EA: 2000)
310 S., ISBN: 978-3-942649-01-8
Serie: Enterprise - New Frontier, 1

Märtyrer (2011) (D) (SF) [165]
Martyr (1997) (US)
Ü: Bernhard Kempen
Cross Cult New Frontier, 3: 1. Aufl. (TB) (ND) (EA: 2001)
301 S., ISBN: 978-3-942649-03-2
Serie: Enterprise - New Frontier, 3

Die Waffe (2011) (D) (SF) [166]
Fire on High (1998) (US)
Ü: Bernhard Kempen
Cross Cult New Frontier, 4: 1. Aufl. (TB) (ND) (EA: 2001)
279 S., ISBN: 978-3-942649-04-9
Serie: Enterprise - New Frontier, 4

Zweifrontenkrieg (C) (2011) (D) (SF) [167]
The Two-Front War / End Game (1997) (US)
Ü: Bernhard Kempen
Cross Cult New Frontier, 2: 1. Aufl. (TB) (ND) (EA: 2000)
313 S., ISBN: 978-3-942649-02-5
Serie: Enterprise - New Frontier, 2

Mary Janice Davidson

Adel verpflichtet (2011) (D) (AH) [168]
The Royal Mess (US)
Ü: Barbara Först
Egmont lyx, 8315: 1. Aufl. (TB) (DE)
304 S., ISBN: 978-3-8025-8315-5
Serie: Alaskan Royals, 3

Einfach königlich (2011) (D) (AH) [169]
The Royal Pain (2005) (US)
Ü: Barbara Först
Egmont lyx, 8314: 1. Aufl. (TB) (DE)
334 S., ISBN: 978-3-8025-8314-8
Serie: Alaskan Royals, 2

Zum Teufel mit Vampiren (2011) (D) (HO) [170]
Undead and Unfinished (2010) (US)
Ü: Barbara Först
Egmont lyx, 8461: 1. Aufl. (TB) (DE)
424 S., ISBN: 978-3-8025-8461-9
Serie: Betsy Taylor, 9

Robin Davis

(mit: Frankie Frankeny, Wesley Martin)
Das Star Wars Kochbuch (C) (2011) (D) (SF) [171]
Wookie Cookies / Darth Malt (2000) (US)
Ü: Jonah Tabéh
Panini Allgemeine Reihe, 2330: 1. Aufl. (HC) (DE)
115 S., ISBN: 978-3-8332-2330-3
Serie: Star Wars

Erik Scott De Bie

Schattenlabyrinth (2011) (D) (F) [172]
Downshadow (2009) (US)
Ü: Daniel Schumacher
Feder & Schwert Vergessene Reiche, 11335: 1. Aufl. (TB) (DE)
447 S., ISBN: 978-3-86762-093-2
Serie: Vergessene Reiche - Tiefwasser, 3

Alexander Demandt

Es hätte auch anders kommen können (2011) (D) (AH) [173]
Propyläen, 7368: 1. Aufl. (HC) (OA) (EA: 2010)
286 S., ISBN: 978-3-549-07368-1

Aaron Dembski-Bowden

Schlacht um Helsreach (2011) (D) (SF) [174]
Helsreach (2010) (E)
Ü: Christian Jentzsch
Heyne SF & F, 53388: 1. Aufl. (PB) (DE)
464 S., ISBN: 978-3-453-53388-2
Serie: Warhammer 40000: Space Marines Bat.

Eevie Demirtel

(mit: Marco Findeisen)
Khunchomer Pfeffer - Tod auf dem Mhanadi (2011) (D) (F) [175]
Ulisses Spiele Das Schwarze Auge, 11073: 1. Aufl. (TB) (OA)
503 S., ISBN: 978-3-86889-167-6
Serie: DSA, 136

Troy Denning

Der Geist von Tatooine (2011) (D) (SF) [176]
Tatooine Ghost (2003) (US)
Ü: Tobias Toneguzzo, Andreas Kasprzak
Blanvalet Fantasy, 26842: 1. Aufl. (PB) (DE)
586 S., ISBN: 978-3-442-26842-9
Serie: Star Wars

Im Vortex (2011) (D) (SF) [177]
Fate of the Jedi 6 (2011) (US)
Ü: Andreas Kasprzak
Blanvalet Fantasy, 26680: 1. Aufl. (TB) (DE)
524 S., ISBN: 978-3-442-26680-7
Serie: Star Wars: Das Verhängnis d. Jedi-R, 6

Lauren DeStefano

Totentöchter: Die dritte Generation (2011) (D) (SF) [178]
Wither (2011) (US)
Ü: Catrin Frischer
Bertelsmann cbt Fantasy, 16128: 1. Aufl. (HC) (DE)
391 S., ISBN: 978-3-570-16128-9
Serie: Land ohne Lilien, 1

Miguel De Torres

(mit: Wilfried A. Hary)
Die vergessene Stadt / Flucht ins Nirgendwo (C) (2011) (D) (SF) [179]
Hary-Production Star Gate, 95: 1. Aufl. (GB) (OA)
118 S., ISBN: 426-0-2811-7382-4
Serie: Star Gate, 95

Joe Dever

Der Dschungel des Grauens (2011) (D) (F) [180]
The Jungle of Horrors (1987) (E)
Ü: Alexander Kühnert
Mantikore, 22: 1. Aufl. (TB) (NÜ) (EA: 1988)
360 S., ISBN: 978-3-939212-12-6
Serie: Einsamer Wolf, 8

Die Königreiche des Schreckens (2011) (D) (F) [181]
Kingdoms of Terror (1986) (E)
Ü: Alexander Kühnert
Mantikore, 15: 1. Aufl. (TB) (NÜ) (EA: 1987)
420 S., ISBN: 978-3-939212-05-8
Serie: Einsamer Wolf, 6

Die Schatten der Wüste (2011) (D) (F) [182]
Shadow on the Sand (1985) (E)
Ü: Michael Weh
Mantikore, 10: 1. Aufl. (TB) (NÜ) (EA: 1986)
372 S., ISBN: 978-3-939212-00-3
Serie: Einsamer Wolf, 5

Das Schloss des Todes (2011) (D) (F) [183]
Castle Death (1986) (E)
Ü: Jan Philipp
Mantikore, 18: 1. Aufl. (TB) (NÜ) (EA: 1988)
360 S., ISBN: 978-3-939212-08-9
Serie: Einsamer Wolf, 7

John Dickinson

Das Kind des Schicksals (2011) (D) (F) [184]
The Fatal Child (2008) (E)
Ü: Angela Koonen
Bastei-Lübbe SF & F, 20010: 1. Aufl. (PB) (DE)
493 S., ISBN: 978-3-404-20010-8
Serie: Prinz Ambrose, 3

Der Prinz unter dem Himmel (2011) (D) (F) [185]
The Widow and the King (2005) (E)
Ü: Angela Koonen
Bastei-Lübbe Fantasy, 28548: 1. Aufl. (PB) (DE)
573 S., ISBN: 978-3-404-28548-8
Serie: Prinz Ambrose, 2

Oliver Dierssen

Fausto (2011) (D) (F) [186]
Heyne Allgemeine Reihe, 26001: 1. Aufl. (HC) (OA)
446 S., ISBN: 978-3-453-26001-6

Christine Diethör

Die Nymphenkönigin (2011) (D) (F) [187]
Selisane, 2363: 1. Aufl. (TB) (OA)
366 S., ISBN: 978-3-200-02363-5

William C. Dietz

Heaven's Devils (2011) (D) (SF) [188]
Heaven's Devils (2010) (US)
Ü: Timothy Stahl
Panini Starcraft: 1. Aufl. (TB) (NA) (EA: 2010)
396 S., ISBN: 978-3-8332-2088-3
Serie: Starcraft

Christian von Ditfurth

Der 21. Juli (2011) (D) (AH) [189]
Geest, 293: 1. Aufl. (TB) (ND) (EA: 2001)
496 S., ISBN: 978-3-86685-293-8

Andrej Djakow

Die Reise ins Licht (2011) (D) (SF) [190]
<unbekannt / unknown> (2010) (RU)
Ü: Olaf Terpitz
Heyne SF & F, 52854: 1. Aufl. (PB) (DE)
382 S., ISBN: 978-3-453-52854-3
Serie: Metro 2033 - St. Petersburg, 1

Chris D'Lacey

Eisflamme (2011) (D) (F) [191]
Icefire (2003) (E)
Ü: Petra Koob-Pawis
Bertelsmann cbj Fantasy, 28016: 1. Aufl. (TB) (ND) (EA: 2008)
384 S., ISBN: 978-3-570-28016-4
Serie: Feuer-Serie, 2

Feuerstern (2011) (D) (F) [192]
Fire Star (2005) (E)
Ü: Petra Koob-Pawis
Bertelsmann cbj Fantasy, 28019: 1. Aufl. (TB) (ND) (EA: 2008)
512 S., ISBN: 978-3-570-28019-5
Serie: Feuer-Serie, 3

Cara D'Lestrange

Augenblick der Ewigkeit (2011) (D) (SF) [193]
Libri Books on Demand, 9616: 1. Aufl. (TB) (OA)
268 S., ISBN: 978-3-8391-9616-8

Debra Doyle

(mit: James D. MacDonald)
Die Kommandantin (2011) (D) (SF) [194]
The Price of Stars (1992) (US)
Ü: Wolfgang Thon
Blanvalet Fantasy, 26817: 1. Aufl. (TB) (DE)
540 S., ISBN: 978-3-442-26817-7
Serie: Der Preis der Sterne, 1

Elenia Dreamer

Daydream: Die zehn Engelskriegerinnen (2011) (D) (F) [195]
Vindobona, 263: 1. Aufl. (TB) (OA)
397 S., ISBN: 978-3-85040-263-7

Andreas Dresen

AVA und die STADT des schwarzen Engels (2011) (D) (F) [196]
Acabus Allgemeine Reihe, 102: 1. Aufl. (TB) (OA)
196 S., ISBN: 978-3-86282-002-3

Hal Duncan

Signum (2011) (D) (PH) [197]
Ink - The Book of All Hours 2 (2007) (E)
Ü: Hannes Riffel
Heyne SF & F, 53273: 1. Aufl. (TB) (ND) (EA: 2010)
642 S., ISBN: 978-3-453-53273-1

David Anthony Durham

Die fernen Lande (2011) (D) (F) [198]
The Other Land (2009) (US)
Ü: Tim Straetmann
Blanvalet Fantasy, 26780: 1. Aufl. (PB) (DE)
782 S., ISBN: 978-3-442-26780-4
Serie: Acacia, 2

David Eddings

(mit: Leigh Eddings)
Das wilde Land (2011) (D) (F) [199]
The Elder Gods (2003) (US)
Ü: Andreas Helweg
Blanvalet Fantasy, 26775: 1. Aufl. (TB) (NA) (EA: 2004)
409 S., ISBN: 978-3-442-26775-0
Serie: Götterkinder, 1

Eftos

Das Königreich der Tausend (2011) (D) (SF) [200]
createspace.com Allgemeine Reihe, 6075: 1. Aufl. (TB) (OA)
278 S., ISBN: 978-1-4662-6075-7
Serie: Tunnel-Trilogie, 1

Fedra Egea

Die Schülerin der Magie (2011) (D) (F) [201]
El Libro del Poder (2008) (SP)
Ü: Ilse Layer
Blanvalet Fantasy, 26795: 1. Aufl. (PB) (DE)
351 S., ISBN: 978-3-442-26795-8

Jutta Ehmke

Yabra und das Geheimnis des schwarzen Magiers (2011) (D) (F) [202]
Libri Books on Demand, 3623: 1. Aufl. (HC) (OA)
368 S., ISBN: 978-3-8423-3623-0
Serie: Yabra, 1

Yabra und der Feuerring (2011) (D) (F) [203]
Libri Books on Demand, 5124: 1. Aufl. (HC) (OA)
360 S., ISBN: 978-3-8423-5124-0
Serie: Yabra, 2

Yabra und der Weltenweg (2011) (D) (F) [204]
Libri Books on Demand, 5198: 1. Aufl. (HC) (OA)
344 S., ISBN: 978-3-8423-5198-1
Serie: Yabra, 3

Thomas Elbel

Asylon (2011) (D) (SF) [205]
Piper Fantasy TB, 6792: 1. Aufl. (TB) (OA)
442 S., ISBN: 978-3-492-26792-2

Sahid El Farrak

Die Suche beginnt (2011) (D) (SF) [206]
Unitall Anderswelt, 2: 1. Aufl. (HC) (OA)
207 S., ISBN: 978-3-905937-51-0
Serie: Anderswelt, 2

Arndt Ellmer

Aufmarsch der Titanen (2011) (D) (SF) [207]
Moewig Perry Rhodan, 2588: 1. Aufl. (RH) (OA)
63 S.
Serie: Perry Rhodan - Heft, 2588

Countdown für Sol (2011) (D) (SF) [208]
Moewig Perry Rhodan, 2616: 1. Aufl. (RH) (OA)
63 S.
Serie: Perry Rhodan - Heft, 2616

Flucht aus Terrania (2011) (D) (SF) [209]
Pabel-Moewig Perry Rhodan Neo, 7: 1. Aufl. (TB) (OA)
161 S.
Serie: Perry Rhodan Neo, 7

Psi-Inferno (2011) (D) (SF) [210]
Moewig Perry Rhodan, 2583: 1. Aufl. (RH) (OA)
59 S.
Serie: Perry Rhodan - Heft, 2583

Tod der Frequenzfolger (2011) (D) (SF) [211]
Moewig Perry Rhodan, 2589: 1. Aufl. (RH) (OA)
59 S.
Serie: Perry Rhodan - Heft, 2589

Todesfalle Sektor Null (2011) (D) (SF) [212]
Moewig Perry Rhodan, 2624: 1. Aufl. (RH) (OA)
63 S.
Serie: Perry Rhodan - Heft, 2624

Andreas Eschbach

Herr aller Dinge (2011) (D) (SF) [213]
Lübbe Allgemeine Reihe, 2429: 1. Aufl. (HC) (OA)
687 S., ISBN: 978-3-7857-2429-3

Hide Out (2011) (D) (SF) [214]
Arena Allgemeine Reihe, 6587: 1. Aufl. (HC) (OA)
450 S., ISBN: 978-3-401-06587-8
Serie: Kohärenz, 2

Ein König für Deutschland (2011) (D) (SF) [215]
Bastei-Lübbe Allgemeine Reihe, 16018: 1. Aufl. (TB) (ND) (EA: 2009)
496 S., ISBN: 978-3-404-16018-1

Perfect Copy (2011) (D) (SF) [216]
Arena Allgemeine Reihe, 50316: 1. Aufl. (TB) (ND) (EA: 2002)
248 S., ISBN: 978-3-401-50316-5

Die schlafenden Hüter (2011) (D) (SF) [217]
Bastei-Lübbe SF & F, 20235: 1. Aufl. (TB) (ND) (EA: 2008)
383 S., ISBN: 978-3-404-20235-5
Serie: Das Marsprojekt, 5

Chris Evans

Elfen wie Feuer (2011) (D) (F) [218]
The Light of Burning Shadows (2009) (US)
Ü: Wolfgang Thon
Blanvalet Fantasy, 26766: 1. Aufl. (PB) (DE)
413 S., ISBN: 978-3-442-26766-8
Serie: Stählerne Elfen, 2

B.K. Evenson

Märtyrer (2011) (D) (SF) [219]
Martyr (2010) (US)
Ü: Andreas Kasprzak
Panini Dead Space, 1: 1. Aufl. (PB) (DE)
427 S., ISBN: 978-3-8332-2242-9
Serie: Dead Space, 1

Matthias Falke

(mit: S.H.A. Parzzival)
In den Grauzonen (2011) (D) (SF) [220]
Blitz Star Voyager, 5: 1. Aufl. (HC) (OA)
155 S., ISBN: 978-3-89840-321-4
Serie: E.C. Tubbs Star Voyager, 5

Der Schwarm aus Stahl (2011) (D) (SF) [221]
Blitz Star Voyager, 4: 1. Aufl. (HC) (OA)
159 S., ISBN: 978-3-89840-316-0
Serie: E.C. Tubbs Star Voyager, 4

Lena Falkenhagen

Undercover (2011) (D) (SF) [222]
Heyne SF & F, 52717: 1. Aufl. (TB) (OA)
512 S., ISBN: 978-3-453-52717-1
Serie: Justifiers, 2

Robert Feldhoff

Terra in Trance (2011) (D) (SF) [223]
Pabel-Moewig PR - Planetenromane, 13: 1. Aufl. (TB) (ND) (EA: 1993)
161 S.
Serie: Perry Rhodan - Planetenromane, 13

Monika Felten

Die Nebelelfen (2011) (D) (F) [224]
Piper Fantasy TB, 6798: 1. Aufl. (TB) (NA) (EA: 2009)
423 S., ISBN: 978-3-492-26798-4
Serie: Saga von Thale

Bernardo Fernandez

Das Auge des Drachen (2011) (D) (PH) [225]
Ojos de lagarto (2009) (SP)
Ü: Petra Strien
Suhrkamp Nova, 4214: 1. Aufl. (PB) (DE)
263 S., ISBN: 978-3-518-46214-0

Leon Ferri

Eine Frage der Diplomatie (2011) (D) (SF) [226]
sfbasar-blog: 1. Aufl. (EP) (OA)
4 S.

Jasper Fforde

Grau (2011) (D) (PH) [227]
Shades of Grey - The Road to High Saffron (2010) (E)
Ü: Thomas Stegers
Eichborn Allgemeine Reihe, 6140: 1. Aufl. (HC) (DE)
491 S., ISBN: 978-3-8218-6140-1
Serie: Eddie Russett, 1

Torsten Fink

Drachensturm (2011) (D) (F) [228]
Blanvalet Fantasy, 26806: 1. Aufl. (PB) (OA)
782 S., ISBN: 978-3-442-26806-1

Thomas Finn

Mind Control (2011) (D) (SF) [229]
Heyne SF & F, 52816: 1. Aufl. (TB) (OA)
557 S., ISBN: 978-3-453-52816-1
Serie: Justifiers, 3

Birgit Fiolka

Feuerprinz (2011) (D) (F) [230]
Aufbau Allgemeine Reihe, 2722: 1. Aufl. (PB) (OA)
383 S., ISBN: 978-3-7466-2722-9
Serie: Die Legenden von Engil, 2

Carsten Fischer

Exodus (2011) (D) (SF) [231]
createspace.com Allgemeine Reihe, 2401: 1. Aufl. (TB) (OA)
362 S., ISBN: 978-1-4775-2401-5
Serie: Die Endzeit-Chroniken, 1

Stefan M. Fischer

Die Gestoßenen (2011) (D) (F) [232]
Staubkorn Allgemeine Reihe, 2248: 1. Aufl. (TB) (OA)
151 S., ISBN: 978-1-4947-2248-7

Wolfram Fischer

Wer zweimal lebt, dem glaubt man nicht (2011) (D) (SF) [233]
August von Goethe Allgemeine Reihe, 861: 1. Aufl. (TB) (OA)
104 S., ISBN: 978-3-8372-0861-0

John Flanagan

Die Belagerung (2011) (D) (F) [234]
The Siege of Macindaw (2007) (E)
Ü: Angelika Eisold-Viebig
Omnibus, 22222: 1. Aufl. (TB) (DE)
384 S., ISBN: 978-3-570-22222-5
Serie: Die Chroniken von Araluen, 6

Dirk C. Fleck

Maeva! (2011) (D) (SF) [235]
Greifenverlag Allgemeine Reihe, 9: 1. Aufl. (HC) (OA)
350 S., ISBN: 978-3-86939-009-3
Serie: Tahiti-Projekt, 2

Cameo Flush

Schäufele auf Alien-Art (2011) (D) (F) [236]
sfbasar-blog: 1. Aufl. (EP) (OA)
4 S.

Manuela P. Forst

Der Orden der Andala (2011) (D) (F) [237]
Libri Books on Demand, 3250: 1. Aufl. (TB) (OA)
135 S., ISBN: 978-3-8423-3250-8

Alan Dean Foster

Quofum (2011) (D) (SF) [238]
Quofum (2009) (US)
Ü: Kerstin Fricke
Bastei-Lübbe SF & F, 20509: 1. Aufl. (TB) (DE)
350 S., ISBN: 978-3-404-20509-7
Serie: Homanx

Die Spur der Tar-Aiym (2011) (D) (SF) [239]
Flinx Transcendent (2009) (US)
Ü: Kerstin Fricke
Bastei-Lübbe SF & F, 20077: 1. Aufl. (TB) (DE)
605 S., ISBN: 978-3-404-20077-1
Serie: Pip & Flinx, 8

H.G. Francis

Jack Norton, der kosmische Entwicklungshelfer 1 (2011) (D) (SF) [240]
Mohlberg Utopische Welten, 39: 1. Aufl. (TB) (ND)
183 S., ISBN: 978-3-942079-00-6

Jack Norton, der kosmische Entwicklungshelfer 2 (2011) (D) (SF) [241]
Mohlberg Utopische Welten, 40: 1. Aufl. (TB) (ND)
184 S., ISBN: 978-3-942079-01-3

Unruhe im Sonnensystem (C) (2011) (D) (SF) [242]
Mohlberg Utopische Welten So., 23: 1. Aufl. (TB) (NZ)
240 S., ISBN: 978-3-942079-49-5
Serie: Utopische Welten Solo, 23

Maren Frank

Vampirischer Personenschutz mit Extras (2011) (D) (F) [243]
Ed. Banzini, 8: 1. Aufl. (TB) (OA)
49 S., ISBN: 978-3-942381-08-6
Serie: Kronos-Division

Thomas T.C. Franke

Die Kometenfalle (2011) (D) (SF) [244]
Mohlberg Ad Astra, 13: 1. Aufl. (TB) (OA)
253 S., ISBN: 978-3-942079-27-3
Serie: Ad Astra (TB), 13

Schatten über dem Mars (2011) (D) (SF) [245]
Mohlberg Ad Astra, 12: 1. Aufl. (TB) (OA)
245 S., ISBN: 978-3-942079-26-6
Serie: Ad Astra (TB), 12

Lorna Freeman

Das Vermächtnis (2011) (D) (F) [246]
Shadow's Past (2010) (US)
Ü: Wolfgang Thon
Blanvalet Fantasy, 26594: 1. Aufl. (TB) (DE)
507 S., ISBN: 978-3-442-26594-7
Serie: Grenzlande, 3

Pamela Freeman

Die Höhle der Tränen (2011) (D) (F) [247]
Full Circle (2009) (E)
Ü: Peter Beyer
Goldmann Fantasy, 47042: 1. Aufl. (PB) (DE)
574 S., ISBN: 978-3-442-47042-6
Serie: Das Land der Seher, 3

Bernd Frenz

Bannkrieger (2011) (D) (F) [248]
Blanvalet Fantasy, 26807: 1. Aufl. (PB) (OA)
510 S., ISBN: 978-3-442-26807-8

Das Blut der Nibelungen (2011) (D) (HO) [249]
Panini Allgemeine Reihe, 2255: 1. Aufl. (PB) (OA)
301 S., ISBN: 978-3-8332-2255-9

Lars Friedrich

Das Heiligenkreuz-Komplott (2011) (D) (SF) [250]
Libri Books on Demand, 8182: 1. Aufl. (TB) (OA)
225 S., ISBN: 978-3-8391-8182-9

Oliver Fröhlich

Totes Land (2011) (D) (SF) [251]
Bastei Maddrax, 296: 1. Aufl. (RH) (OA)
64 S.
Serie: Maddrax, 296

Unter Mutanten (2011) (D) (SF) [252]
Bastei Maddrax, 300: 1. Aufl. (RH) (OA)
78 S.
Serie: Maddrax, 300

Welt der Welten (2011) (D) (SF) [253]
Zaubermond Bad Earth, 27: 1. Aufl. (HC) (OA)
251 S.
Serie: Bad Earth Hardcover, 27

Cornelia Funke

Geisterritter (2011) (D) (F) [254]
Dressler, 479: 1. Aufl. (HC) (OA)
256 S., ISBN: 978-3-7915-0479-7

Tintenblut (2011) (D) (F) [255]
Oetinger, 13: 1. Aufl. (TB) (ND)
736 S., ISBN: 978-3-8415-0013-7
Serie: Tintenwelt, 2

Jan Gardemann

Der Flug der JULES VERNE (2011) (D) (SF) [256]
Unitall Ren Dhark Sonderband, 16: 1. Aufl. (HC) (OA)
191 S., ISBN: 978-3-905937-24-4
Serie: Ren Dhark Sonderband (Unitall), 16

Oliver Gasperlin

Blech (2011) (D) (SF) [257]
Chaotic Revelry, 6: 1. Aufl. (HC) (OA)
158 S., ISBN: 978-3-9812457-6-9

Nikolaus Gebhardt

Die Wiederentdeckung der Erde (2011) (D) (SF) [258]
Libri Books on Demand, 497: 1. Aufl. (TB) (OA)
256 S., ISBN: 978-3-8448-0497-3

Franz X. Geiger

Auf kosmischen Pfaden (2011) (D) (SF) [259]
edition winterwork, 95: 1. Aufl. (TB) (OA)
400 S., ISBN: 978-3-942693-95-0

Die konservierten Seelen (2011) (D) (SF) [260]
edition winterwork, 96: 1. Aufl. (TB) (OA)
400 S., ISBN: 978-3-943048-96-4

Stefan Gemmel

Die Zeitensegler (2011) (D) (F) [261]
Baumhaus Allgemeine Reihe, 27: 1. Aufl. (TB) (OA)
304 S., ISBN: 978-3-8432-0027-1
Serie: Schattengreifer, 1

David R. George III

Feuertaufe: McCoy (2011) (D) (SF) [262]
Crucible: McCoy (2006) (US)
Ü: Anika Klüver
Cross Cult Star Trek (Classic), 1: 1. Aufl. (TB) (DE)
809 S., ISBN: 978-3-942649-51-3
Serie: Enterprise

Susanne Gerdom

Elidar (2011) (D) (F) [263]
Piper Fantasy TB, 6806: 1. Aufl. (TB) (OA)
463 S., ISBN: 978-3-492-26806-6

Das gefrorene Lachen (2011) (D) (F) [264]
Ueberreuter Allgemeine Reihe, 5636: 1. Aufl. (HC) (OA)
415 S., ISBN: 978-3-8000-5636-1

Die Seele der Elben (2011) (D) (F) [265]
Piper Fantasy TB, 6776: 1. Aufl. (TB) (ND) (EA: 2009)
490 S., ISBN: 978-3-492-26776-2
Serie: Elben

Markus Gersting

Hydorgol: Der Alpha-Centauri-Aufstand (2011) (D) (SF) [266]
Re di Roma, 343: 1. Aufl. (TB) (OA)
256 S., ISBN: 978-3-86870-343-6

Gary Gibson

Lichtraum (2011) (D) (SF) [267]
Empire of Light (2010) (US)
Ü: Ingrid Herrmann-Nytko
Heyne SF & F, 52847: 1. Aufl. (TB) (DE)
511 S., ISBN: 978-3-453-52847-5
Serie: Shoal-Trilogie, 3

Harald Giersche

Kowa: Im Auftrag Erdas (C) (2011) (D) (SF) [268]
Begedia, 2: 1. Aufl. (TB) (NZ) (EA: 2009)
111 S., ISBN: 978-3-9813946-2-7
Serie: Fantastic Episodes

Anton Christian Glatz

Ein Hund tritt in den Saal (2011) (D) (SF) [269]
Libri Books on Demand, 360: 1. Aufl. (TB) (ND) (EA: 2007)
ISBN: 978-3-8391-0360-9

Nadine Glock

Lethanders Erbe (2011) (D) (F) [270]
Libri Books on Demand, 57: 1. Aufl. (TB) (OA)
284 S., ISBN: 978-3-8448-0057-9

Christie Golden

Die Verbündeten (2011) (D) (SF) [271]
Allies (2010) (US)
Ü: Andreas Kasprzak
Blanvalet Fantasy, 26679: 1. Aufl. (TB) (DE)
523 S., ISBN: 978-3-442-26679-1
Serie: Star Wars: Das Verhängnis d. Jedi-R, 5

William Goldman

Die Brautprinzessin (2011) (D) (F) [272]
The Princess Bride (1973) (US)
Ü: Wolfgang Krege
Klett-Cotta Hobbit-Presse, 93915: 1. Aufl. (TB) (ND) (EA: 1977)
426 S., ISBN: 978-3-608-93915-6

Wassili Golowatschow

Landung auf Pluto 1 (2011) (D) (SF) [273]
<unbekannt / unknown> (2005) (RU)
Ü: Maxim Knoll
Edition TES BunTES Abenteuer, 201101: 1. Aufl. (RH) (DE)
31 S.

Landung auf Pluto 2 (2011) (D) (SF) [274]
<unbekannt / unknown> (2005) (RU)
Ü: Maxim Knoll
Edition TES BunTES Abenteuer, 201102: 1. Aufl. (RH) (DE)
32 S.

Terry Goodkind

Das Gesetz der Neun (2011) (D) (F) [275]
The Law of Nine (2009) (US)
Ü: Caspar Holz
Blanvalet Allgemeine Reihe, 37646: 1. Aufl. (TB) (DE)
542 S., ISBN: 978-3-442-37646-9
Serie: Das Schwert der Wahrheit (ND), 12

Alison Goodman

Eona Drachentochter (2011) (D) (F) [276]
Eona - Dragoneye Reborn (2008) (E)
Ü: Andreas Heckmann
Blanvalet Fantasy, 26809: 1. Aufl. (TB) (DE)
509 S., ISBN: 978-3-442-26809-2
Serie: Eona, 1

C.S. Goto

Dawn of War (C) (2011) (D) (SF) [277]
Blood Ravens (2008) (E)
Ü: Christian Jentzsch
Heyne SF & F, 52908: 1. Aufl. (TB) (NZ)
1150 S., ISBN: 978-3-453-52908-3
Serie: Warhammer 40000

Gerald Gräf

Der Schatten von Apophis (2011) (D) (SF) [278]
tredition Allgemeine Reihe, 2259: 1. Aufl. (TB) (OA)
504 S., ISBN: 978-3-8424-2259-9

Veronika A. Grager

Nanobots (2011) (D) (SF) [279]
p.machinery ATM, 2: 1. Aufl. (TB) (OA)
261 S., ISBN: 978-3-942533-22-5

Lorna Graham

Zwei Zimmer, Küche, Geist (2011) (D) (PH) [280]
The Ghost of Greenwich Village (2011) (US)
Ü: Marion Hertle
Ullstein Allgemeine Reihe, 28364: 1. Aufl. (TB) (DE)
448 S., ISBN: 978-3-548-28364-7

Seth Grahame-Smith

Abraham Lincoln, Vampirjäger (2011) (D) (HO) [281]
Abraham Lincoln - Vampire Hunter (2010) (US)
Ü: Carolin Müller
Heyne SF & F, 52832: 1. Aufl. (TB) (DE)
483 S., ISBN: 978-3-453-52832-1

Jennifer Grau

Pia: Fiktion oder Wirklichkeit? (2011) (D) (SF) [282]
Noel, 128: 1. Aufl. (TB) (OA)
136 S., ISBN: 978-3-942802-28-4

Uwe Helmut Grave

Die stille Stadt (2011) (D) (SF) [283]
HJB Sternendschungel, 49: 1. Aufl. (GB) (OA)
96 S.
Serie: Ren Dhark - Drei Jahre, 49

Carol Grayson

Der Grabschänder (2011) (D) (F) [284]
AAVAA, 455: 1. Aufl. (TB) (OA)
475 S., ISBN: 978-3-86254-455-4

Der Grabschänder (2011) (D) (F) [285]
AAVAA, 453: 1. Aufl. (TB) (OA)
288 S., ISBN: 978-3-86254-453-0

Der Grabschänder (2011) (D) (F) [286]
AAVAA, 454: 1. Aufl. (TB) (OA)
475 S., ISBN: 978-3-86254-454-7

Simon R. Green

Ghosthunters (2011) (D) (PH) [287]
Ghost of a Chance (2010) (E)
Ü: Susanne Picard
Bastei-Lübbe SF & F, 20657: 1. Aufl. (TB) (DE)
287 S., ISBN: 978-3-404-20657-5

Liebesgrüße aus der Hölle (2011) (D) (F) [288]
From Hell With Love (2010) (E)
Ü: Susanne Picard
Bastei-Lübbe SF & F, 20016: 1. Aufl. (TB) (DE)
447 S., ISBN: 978-3-404-20016-0
Serie: Shaman Bond, 4

Der Spion, der mich jagte (2011) (D) (F) [289]
The Spy Who Haunted Me (2009) (E)
Ü: Susanne Picard
Bastei-Lübbe Fantasy, 20632: 1. Aufl. (TB) (DE)
494 S., ISBN: 978-3-404-20632-2
Serie: Shaman Bond, 3

Kris Greene

Dunkler Sturm (2011) (D) (F) [290]
The Dark Storm (2010) (US)
Ü: Wolfgang Thon
Blanvalet Fantasy, 26778: 1. Aufl. (TB) (DE)
352 S., ISBN: 978-3-442-26778-1

Trolljagd (2011) (D) (F) [291]
The Demon Hunt (2010) (US)
Ü: Wolfgang Thon
Blanvalet Fantasy, 26790: 1. Aufl. (TB) (DE)
316 S., ISBN: 978-3-442-26790-3

Colin Greenland

Kometenjäger (2011) (D) (SF) [292]
Mother of Plenty (1998) (E)
Ü: Caspar Holz
Blanvalet Fantasy, 26689: 1. Aufl. (TB) (DE)
637 S., ISBN: 978-3-442-26689-0
Serie: Tabea Jute, 3

Sonnenwanderer (2011) (D) (SF) [293]
Seasons of Plenty (1995) (E)
Ü: Hendrik P. Linckens, Marianne Linckens
Blanvalet Fantasy, 26688: 1. Aufl. (TB) (DE)
608 S., ISBN: 978-3-442-26688-3
Serie: Tabea Jute, 2

Pierre Grimbert

Das magische Zeichen (2011) (D) (F) [294]
Le deuil écarlate (2009) (F)
Ü: Sonja Finck, Andreas Jandl
Heyne SF & F, 52769: 1. Aufl. (TB) (DE)
336 S., ISBN: 978-3-453-52769-0
Serie: Die Götter, 2

Der Ruf der Krieger (2011) (D) (F) [295]
La volonté du démon (2008) (F)
Ü: Sonja Finck, Andreas Jandl
Heyne SF & F, 52768: 1. Aufl. (TB) (DE)
334 S., ISBN: 978-3-453-52768-3
Serie: Die Götter, 1

Andreas Gruber

Ghost Writer (C) (2011) (D) (PH) [296]
Shayol Paria, 3007: 1. Aufl. (TB) (OA)
223 S., ISBN: 978-3-926126-96-2

Roman Gruber

Im Licht des Phönix - Die Waffen der Elemente (2011) (D) (F) [297]
Novum pro, 310: 1. Aufl. (TB) (OA)
188 S., ISBN: 978-3-99003-310-4

Axel M. Gruner

Planet der Verdammten (C) (2011) (D) (F) [298]
lulu.com Books on Demand: 1. Aufl. (TB) (OA)
182 S., ISBN: 978-1-4457-1134-8
Serie: Sterbende Erde Arullu

Carl Grunert

Im Königreich Nirgendwo (C) (2011) (D) (SF) [299]
Dieter von Reeken, 53: 1. Aufl. (HC) (OZ)
679 S., ISBN: 978-3-940679-53-6

Alexander Gueffroy

Kondorral (2011) (D) (F) [300]
Noel, 104: 1. Aufl. (TB) (OA)
264 S., ISBN: 978-3-942802-04-8

Norbert K. Gußmack

Die Ankunft der Lichtbringer (2011) (D) (SF) [301]
Re Di Roma, 268: 1. Aufl. (TB) (OA)
231 S., ISBN: 978-3-86870-268-2

Pia Guttenson

Die Rückkehr (2011) (D) (F) [302]
Noel, 125: 1. Aufl. (TB) (OA)
327 S., ISBN: 978-3-942802-25-3
Serie: Das Steinerne Tor, 1

Walter Guttropf

Vom Sinn des Lebens und der Zeit: Metalo17 untersucht diese Begriffe
beim ausgestorbenen Homo sapiens (2011) (D) (SF) [303]
Libri Books on Demand, 8515: 1. Aufl. (TB) (OA)
44 S., ISBN: 978-3-8423-8515-3

Lia Habel

Dark Love (2011) (D) (PH) [304]
Dearly, Departed (2011) (US)
Ü: Diana Bürgel
Piper Fantasy, 70219: 1. Aufl. (PB) (DE)
507 S., ISBN: 978-3-492-70219-5

Hubert Haensel

Botschaft aus Stein (2011) (D) (SF) [305]
Bastei 2012 Jahr der Apok., 1: 1. Aufl. (RH) (OA)
65 S.
Serie: 2012 - Jahr der Apokalypse, 1

Der dunkelste aller Tage (2011) (D) (SF) [306]
Moewig Perry Rhodan, 2617: 1. Aufl. (RH) (OA)
60 S.
Serie: Perry Rhodan - Heft, 2617

Konflikt der Androiden (2011) (D) (SF) [307]
Moewig Perry Rhodan, 2608: 1. Aufl. (RH) (OA)
63 S.
Serie: Perry Rhodan - Heft, 2608

Das Plejaden-Attentat (2011) (D) (SF) [308]
Moewig Perry Rhodan, 2625: 1. Aufl. (RH) (OA)
59 S.
Serie: Perry Rhodan - Heft, 2625

Die Terraner (2011) (D) (SF) [309]
Pabel-Moewig Perry Rhodan Neo, 8: 1. Aufl. (TB) (OA)
161 S.
Serie: Perry Rhodan Neo, 8

Tödliches Vermächtnis (2011) (D) (SF) [310]
Bastei 2012 Jahr der Apok., 3: 1. Aufl. (RH) (OA)
65 S.
Serie: 2012 - Jahr der Apokalypse, 3

Unter dem Stahlschirm (2011) (D) (SF) [311]
Moewig Perry Rhodan, 2606: 1. Aufl. (RH) (OA)
64 S.
Serie: Perry Rhodan - Heft, 2606

André Hahn

Die Große Konjunktion (2011) (D) (F) [312]
Noel, 101: 1. Aufl. (TB) (OA)
675 S., ISBN: 978-3-942802-01-7

Ronald M. Hahn

Captain Enfick, Temponaut (2011) (D) (SF) [313]
Unitall Verbotene Zone, 8: 1. Aufl. (HC) (OA)
189 S., ISBN: 978-3-905937-65-7

Odyssee der Verlorenen (C) (2011) (D) (SF) [314]
Mohlberg Terranauten, 6: 1. Aufl. (TB) (NZ)
227 S., ISBN: 978-3-942079-34-1
Serie: Terranauten - TB, 6

Efraim J. Hall

Der Angriff des Sichelmondes (2011) (D) (F) [315]
Re di Roma, 354: 1. Aufl. (TB) (OA)
198 S., ISBN: 978-3-86870-354-2

Elliott Hall

Böses mit Bösem (2011) (D) (SF) [316]
The Rapture (2010) (E)
Ü: Barbara Ostrop
dtv Premium, 24856: 1. Aufl. (PB) (DE)
461 S., ISBN: 978-3-423-24856-3
Serie: Felix Strange, 2

Den ersten Stein (2011) (D) (SF) [317]
The First Stone (2009) (E)
Ü: Barbara Ostrop
dtv Premium, 24818: 1. Aufl. (PB) (DE)
350 S., ISBN: 978-3-423-24818-1
Serie: Felix Strange, 1

Maike Hallmann

Die Feen (2011) (D) (F) [318]
Heyne SF & F, 52851: 1. Aufl. (PB) (OA)
592 S., ISBN: 978-3-453-52851-2

Edmond Hamilton

Der Tod von Captain Future (C) (2011) (D) (SF) [319]
<unbekannt / unknown> (US)
Ü: Frauke Lengermann
Golkonda Captain Future, 22: 1. Aufl. (TB) (DE)
186 S., ISBN: 978-3-942396-05-9
Serie: Captain Future, 22

Peter F. Hamilton

Evolution der Leere (2011) (D) (SF) [320]
The Evolutionary Void (2010) (US)
Ü: Michael Neuhaus
Bastei-Lübbe SF & F, 20012: 1. Aufl. (PB) (DE)
876 S., ISBN: 978-3-404-20012-2
Serie: Das Dunkle Universum, 4

Stan Hamilton

Welt der Naniten (2011) (D) (SF) [321]
Bastei Sternenfaust, 154: 1. Aufl. (RH) (OA)
64 S.
Serie: Sternenfaust, 154

Rainer Hampel

New Titanic (2011) (D) (SF) [322]
Engelsdorfer Allgemeine Reihe, 567: 1. Aufl. (TB) (OA)
373 S., ISBN: 978-3-86268-567-7

Richard Harland

Liberator (2011) (D) (SF) [323]
Liberator (2011) (E)
Ü: Nicola A. Stuart
Jacoby & Stuart Allgemeine Reihe, 35: 1. Aufl. (HC) (DE)
412 S., ISBN: 978-3-941787-35-3
Serie: Worldshaker, 2

Gerrit Harm

Rabenkind (2011) (D) (F) [324]
Fantasy Productions Das Schwarze Auge, 11064: 1. Aufl. (TB) (OA)
346 S., ISBN: 978-3-89064-147-8
Serie: DSA, 127

Charlaine Harris

Grabeshauch (2011) (D) (HO) [325]
Grave Secret (2009) (US)
Ü: Christiane Burkhardt
dtv Allgemeine Reihe, 21268: 1. Aufl. (TB) (DE)
318 S., ISBN: 978-3-423-21268-7
Serie: Harper Connelly, 4

Vor Vampiren wird gewarnt (2011) (D) (PH) [326]
Dead in the Family (2010) (US)
Ü: Britta Mümmler
dtv Allgemeine Reihe, 21283: 1. Aufl. (TB) (DE)
377 S., ISBN: 978-3-423-21283-0
Serie: Sookie Stackhouse, 10

Wilfried A. Hary

(mit: W.A. Travers)
Genesis (C) (2011) (D) (SF) [327]
Hary-Production Star Gate, 77: 1. Aufl. (GB) (OA)
134 S.
Serie: Star Gate, 77

Sammler des Lebens / In der Falle (C) (2011) (D) (SF) [328]
Hary-Production Star Gate, 93: 1. Aufl. (GB) (OA)
120 S., ISBN: 426-0-2811-7384-8
Serie: Star Gate, 93

Todeszone Oxyd (C) (2011) (D) (SF) [329]
Mohlberg Terranauten, 7: 1. Aufl. (TB) (NZ)
243 S., ISBN: 978-3-942079-63-1
Serie: Terranauten - TB, 7

Gerry Haynaly

(mit: Michelle Stern)
Kampf um Torrent (2011) (D) (SF) [330]
Bastei Sternenfaust, 164: 1. Aufl. (RH) (OA)
64 S.
Serie: Sternenfaust, 164

Das Vermächtnis des Kridan (2011) (D) (SF) [331]
Bastei Sternenfaust, 170: 1. Aufl. (RH) (OA)
64 S.
Serie: Sternenfaust, 170

Verräter unter uns! (2011) (D) (SF) [332]
Bastei Sternenfaust, 177: 1. Aufl. (RH) (OA)
64 S.
Serie: Sternenfaust, 177

Wer ist Nummer Eins? (2011) (D) (SF) [333]
Bastei Sternenfaust, 180: 1. Aufl. (RH) (OA)
64 S.
Serie: Sternenfaust, 180

Mario Hedemann

Die Wüstenwelt (2011) (D) (SF) [334]
Libri Books on Demand, 5790: 1. Aufl. (TB) (OA)
142 S., ISBN: 978-3-8423-5790-7

Wolf G. Heimrath

Werther, der Werwolf (2011) (D) (F) [335]
Goldmann Allgemeine Reihe, 31248: 1. Aufl. (PB) (OA)
192 S., ISBN: 978-3-442-31248-1

Katherina Heinrichs

Nur noch neun Tage Utopia (2011) (D) (SF) [336]
epubli Allgemeine Reihe, 833: 1. Aufl. (TB) (OA)
268 S., ISBN: 978-3-8442-0833-7

Dieter Heinze

Aufstand der Ossis (2011) (D) (AH) [337]
Engelsdorfer Allgemeine Reihe, 2270: 1. Aufl. (HC) (OA)
468 S., ISBN: 978-3-86268-270-6

Tanja Heitmann

Die dunkle Seite der Liebe (2011) (D) (F) [338]
Bertelsmann cbt Fantasy, 16068: 1. Aufl. (HC) (OA)
448 S., ISBN: 978-3-570-16068-8
Serie: Schattenschwingen, 2

Traumsplitter (2011) (D) (PH) [339]
Heyne Allgemeine Reihe, 26612: 1. Aufl. (HC) (OA)
464 S., ISBN: 978-3-453-26612-4

Wintermond (2011) (D) (PH) [340]
Heyne SF & F, 53363: 1. Aufl. (TB) (ND) (EA: 2009)
495 S., ISBN: 978-3-453-53363-9

Markus Heitz

Drachenkaiser (2011) (D) (F) [341]
Piper Fantasy TB, 6778: 1. Aufl. (TB) (ND) (EA: 2009)
542 S., ISBN: 978-3-492-26778-6
Serie: Drachen, 2

Todesjagd auf Rhodan (2011) (D) (SF) [342]
Moewig Perry Rhodan, 2615: 1. Aufl. (RH) (OA)
59 S.
Serie: Perry Rhodan - Heft, 2615

Vernichtender Hass (2011) (D) (F) [343]
Piper Fantasy, 70197: 1. Aufl. (PB) (OA)
652 S., ISBN: 978-3-492-70197-6
Serie: Die Legenden der Albae, 2

Tino Hemmann

Götter des Grauens (2011) (D) (SF) [344]
Engelsdorfer Allgemeine Reihe, 2650: 3. Aufl. (TB) (OA)
346 S., ISBN: 978-3-86268-650-6

Helagonitis: Das Leipziger Experiment (2011) (D) (SF) [345]
Engelsdorfer Allgemeine Reihe, 444: 2. Aufl. (TB) (ND) (EA: 2006)
286 S., ISBN: 978-3-86268-444-1

Jonny Juicebag (2011) (D) (SF) [346]
Engelsdorfer Allgemeine Reihe, 2267: 1. Aufl. (TB) (OA)
373 S., ISBN: 978-3-86268-267-6

Barb Hendee

(mit: J.C. Hendee)
Vergessene Zeit (2011) (D) (F) [347]
In Shade and Shadow (2009) (US)
Ü: Andreas Brandhorst
Egmont lyx, 8469: 1. Aufl. (PB) (DE)
442 S., ISBN: 978-3-8025-8469-5
Serie: Dhampir, 7

Krischan Heners

Der Kristall der Kraft - Die Comtesse (2011) (D) (F) [348]
tredition Allgemeine Reihe, 853: 1. Aufl. (TB) (OA)
276 S., ISBN: 978-3-86850-853-6
Serie: Der Kristall der Kraft, 1

Sandra Henke

Alphavampir (2011) (D) (F) [349]
Ubooks, 140: 1. Aufl. (TB) (OA)
320 S., ISBN: 978-3-86608-140-6
Serie: Alpha, 2

Alphawolf (2011) (D) (F) [350]
Heyne Allgemeine Reihe, 43611: 1. Aufl. (TB) (ND) (EA: 2010)
349 S., ISBN: 978-3-453-43611-4
Serie: Alpha, 1

Bernhard Hennen

Alica (2011) (D) (F) [351]
Heyne SF & F, 53368: 1. Aufl. (TB) (ND) (EA: 2005)
336 S., ISBN: 978-3-453-53368-4

Drachenelfen (2011) (D) (F) [352]
Heyne Allgemeine Reihe, 26658: 1. Aufl. (PB) (OA)
1069 S., ISBN: 978-3-453-26658-2
Serie: Drachenelfen, 1

Die Elfen (2011) (D) (F) [353]
Heyne Allgemeine Reihe, 26725: 1. Aufl. (HC) (ND) (EA: 2004)
1087 S., ISBN: 978-3-453-26725-1

Gerhard Henschel

Der dreizehnte Beatle (2011) (D) (SF) [354]
dtv Allgemeine Reihe, 13977: 1. Aufl. (TB) (OA)
208 S., ISBN: 978-3-423-13977-9

Mina Hepsen

Unsterblich wie der Morgen (2011) (D) (F) [355]
The Changing Moon (2010) (US)
Ü: Gertrud Wittich
Goldmann Allgemeine Reihe, 47410: 1. Aufl. (TB) (DE)
320 S., ISBN: 978-3-442-47410-3

Marc A. Herren

Gegen den Irrsinn (2011) (D) (SF) [356]
Moewig Perry Rhodan, 2611: 1. Aufl. (RH) (OA)
59 S.
Serie: Perry Rhodan - Heft, 2611

Der letzte Tag (2011) (D) (SF) [357]
Moewig Perry Rhodan, 2599: 1. Aufl. (RH) (OA)
60 S.
Serie: Perry Rhodan - Heft, 2599

Das mahnende Schauspiel (2011) (D) (SF) [358]
Moewig Perry Rhodan, 2578: 1. Aufl. (RH) (OA)
63 S.
Serie: Perry Rhodan - Heft, 2578

(mit: Andreas Adamus, Andreas Findig, Werner M. Höbart, Susan
Iwanowa)
Simna (2011) (D) (SF) [359]
Light-Edition Avalon, 1: 1. Aufl. (RH) (OA)
71 S.

Der Spieler und die Toten (2011) (D) (SF) [360]
Moewig Perry Rhodan, 2579: 1. Aufl. (RH) (OA)
59 S.
Serie: Perry Rhodan - Heft, 2579

Tod einer Superintelligenz (2011) (D) (SF) [361]
Moewig Perry Rhodan, 2598: 1. Aufl. (RH) (OA)
63 S.
Serie: Perry Rhodan - Heft, 2598

(mit: Dennis Mathiak)
Das Urteil des Drachenbaumes (2011) (D) (SF) [362]
Fantasy Productions Atlan, 71030: 1. Aufl. (TB) (OA)
345 S., ISBN: 978-3-89064-822-4
Serie: Atlan - Tamaran, 3

Achim Hiltrop

Gallaghers Mission (C) (2011) (D) (SF) [363]
Atlantis Edition Atlantis: 1. Aufl. (HC) (NZ)
460 S.
Serie: Gallagher-Chroniken (ND), 1

Wächter des Imperiums (2011) (D) (SF) [364]
Atlantis Ikarus, 45: 1. Aufl. (TB) (OA)
111 S., ISBN: 978-3-86402-012-4
Serie: Rettungskreuzer Ikarus, 45

Jim C. Hines

Die fiese Meerjungfrau (2011) (D) (F) [365]
The Mermaid's Madness (2009) (E)
Ü: Axel Franken
Bastei-Lübbe Fantasy, 20633: 1. Aufl. (TB) (DE)
477 S., ISBN: 978-3-404-20633-9

Rotkäppchens Rache (2011) (D) (F) [366]
Red Hood's Revenge (2010) (E)
Ü: Axel Franken
Bastei-Lübbe SF & F, 20005: 1. Aufl. (TB) (DE)
431 S., ISBN: 978-3-404-20005-4

Nils Hirseland

Die Entführung der LONDON (2011) (D) (SF) [367]
PR Online Club Dorgon Neuausgabe, 5: 1. Aufl. (EB) (OA)
50 S.
Serie: Perry Rhodan - Dorgon - Mordred NA, 5

Der Flug der LONDON (2011) (D) (SF) [368]
PR Online Club Dorgon Neuausgabe, 4: 1. Aufl. (EB) (OA)
49 S.
Serie: Perry Rhodan - Dorgon - Mordred NA, 4

Geburtsstunde (2011) (D) (SF) [369]
PR Online Club Dorgon Neuausgabe, 1: 1. Aufl. (EB) (OA)
44 S.
Serie: Perry Rhodan - Dorgon - Mordred NA, 1

Ein Junge namens Cauthon Despair (2011) (D) (SF) [370]
PR Online Club Dorgon Neuausgabe, 2: 1. Aufl. (EB) (OA)
48 S.
Serie: Perry Rhodan - Dorgon - Mordred NA, 2

Der Silberne Ritter (2011) (D) (SF) [371]
PR Online Club Dorgon Neuausgabe, 3: 1. Aufl. (EB) (OA)
43 S.
Serie: Perry Rhodan - Dorgon - Mordred NA, 3

Robin Hobb

Im Bann der Magie (2011) (D) (F) [372]
Forest Mage (2006) (US)
Ü: Joachim Pente
Heyne SF & F, 53219: 1. Aufl. (TB) (ND) (EA: 2008)
832 S., ISBN: 978-3-453-53219-9
Serie: Nevare, 2

Die Stunde des Abtrünnigen (2011) (D) (F) [373]
Renegade's Magic (2008) (US)
Ü: Joachim Pente
Heyne SF & F, 53221: 1. Aufl. (TB) (ND) (EA: 2009)
768 S., ISBN: 978-3-453-53221-2
Serie: Nevare, 3

Hans-Jörg Hochecker

Was ist hinter der Tür? (2011) (D) (SF) [374]
Libri Books on Demand, 3913: 1. Aufl. (TB) (OA)
352 S., ISBN: 978-3-8423-3913-2

Amanda Hocking

Verführung (2011) (D) (F) [375]
Fate (2010) (US)
Ü: Anne Emmert
Bertelsmann cbt Fantasy, 16136: 1. Aufl. (TB) (DE)
300 S., ISBN: 978-3-570-16136-4
Serie: Unter dem Vampirmond, 2

Versuchung (2011) (D) (F) [376]
My Blood Approves (2010) (US)
Ü: Ines Klöhn
Bertelsmann cbt Fantasy, 16135: 1. Aufl. (TB) (DE)
320 S., ISBN: 978-3-570-16135-7
Serie: Unter dem Vampirmond, 1

Janine Höcker

Seele einer Eiche (2011) (D) (F) [377]
Voodoo Press Allgemeine Reihe, 9: 2. Aufl. (TB) (OA)
244 S., ISBN: 978-3-902802-09-5

Thomas Höhl

Das Ende einer Ära (2011) (D) (SF) [378]
Bastei Sternenfaust, 172: 1. Aufl. (RH) (OA)
64 S.
Serie: Sternenfaust, 172

Die große Leere (2011) (D) (SF) [379]
Bastei Sternenfaust, 174: 1. Aufl. (RH) (OA)
64 S.
Serie: Sternenfaust, 174

Invasionsstufe Drei (2011) (D) (SF) [380]
Bastei Sternenfaust, 173: 1. Aufl. (RH) (OA)
64 S.
Serie: Sternenfaust, 173

Invasionsstufe Zwei (2011) (D) (SF) [381]
Bastei Sternenfaust, 166: 1. Aufl. (RH) (OA)
64 S.
Serie: Sternenfaust, 166

Der Maulwurf (2011) (D) (SF) [382]
Bastei Sternenfaust, 158: 1. Aufl. (RH) (OA)
64 S.
Serie: Sternenfaust, 158

(mit: Andreas Suchanek)
Der Schatten des Feindes (2011) (D) (SF) [383]
Bastei Sternenfaust, 175: 1. Aufl. (RH) (OA)
64 S.
Serie: Sternenfaust, 175

Die Space-Oma (2011) (D) (SF) [384]
Bastei Sternenfaust, 160: 1. Aufl. (RH) (OA)
64 S.
Serie: Sternenfaust, 160

Vertraue nie einem Genetic! (2011) (D) (SF) [385]
Bastei Sternenfaust, 178: 1. Aufl. (RH) (OA)
64 S.
Serie: Sternenfaust, 178

E.T.A. Hoffmann

Der Sandmann (2011) (D) (PH) [386]
Stroemfeld, 151: 1. Aufl. (TB) (ND) (EA: 1817)
193 S., ISBN: 978-3-86600-151-0

Der Sandmann / Das Fräulein von Scuderi (C) (2011) (D) (PH) [387]
Insel Klassik, 4509: 1. Aufl. (TB) (ND)
137 S., ISBN: 978-3-458-36209-8

Marco Hoffmann

Wallraffen (2011) (D) (SF) [388]
AAVAA, 960: 1. Aufl. (TB) (OA)
215 S., ISBN: 978-3-86254-960-3

Wallraffen (2011) (D) (SF) [389]
AAVAA, 962: 1. Aufl. (TB) (OA)
359 S., ISBN: 978-3-86254-962-7

Markolf Hoffmann

Das Flüstern zwischen den Zweigen (C) (2011) (D) (F) [390]
Shayol Paria, 3008: 1. Aufl. (TB) (OA)
176 S., ISBN: 978-3-926126-98-6

W.P. Hoffmanns

(mit: H.G. Francis, Manfred Wegener)
Der Herrscher von Orgu (C) (2011) (D) (SF) [391]
Mohlberg Mark Powers, 25: 1. Aufl. (TB) (NZ)
278 S., ISBN: 978-3-942079-62-4
Serie: Mark Powers (NA), 25

(mit: H.G. Francis, Alf Tjörnsen)
Tod den Terranern (C) (2011) (D) (SF) [392]
Mohlberg Mark Powers, 21: 1. Aufl. (TB) (NZ)
263 S., ISBN: 978-3-942079-46-4
Serie: Mark Powers (NA), 21

Wolfgang E. Hohlbein

Anubis (2011) (D) (F) [393]
Bastei-Lübbe Allgemeine Reihe, 27070: 1. Aufl. (TB) (ND) (EA: 2004)
768 S., ISBN: 978-3-404-27070-5

(mit: Heike Hohlbein)
Elfentanz (2011) (D) (F) [394]
Ueberreuter Allgemeine Reihe, 5630: 1. Aufl. (TB) (ND) (EA: 1984)
466 S., ISBN: 978-3-8000-5630-9

Elfentod (2011) (D) (F) [395]
Ueberreuter, 9532: 1. Aufl. (HC) (OA)
486 S., ISBN: 978-3-8000-9532-2
Serie: Chroniken der Elfen, 3

Göttersterben (2011) (D) (F) [396]
Ullstein Allgemeine Reihe, 28246: 1. Aufl. (TB) (ND) (EA: 2008)
491 S., ISBN: 978-3-548-28246-6
Serie: Chronik der Unsterblichen, 10

Infinity: Der Turm (2011) (D) (SF) [397]
Piper Fantasy, 70223: 1. Aufl. (HC) (OA)
619 S., ISBN: 978-3-492-70223-2

Der Machdi (2011) (D) (F) [398]
Egmont lyx, 8494: 1. Aufl. (PB) (OA)
719 S., ISBN: 978-3-8025-8494-7
Serie: Chronik der Unsterblichen, 13

Schattenchronik (C) (2011) (D) (HO) [399]
Bastei-Lübbe Fantasy, 20511: 1. Aufl. (PB) (ND)
526 S., ISBN: 978-3-404-20511-0
Serie: Raven (ND), 2

Schattenreiter (C) (2011) (D) (HO) [400]
Bastei-Lübbe Fantasy, 20510: 1. Aufl. (PB) (ND)
559 S., ISBN: 978-3-404-20510-3
Serie: Raven (ND), 1

Thor (2011) (D) (F) [401]
Bastei-Lübbe Fantasy, 20639: 1. Aufl. (TB) (ND) (EA: 2010)
910 S., ISBN: 978-3-404-20639-1
Serie: Asgard, 1

Carl Reiner Holdt

Gezeitenwechsel (2011) (D) (SF) [402]
Südwestbuch, 76: 1. Aufl. (TB) (OA)
259 S., ISBN: 978-3-942661-76-8

Freder van Holk

Blaue Kugel (2011) (D) (SF) [403]
Dieter von Reeken, 46: 1. Aufl. (TB) (ND) (EA: 1938)
181 S., ISBN: 978-3-940679-46-8

Jan Mayen 1 (C) (2011) (D) (SF) [404]
Dieter von Reeken, 42: 1. Aufl. (TB) (NZ)
317 S., ISBN: 978-3-940679-42-0
Serie: Jan Mayen (ND), 1

Jan Mayen 2 (C) (2011) (D) (SF) [405]
Dieter von Reeken, 43: 1. Aufl. (TB) (NZ)
313 S., ISBN: 978-3-940679-43-7
Serie: Jan Mayen (ND), 2

Jan Mayen 3 (C) (2011) (D) (SF) [406]
Dieter von Reeken, 44: 1. Aufl. (TB) (NZ)
315 S., ISBN: 978-3-940679-44-4
Serie: Jan Mayen (ND), 3

Jan Mayen 4 (C) (2011) (D) (SF) [407]
Dieter von Reeken, 48: 1. Aufl. (TB) (NZ)
317 S., ISBN: 978-3-940679-48-2
Serie: Jan Mayen (ND), 4

Jan Mayen 5 (C) (2011) (D) (SF) [408]
Dieter von Reeken, 49: 1. Aufl. (TB) (NZ)
314 S., ISBN: 978-3-940679-49-9
Serie: Jan Mayen (ND), 5

Jan Mayen 6 (C) (2011) (D) (SF) [409]
Dieter von Reeken, 51: 1. Aufl. (TB) (NZ)
317 S., ISBN: 978-3-940679-51-2
Serie: Jan Mayen (ND), 6

Elisabeth Holzenhauer

Tränen, so rot! (2011) (D) (F) [410]
epubli Allgemeine Reihe, 819: 1. Aufl. (HC) (OA)
332 S., ISBN: 978-3-8442-0819-1

Stephan Hoppenheidt

Alpträume (2011) (D) (SF) [411]
Libri Books on Demand, 3735: 1. Aufl. (TB) (OA)
144 S., ISBN: 978-3-8423-3735-0

Andreas H. Hub-Kuhn

Eternal Life (2011) (D) (SF) [412]
epubli Allgemeine Reihe, 787: 1. Aufl. (TB) (OA)
240 S., ISBN: 978-3-8442-0787-3

Niflheim (2011) (D) (SF) [413]
Libri Books on Demand, 5247: 1. Aufl. (TB) (OA)
273 S., ISBN: 978-3-8423-5247-6

Alexander A. Huiskes

Countdown (2011) (D) (SF) [414]
Moewig Perry Rhodan Extra, 12: 1. Aufl. (RH) (OA)
66 S.
Serie: Perry Rhodan

Stephen Hunt

Das Königreich der Lüfte (2011) (D) (SF) [415]
The Court of the Air (2007) (E)
Ü: Kirsten Borchardt
Heyne SF & F, 53376: 1. Aufl. (TB) (NA) (EA: 2009)
781 S., ISBN: 978-3-453-53376-9

Das Königreich jenseits der Wellen (2011) (D) (F) [416]
The Kingdom Beyond the Waves (2008) (E)
Ü: Kirsten Borchardt
Heyne SF & F, 52551: 1. Aufl. (TB) (DE)
830 S., ISBN: 978-3-453-52551-1

Charlie Huston

Die Plage (2011) (D) (SF) [417]
Sleepless (2009) (US)
Ü: Alexander Wagner
Heyne Allgemeine Reihe, 40731: 1. Aufl. (TB) (DE)
544 S., ISBN: 978-3-453-40731-2

Nero Impala

Umbruch (2011) (D) (F) [418]
Dead Soft Allgemeine Reihe, 80: 1. Aufl. (TB) (OA)
200 S., ISBN: 978-3-934442-80-1
Serie: Drachenblut, 3

Abel Inkun

Der Tod aus einer anderen Welt (2011) (D) (F) [419]
Noel, 116: 1. Aufl. (TB) (OA)
291 S., ISBN: 978-3-942802-16-1

Ralf Isau

Feueropfer (2011) (D) (F) [420]
Piper Fantasy, 70192: 1. Aufl. (HC) (OA)
432 S., ISBN: 978-3-492-70192-1
Serie: Die zerbrochene Welt, 2

Das Geheimnis der versteinerten Träume (2011) (D) (F) [421]
Bertelsmann cbj Fantasy, 13833: 1. Aufl. (HC) (OA)
480 S., ISBN: 978-3-570-13833-5

Der Tränenpalast (2011) (D) (F) [422]
Carlsen Allgemeine Reihe, 35874: 1. Aufl. (TB) (ND) (EA: 2008)
256 S., ISBN: 978-3-551-35874-5
Serie: Der Zirkel der Phantanauten, 1

Die zerbrochene Welt (2011) (D) (F) [423]
Piper Fantasy, 70191: 1. Aufl. (HC) (OA)
495 S., ISBN: 978-3-492-70191-4
Serie: Die zerbrochene Welt, 1

Jordan Iwantschew

Die Farben des Grauens (2011) (D) (SF) [424]
<unbekannt / unknown> (1995) (BU)
Ü: Barbara Beyer
Dittrich edition Balkan, 57: 1. Aufl. (TB) (DE)
182 S., ISBN: 978-3-937717-57-9

Devil Jack

Der schwarze Trapezoeder (2011) (D) (F) [425]
Novum pocket, 93: 1. Aufl. (TB) (OA)
359 S., ISBN: 978-3-99010-093-6
Serie: Other World, 1

Rüdiger Janson

Eden 2610 (2011) (D) (SF) [426]
Privatdruck: 1. Aufl. (EB) (OA)
443 S.

Heather Jarman

Dieser Graue Geist (2011) (D) (SF) [427]
This Gray Spirit (2002) (US)
Ü: Christian Humberg
Cross Cult Star Trek DS9, 6: 1. Aufl. (TB) (DE)
507 S., ISBN: 978-3-941248-56-4
Serie: Enterprise - Deep Space Nine bei CC, 6

M.O. Jelinski

Verschollen im Abgrund (2011) (D) (SF) [428]
Ahead and Amazing Global Street Ed., 87: 1. Aufl. (TB) (OA)
243 S., ISBN: 978-3-933305-86-2
Serie: Die Hüter der Wahrscheinlichkeit, 2

Wolfgang Jeschke

Orte der Erinnerung (C) (2011) (D) (SF) [429]
Shayol SF, 1023: 1. Aufl. (TB) (OA)
256 S., ISBN: 978-3-926126-91-7

Annette John

Deadline 24 (2011) (D) (SF) [430]
Beltz & Gelberg Allgemeine Reihe, 81081: 1. Aufl. (HC) (OA)
375 S., ISBN: 978-3-407-81081-6

Jaleigh Johnson

Nebelufer (2011) (D) (F) [431]
Mistshore (2008) (US)
Ü: Daniel Schumacher
Feder & Schwert Vergessene Reiche, 11334: 1. Aufl. (TB) (DE)
396 S., ISBN: 978-3-86762-079-6
Serie: Vergessene Reiche - Tiefwasser, 2

Frewin Jones

Die dunkle Schwester (2011) (D) (F) [432]
The Sorcerer King (2008) (E)
Ü: Ilse Rothfuß
Ravensburger Allgemeine Reihe, 58374: 1. Aufl. (TB) (ND) (EA: 2009)
383 S., ISBN: 978-3-473-58374-4
Serie: Elfennacht, 3

Das verfluchte Königreich (2011) (D) (F) [433]
The Immortal Realm (2009) (E)
Ü: Ilse Rothfuß
Ravensburger Allgemeine Reihe, 58388: 1. Aufl. (TB) (ND) (EA: 2009)
376 S., ISBN: 978-3-473-58388-1
Serie: Elfennacht, 4

Rosemary Jones

Totenstadt (2011) (D) (F) [434]
City of the Dead (2009) (US)
Ü: Daniel Schumacher
Feder & Schwert Vergessene Reiche, 11336: 1. Aufl. (TB) (DE)
383 S., ISBN: 978-3-86762-098-7
Serie: Vergessene Reiche - Tiefwasser, 4

Robert Jordan

Herr des Chaos (2011) (D) (F) [435]
Lord of Chaos (1994) (US)
Ü: Uwe Luserke, Karin König
Piper Fantasy, 70236: 1. Aufl. (PB) (NA) (EA: 1998)
1179 S., ISBN: 978-3-492-70236-2
Serie: Das Rad der Zeit (NA), 6

(mit: Brandon Sanderson)
Der Traum des Wolfs (2011) (D) (F) [436]
Towers of Midnight I (2010) (US)
Ü: Andreas Decker
Piper Fantasy TB, 6837: 1. Aufl. (TB) (DE)
604 S., ISBN: 978-3-492-26837-0
Serie: Das Rad der Zeit, 34

(mit: Brandon Sanderson)
Die Türme der Mitternacht (2011) (D) (F) [437]
Towers of Midnight II (2010) (US)
Ü: Andreas Decker
Piper Fantasy TB, 6838: 1. Aufl. (TB) (DE)
624 S., ISBN: 978-3-492-26838-7
Serie: Das Rad der Zeit, 35

B.F. Joseph

Grimms Aliens (C) (2011) (D) (SF) [438]
Edition 333: 1. Aufl. (TB) (OA)
211 S.

Menschenfleisch (2011) (D) (SF) [439]
Edition 333: 1. Aufl. (TB) (OA)
229 S.

Transmitter-Almanach (C) (2011) (D) (SF) [440]
Edition 333: 1. Aufl. (TB) (OA)
279 S.

Peter Jungk

Verschlungene Wege (2011) (D) (SF) [441]
AAVAA, 105: 1. Aufl. (TB) (OA)
295 S., ISBN: 978-3-86254-105-8
Serie: Verloren in Hellas, 1

Verschlungene Wege (2011) (D) (SF) [442]
AAVAA, 106: 1. Aufl. (TB) (OA)
503 S., ISBN: 978-3-86254-106-5
Serie: Verloren in Hellas, 1

Richard Kadrey

Höllendämmerung (2011) (D) (F) [443]
Sandman Slim (2009) (US)
Ü: Bernhard Kleinschmidt
Rowohlt Polaris, 13: 1. Aufl. (PB) (DE)
429 S., ISBN: 978-3-86252-013-8

Chiara Kaiser

Syria und Bairal (2011) (D) (F) [444]
sfbasar-blog: 1. Aufl. (EP) (OA)
4 S.

Werner Karl

Danger Zone (C) (2011) (D) (SF) [445]
tredition Allgemeine Reihe, 91: 1. Aufl. (TB) (OA)
186 S., ISBN: 978-3-8424-0091-7

Das Testament (2011) (D) (SF) [446]
sfbasar-blog: 1. Aufl. (EP) (OA)
9 S.

Drew Karpyshyn

Dynastie des Bösen (2011) (D) (SF) [447]
Dynasty of Evil (2009) (US)
Ü: Andreas Kasprzak
Blanvalet Allgemeine Reihe, 37559: 1. Aufl. (PB) (DE)
398 S., ISBN: 978-3-442-37559-2
Serie: Star Wars - Darth Bane, 3

Harald Kaup

2120 A.D. - Neuland (2011) (D) (SF) [448]
Noel, 121: 1. Aufl. (TB) (OA)
340 S., ISBN: 978-3-942802-21-5

Susan Kearney

Der Bann des Zeitreisenden (2011) (D) (SF) [449]
Rion (2009) (US)
Ü: Michael Siefener
Piper Fantasy TB, 6766: 1. Aufl. (TB) (DE)
388 S., ISBN: 978-3-492-26766-3
Serie: Pendragon, 2

Die Geliebte des Zeitreisenden (2011) (D) (SF) [450]
Lucan (2009) (US)
Ü: Michael Siefener
Piper Fantasy TB, 6765: 1. Aufl. (TB) (DE)
388 S., ISBN: 978-3-492-26765-6
Serie: Pendragon, 1

Caroline Kehl

Seraphina: Der hinterbliebene Kronprinz (2011) (D) (F) [451]
Noel, 105: 1. Aufl. (TB) (OA)
320 S., ISBN: 978-3-942802-05-5

Paul S. Kemp

Betrogen (2011) (D) (SF) [452]
Deceived (2011) (US)
Ü: Jan Dinter
Panini Allgemeine Reihe, 2249: 1. Aufl. (PB) (DE)
314 S., ISBN: 978-3-8332-2249-8
Serie: Star Wars

Gegenwind (2011) (D) (SF) [453]
Crosscurrent (2010) (US)
Ü: Andreas Kasprzak, Tobias Toneguzzo
Blanvalet Allgemeine Reihe, 37743: 1. Aufl. (PB) (DE)
509 S., ISBN: 978-3-442-37743-5
Serie: Star Wars

Bernhard Kempen

Das Flexion (2011) (D) (SF) [454]
Fantasy Productions Atlan, 71032: 1. Aufl. (TB) (OA)
319 S., ISBN: 978-3-89064-078-5
Serie: Atlan - Sternensplitter, 2

Anna Kendall

Der Pfad der Seelen (2011) (D) (F) [455]
Crossing Over (2010) (US)
Ü: Simone Heller
Blanvalet Fantasy, 26792: 1. Aufl. (PB) (DE)
384 S., ISBN: 978-3-442-26792-7
Serie: Seelen-Trilogie, 1

Eve Kenin

Herz aus Eis (2011) (D) (SF) [456]
Driven (2007) (US)
Ü: Christiane Meyer
Knaur Allgemeine Reihe, 50924: 1. Aufl. (TB) (DE)
330 S., ISBN: 978-3-426-50924-1
Serie: Dark Future, 1

Nate Kenyon

Phantome (2011) (D) (SF) [457]
Spectres (2011) (US)
Ü: Timothy Stahl
Panini Starcraft Ghost, 2: 1. Aufl. (TB) (DE)
350 S., ISBN: 978-3-8332-2049-4
Serie: Starcraft Ghost, 2

Michael Kerawalla

Turoon (2011) (D) (SF) [458]
AAVAA, 433: 1. Aufl. (TB) (OA)
295 S., ISBN: 978-3-86254-433-2

Turoon (2011) (D) (SF) [459]
AAVAA, 434: 1. Aufl. (TB) (OA)
485 S., ISBN: 978-3-86254-434-9

Claudia Kern

Sissi, die Vampirjägerin (2011) (D) (PH) [460]
Panini Allgemeine Reihe, 2254: 1. Aufl. (PB) (OA)
317 S., ISBN: 978-3-8332-2254-2

Jacqueline H. Kessler

(mit: Caitlin Kittredge)
Im Zwielicht (2011) (D) (SF) [461]
Shades of Gray (2010) (US)
Ü: Katrin Harlaß
Egmont lyx, 8355: 1. Aufl. (TB) (DE)
523 S., ISBN: 978-3-8025-8355-1
Serie: Das Ikarus-Projekt, 2

Achmed A.W. Khammas

Zehn hoch dreiundzwanzig (C) (2011) (D) (PH) [462]
Edition TES BunTES Abenteuer, 201107: 1. Aufl. (RH) (OA)
32 S.

Mark von Kiedrowski

Der lachende Dämon (2011) (D) (F) [463]
Noel, 98: 1. Aufl. (TB) (OA)
181 S., ISBN: 978-3-940209-98-6

J. Robert King

Die Herrschaft der Drachen (2011) (D) (F) [464]
Edge of Destiny (2011) (US)
Ü: Andreas Kasprzak
Panini Fantasy, 2237: 1. Aufl. (PB) (DE)
425 S., ISBN: 978-3-8332-2237-5
Serie: Guildwars

Stephen King

Die Arena (2011) (D) (SF) [465]
Under the Dome (2009) (US)
Ü: Wulf H. Bergner
Heyne Allgemeine Reihe, 43523: 7. Aufl. (TB) (ND) (EA: 2009)
1280 S., ISBN: 978-3-453-43523-0

William King

Space Wolf (C) (2011) (D) (SF) [466]
The Space Wolf Omnibus (2002) (E)
Ü: Christian Jentzsch
Heyne SF & F, 53390: 1. Aufl. (TB) (NZ)
1057 S., ISBN: 978-3-453-53390-5
Serie: Warhammer 40000

Trollslayer / Skavenslayer (C) (2011) (D) (F) [467]
Trollslayer / Skavenslayer (1999) (E)
Ü: Dieter Schmidt
Piper Fantasy TB, 6803: 1. Aufl. (TB) (NZ)
910 S., ISBN: 978-3-492-26803-5
Serie: Warhammer - Gotrek & Felix

W. Kimball Kinnison

(mit: Wilfried A. Hary)
For-Pers Traum / Wiege der Erkenntnis (C) (2011) (D) (SF) [468]
Hary-Production Star Gate, 75: 1. Aufl. (GB) (OA)
125 S.
Serie: Star Gate, 75

(mit: Wilfried A. Hary)
Mahlik-Salem / Roboter unerwünscht (C) (2011) (D) (SF) [469]
Hary-Production Star Gate, 81: 1. Aufl. (GB) (OA)
130 S.
Serie: Star Gate, 81

Fenya Kirst

Im Zeichen der Sonne (2011) (D) (F) [470]
Novum pocket, 145: 1. Aufl. (TB) (OA)
492 S., ISBN: 978-3-99010-145-2

David Klass

Feuerquell (2011) (D) (SF) [471]
Firestorm (1999) (US)
Ü: Robert A. Weiß, Sonja Schuhmacher
Fischer Allgemeine Reihe, 80988: 1. Aufl. (TB) (ND) (EA: 2007)
411 S., ISBN: 978-3-596-80988-2
Serie: Jack Danielson, 1

Wirbelsturm (2011) (D) (SF) [472]
Whirlwind (2008) (US)
Ü: Robert A. Weiß
Fischer Allgemeine Reihe, 81029: 1. Aufl. (TB) (ND) (EA: 2008)
409 S., ISBN: 978-3-596-81029-1
Serie: Jack Danielson, 2

Wolfgang Klatt

Das Pangea-Projekt (2011) (D) (SF) [473]
Scholz Allgemeine Reihe, 17: 1. Aufl. (TB) (OA)
556 S., ISBN: 978-3-941653-17-7

Theodor Karl Klein

Der damenlose Reiter (2011) (D) (SF) [474]
Privatdruck Edition Zeittramp: 1. Aufl. (EP) (ND) (EA: 1986)
12 S.
Serie: Marc O'Popel, 48

Das Haus der Rache (2011) (D) (PH) [475]
Privatdruck: 1. Aufl. (EP) (OA)
13 S.
Serie: Götz Gregorius, 1

Die Nacht der Verschwörer (2011) (D) (SF) [476]
Privatdruck Edition Zeittramp: 1. Aufl. (EP) (ND) (EA: 1994)
12 S.
Serie: Marc O'Popel, 55

Nahrhafte Angst (2011) (D) (PH) [477]
Privatdruck: 1. Aufl. (EP) (OA)
15 S.
Serie: Götz Gregorius, 2

Neuen Zielen entgegen (2011) (D) (SF) [478]
Privatdruck Edition Zeittramp: 1. Aufl. (EP) (ND) (EA: 1992)
12 S.
Serie: Marc O'Popel, 51

Paladin 174 (C) (2011) (D) (PH) [479]
SFC Thunderbolt Paladin, 174: 1. Aufl. (EP) (OA)
20 S.
Serie: Fanzine: Paladin, 174

Schlechte Zeiten - Gute Zeiten (2011) (D) (SF) [480]
Privatdruck Edition Zeittramp: 1. Aufl. (EP) (ND) (EA: 1993)
12 S.
Serie: Marc O'Popel, 52

Sintflut (2011) (D) (SF) [481]
Privatdruck Edition Zeittramp: 1. Aufl. (EP) (ND) (EA: 1993)
12 S.
Serie: Marc O'Popel, 53

Miriam Kleve

Verrat (2011) (D) (SF) [482]
sfbasar-blog: 1. Aufl. (EP) (OA)
6 S.

Dimitra Klobasa

Das Blut zweier Götter (2011) (D) (F) [483]
Novum pocket, 150: 1. Aufl. (TB) (OA)
576 S., ISBN: 978-3-99010-150-6

Cayla Kluver

Geliebter Feind (2011) (D) (F) [484]
Legacy (2009) (E)
Ü: Henriette Zeltner
Piper Fantasy TB, 6839: 1. Aufl. (TB) (ND) (EA: 2010)
555 S., ISBN: 978-3-492-26839-4
Serie: Alera, 1

Zeit der Rache (2011) (D) (F) [485]
Allegiance (2011) (US)
Ü: Henriette Zeltner
Piper Fantasy, 70217: 1. Aufl. (PB) (DE)
572 S., ISBN: 978-3-492-70217-1
Serie: Alera, 2

Hanns Kneifel

Raumpatrouille Orion 1 (C) (2011) (D) (SF) [486]
Saphir im Stahl: 1. Aufl. (HC) (NZ)
300 S., ISBN: 978-3-9813823-0-3
Serie: Raumpatrouille Orion (Saphir), 1

Raumpatrouille Orion 2 (C) (2011) (D) (SF) [487]
Saphir im Stahl, 1: 1. Aufl. (HC) (NZ)
300 S., ISBN: 978-3-9813823-1-0
Serie: Raumpatrouille Orion (Saphir), 2

Raumpatrouille Orion 3 (C) (2011) (D) (SF) [488]
Saphir im Stahl, 2: 1. Aufl. (HC) (NZ)
450 S., ISBN: 978-3-9813823-2-7
Serie: Raumpatrouille Orion (Saphir), 3

E.E. Knight

Flug des Adlers (2011) (D) (SF) [489]
Valentine's Resolve (2007) (US)
Ü: Frauke Meier
Heyne SF & F, 52755: 1. Aufl. (TB) (DE)
463 S., ISBN: 978-3-453-52755-3
Serie: Vampire Earth, 6

C.J. Knittel

Utopia Terrana (C) (2011) (D) (SF) [490]
p.machinery AndroSF, 15: 1. Aufl. (TB) (OA)
103 S., ISBN: 978-3-942533-23-2

Albert Knorr

Giftgrüne Gentechnik (2011) (D) (SF) [491]
Albert Knorr, 8: 1. Aufl. (TB) (OA)
496 S., ISBN: 978-3-9502681-8-8
Serie: Sacer Sanguis Genetics

(mit: Thorsten Michel, Marlen Raab)
Rote Elemente (2011) (D) (SF) [492]
Albert Knorr, 7: 1. Aufl. (TB) (OA)
496 S., ISBN: 978-3-9502681-7-1

Boris Koch

(mit: Christian von Aster, Markolf Hoffmann)
Rückkehr ins Stirnhirnhinterzimmer (C) (2011) (D) (PH) [493]
UBooks, 9: 1. Aufl. (TB) (OA)
202 S., ISBN: 978-3-939239-09-3

Der Schwur der Geächteten (2011) (D) (F) [494]
Bertelsmann cbj Fantasy, 40082: 1. Aufl. (TB) (ND) (EA: 2010)
368 S., ISBN: 978-3-570-40082-1
Serie: Drachenflüsterer, 2

Das Verlies der Stürme (2011) (D) (F) [495]
Heyne Allgemeine Reihe, 26724: 1. Aufl. (HC) (OA)
410 S., ISBN: 978-3-453-26724-4
Serie: Drachenflüsterer, 3

Gini Koch

Aliens in Armani (2011) (D) (SF) [496]
Touched by an Alien (2010) (US)
Ü: Diana Bürgel
Piper Fantasy TB, 6816: 1. Aufl. (TB) (DE)
451 S., ISBN: 978-3-492-26816-5

Julia V. Köber

Rich Finigon und das Amulett der Blutaugen (2011) (D) (SF) [497]
Projekte 188, 1641: 1. Aufl. (TB) (OA)
529 S., ISBN: 978-3-86237-641-4
Serie: Rich Finigon, 1

Detlef Köhler

Interstellares Mysterium (2011) (D) (SF) [498]
Projekte 188, 1607: 1. Aufl. (TB) (OA)
334 S., ISBN: 978-3-86237-607-0

Wulf Köhn

Unendliche Zukunft (C) (2011) (D) (SF) [499]
Hottenstein Allgemeine Reihe, 39: 1. Aufl. (HC) (OA)
244 S., ISBN: 978-3-935928-39-7

Clemens Köhne

Echtes Vakuum (2011) (D) (SF) [500]
Pro Business Allgemeine Reihe, 1150: 1. Aufl. (TB) (OA)
197 S., ISBN: 978-3-86386-150-6

Jennifer Könen

Das Drachenschwert (2011) (D) (F) [501]
Novum pro, 254: 1. Aufl. (TB) (OA)
536 S., ISBN: 978-3-99003-254-1
Serie: Vermächtnis der Familie Millennium, 1

Dean R. Koontz

Meer der Finsternis (2011) (D) (HO) [502]
Odd Hours (2008) (US)
Ü: Bernhard Kleinschmidt
Heyne Allgemeine Reihe, 43538: 1. Aufl. (TB) (ND) (EA: 2009)
400 S., ISBN: 978-3-453-43538-4
Serie: Odd Thomas, 4

Die Unbekannten (2011) (D) (SF) [503]
Breathless (2009) (US)
Ü: Ursula Gnade
Heyne Allgemeine Reihe, 43499: 1. Aufl. (TB) (DE)
449 S., ISBN: 978-3-453-43499-8

Guido Krain

Masken der Sinnlichkeit (2011) (D) (F) [504]
Fabylon Allgemeine Reihe, 40: 1. Aufl. (TB) (OA)
200 S., ISBN: 978-3-927071-40-7

Gerd Kramer

Das versteckte Experiment (2011) (D) (SF) [505]
AAVAA, 449: 1. Aufl. (TB) (OA)
296 S., ISBN: 978-3-86254-449-3

Kirsten Kramheller

Der Fluch: Anfang oder Ende? (2011) (D) (F) [506]
Vindobona Allgemeine Reihe, 246: 1. Aufl. (TB) (OA)
223 S., ISBN: 978-3-85040-246-0
Serie: Die Macht der Träume, 2

Tommy Krappweis

Götterdämmerung (2011) (D) (F) [507]
Egmont Schneider, 12648: 1. Aufl. (HC) (OA)
332 S., ISBN: 978-3-505-12648-2
Serie: Mara und der Feuerbringer, 3

Margrit Krause

Der Weg fort - Zu den Zwergen (2011) (D) (F) [508]
Novum pro, 290: 1. Aufl. (TB) (OA)
396 S., ISBN: 978-3-99003-290-9
Serie: Berylls Queste, 1

Der Weg fort - Zum Wurzelort des Steines (2011) (D) (F) [509]
Novum pro, 563: 1. Aufl. (TB) (OA)
510 S., ISBN: 978-3-99003-563-4
Serie: Berylls Queste, 2

Karsten Krepinsky

Nicht die Welt (2011) (D) (SF) [510]
Neuwelt, 32800: 1. Aufl. (HC) (OA)
195 S., ISBN: 978-3-00-032800-8

Jeanine Krock

Der Blutkristall (2011) (D) (F) [511]
Egmont lyx, 8434: 1. Aufl. (TB) (ND) (EA: 2009)
352 S., ISBN: 978-3-8025-8434-3
Serie: Licht & Schatten, 3

Das Feenorakel (2011) (D) (F) [512]
Ubooks, 130: 1. Aufl. (TB) (OA)
304 S., ISBN: 978-3-86608-130-7
Serie: Licht & Schatten, 4

Alexander Kröger

Der erste Versuch (2011) (D) (SF) [513]
Projekte 188, 1559: 2. Aufl. (TB) (OA)
198 S., ISBN: 978-3-86237-559-2

Saat des Himmels (2011) (D) (SF) [514]
Projekte 188, 1691: 2. Aufl. (TB) (ND) (EA: 2000)
194 S., ISBN: 978-3-86237-691-9

Das zweite Leben (2011) (D) (SF) [515]
Projekte 188, 1502: 2. Aufl. (TB) (ND) (EA: 1998)
243 S., ISBN: 978-3-86237-502-8

Linda Kronrat

Kathy und die Hexe Hedonia (2011) (D) (F) [516]
Fiction&Fantasy, 9: 1. Aufl. (TB) (OA)
264 S., ISBN: 978-3-934432-09-3
Serie: Kathy, 2

Karsten Kruschel

Galdäa (2011) (D) (SF) [517]
Wurdack SF: 1. Aufl. (PB) (OA)
445 S., ISBN: 978-3-938065-72-3
Serie: Vilm

Axel Kruse

(mit: Alexander Gail)
Das Geheimnis der neuen Welt (C) (2011) (D) (SF) [518]
Hary-Production Ad Astra TB, 11: 1. Aufl. (TB) (OA)
253 S.

Eine Sphäre - lichtjahreweit (C) (2011) (D) (SF) [519]
Hary-Production Ad Astra TB, 13: 1. Aufl. (TB) (OA)
251 S.

Mike Krzywik-Groß

Riva Mortis (2011) (D) (F) [520]
Fantasy Productions Das Schwarze Auge, 11067: 1. Aufl. (TB) (OA)
312 S., ISBN: 978-3-89064-129-4
Serie: DSA, 130

Sergej Kusnezow

Das marmorne Paradies (2011) (D) (SF) [521]
<unbekannt / unknown> (2010) (RU)
Ü: Anja Freckmann
Heyne SF & F, 52861: 1. Aufl. (PB) (DE)
384 S., ISBN: 978-3-453-52861-1
Serie: Metro 2033

Nick Kyme

Feuerechse (2011) (D) (SF) [522]
Salamander (2009) (E)
Ü: Christian Jentzsch
Heyne SF & F, 52814: 1. Aufl. (TB) (DE)
479 S., ISBN: 978-3-453-52814-7
Serie: Warhammer 40000

Nick Lake

Der Novize des Assassinen (2011) (D) (F) [523]
Blood Ninja (2010) (E)
Ü: Katharina Groß
Blanvalet Fantasy, 26782: 1. Aufl. (PB) (DE)
479 S., ISBN: 978-3-442-26782-8

Mike Lancaster

0.4 - Eine perfekte neue Welt (2011) (D) (SF) [524]
<unbekannt / unknown> (2011) (E)
Ü: Peter Knecht
Oetinger Allgemeine Reihe, 4120: 1. Aufl. (HC) (DE)
271 S., ISBN: 978-3-7891-4120-1

Detlef Langer

nekropolis 1.2 (2011) (D) (SF) [525]
Libri Books on Demand, 5499: 1. Aufl. (TB) (OA)
604 S., ISBN: 978-3-8423-5499-9

nekropolis 2.2 (2011) (D) (SF) [526]
Libri Books on Demand, 5514: 1. Aufl. (TB) (OA)
596 S., ISBN: 978-3-8423-5514-9

Glenda Larke

Der Heiler (2011) (D) (F) [527]
Gilfeather (2004) (E)
Ü: Susanne Gerold
Blanvalet Fantasy, 26761: 1. Aufl. (TB) (DE)
604 S., ISBN: 978-3-442-26761-3
Serie: Inseln des Ruhms, 2

Kurd Laßwitz

Auf zwei Planeten 1 (2011) (D) (SF) [528]
Outlook, 254: 1. Aufl. (TB) (ND)
430 S., ISBN: 978-3-86403-254-7

Auf zwei Planeten 2 (2011) (D) (SF) [529]
Outlook, 255: 1. Aufl. (TB) (ND)
550 S., ISBN: 978-3-86403-255-4

Mara Laue

(mit: Margret Schwekendiek)
Khara am Abgrund (2011) (D) (SF) [530]
Mohlberg Rex Corda, 26: 1. Aufl. (TB) (OA)
207 S., ISBN: 978-3-942079-41-9
Serie: Rex Corda (NA), 26

(mit: Margret Schwekendiek)
Tod einer Zeitlosen (2011) (D) (SF) [531]
Mohlberg Rex Corda, 25: 1. Aufl. (TB) (OA)
220 S., ISBN: 978-3-942079-40-2
Serie: Rex Corda (NA), 25

Stephen Lawhead

Die Zeitwanderer (2011) (D) (F) [532]
The Skin Map (2010) (E)
Ü: Arno Hoven
Bastei-Lübbe Fantasy, 20648: 1. Aufl. (PB) (DE)
430 S., ISBN: 978-3-404-20648-3
Serie: Die schimmernden Reiche, 1

Mark Lawrence

Prinz der Dunkelheit (2011) (D) (F) [533]
Prince of Thorns (2011) (E)
Ü: Andreas Brandhorst
Heyne SF & F, 52825: 1. Aufl. (PB) (DE)
380 S., ISBN: 978-3-453-52825-3
Serie: Ankrath, 1

JeaMY Lee

Die Traumvektor-Tetralogie (C) (2011) (D) (SF) [534]
lulu.com Allgemeine Reihe, 94844: 1. Aufl. (TB) (NZ)
676 S., ISBN: 978-1-4709-4844-3
Serie: Traumvektor-Tetralogie

Mike Lee

Engel der Tiefe (2011) (D) (SF) [535]
Fallen Angels (2009) (E)
Ü: Ralph Sander
Heyne SF & F, 53398: 1. Aufl. (TB) (DE)
416 S., ISBN: 978-3-453-53398-1
Serie: Warhammer 40000: Großer Bruderkrieg, 10

William Leisner

Den Frieden verlieren (2011) (D) (SF) [536]
Losing the Peace (2009) (US)
Ü: Bernd Perplies
Cross Cult Star Trek Next Gen., 6: 1. Aufl. (TB) (DE)
333 S., ISBN: 978-3-941248-66-3
Serie: Enterprise - Die nächste Gen. - CC, 6

Clive Staples Lewis

Jenseits des schweigenden Sterns / Perelandra / Die böse
Macht (C) (2011) (D) (SF) [537]
Out of the Silent Planet / Perelandra / That Hideous
Strength (E)
Brendow Allgemeine Reihe, 346: 1. Aufl. (TB) (NZ)
1024 S., ISBN: 978-3-86506-346-5
Serie: Perelandra

Günther Kurt Lietz

Plopp! (2011) (D) (F) [538]
sfbasar-blog: 1. Aufl. (EP) (OA)
4 S.

Jean-Marc Ligny

Ödland (2011) (D) (SF) [539]
Aqua (TM) (2006) (F)
Ü: Ulrike Werner-Richter
Bastei-Lübbe Allgemeine Reihe, 16029: 1. Aufl. (TB) (ND) (EA: 2009)
808 S., ISBN: 978-3-404-16029-7

Hauke Lindemann

Wenn Engel morden (2011) (D) (F) [540]
Emons Fantasy, 833: 1. Aufl. (TB) (OA)
303 S., ISBN: 978-3-89705-833-0

André Linke

(mit: Léontine Mandela)
Der Botvirus (2011) (D) (SF) [541]
Machtwort Allgemeine Reihe, 270: 1. Aufl. (TB) (OA)
283 S., ISBN: 978-3-86761-070-4
Serie: Crystal Yorkshire, 4

Frederick S. List

(mit: W.A. Travers)
Entführt / Krieg am Ebrox (C) (2011) (D) (SF) [542]
Hary-Production Star Gate, 79: 1. Aufl. (GB) (OA)
130 S.
Serie: Star Gate, 79

Christoph Lode

Phoenixfeuer (2011) (D) (F) [543]
Goldmann Allgemeine Reihe, 47175: 1. Aufl. (PB) (OA)
477 S., ISBN: 978-3-442-47175-1
Serie: Pandaemonia, 3

Die Stadt der Seelen (2011) (D) (F) [544]
Goldmann Allgemeine Reihe, 47174: 1. Aufl. (PB) (OA)
491 S., ISBN: 978-3-442-47174-4
Serie: Pandaemonia, 2

Alexander Lohmann

Gefährten des Zwielichts (2011) (D) (F) [545]
Bastei-Lübbe Fantasy, 20283: 1. Aufl. (TB) (ND) (EA: 2009)
476 S., ISBN: 978-3-404-20283-6
Serie: Finstervölker, 1

Ring der Elemente (2011) (D) (F) [546]
Bastei-Lübbe Fantasy, 20563: 1. Aufl. (PB) (OA)
367 S., ISBN: 978-3-404-20563-9

Nathan Long

Schamanenslayer (2011) (D) (F) [547]
Shamanslayer (2009) (E)
Ü: Christian Jentzsch
Piper Boulevard, 9200: 1. Aufl. (TB) (DE)
472 S., ISBN: 978-3-492-29200-9
Serie: Warhammer - Gotrek & Felix, 11

Walter Lorch

Stehende Sonne (2011) (D) (SF) [548]
Libri Books on Demand, 8143: 1. Aufl. (GB) (OA)
28 S., ISBN: 978-3-8423-8143-8

Pittacus Lore

Ich bin Nummer Vier (2011) (D) (SF) [549]
I Am Number Four (2011) (US)
Ü: Irmela Brender
Aufbau Allgemeine Reihe, 4128: 1. Aufl. (PB) (DE)
352 S., ISBN: 978-3-351-04128-1
Serie: Das Erbe von Lorien, 1

Saskia Lorentz

Die Republik der Veganer (2011) (D) (SF) [550]
Unitall Verbotene Zone: 1. Aufl. (HC) (OA)
238 S., ISBN: 978-3-905937-67-1

Jens Lossau

(mit: Jens Schumacher)
Der Schädelschmied (2011) (D) (F) [551]
Egmont lyx, 8456: 1. Aufl. (TB) (OA)
350 S., ISBN: 978-3-8025-8456-5
Serie: Hippolit & Jorge, 3

H.P. Lovecraft

Chronik des Cthulhu-Mythos 1 (C) (2011) (D) (HO) [552]
<unbekannt / unknown> (US)
Festa Allgemeine Reihe, 144: 1. Aufl. (PB) (OZ)
500 S., ISBN: 978-3-86552-144-6
Serie: Cthulhu

Chronik des Cthulhu-Mythos 2 (C) (2011) (D) (HO) [553]
<unbekannt / unknown> (US)
Festa Allgemeine Reihe, 145: 1. Aufl. (PB) (OZ)
455 S., ISBN: 978-3-86552-145-3
Serie: Cthulhu

Leo Lukas

Galaxis in Aufruhr (2011) (D) (SF) [554]
Moewig Perry Rhodan, 2601: 1. Aufl. (RH) (OA)
59 S.
Serie: Perry Rhodan - Heft, 2601

Im Zeitspeer (2011) (D) (SF) [555]
Moewig Perry Rhodan, 2592: 1. Aufl. (RH) (OA)
63 S.
Serie: Perry Rhodan - Heft, 2592

Ein Kind der Funken (2011) (D) (SF) [556]
Moewig Perry Rhodan, 2582: 1. Aufl. (RH) (OA)
63 S.
Serie: Perry Rhodan - Heft, 2582

Das PARALOX-ARSENAL (2011) (D) (SF) [557]
Moewig Perry Rhodan, 2593: 1. Aufl. (RH) (OA)
59 S.
Serie: Perry Rhodan - Heft, 2593

Der Teleporter (2011) (D) (SF) [558]
Pabel-Moewig Perry Rhodan Neo, 3: 1. Aufl. (TB) (OA)
161 S.
Serie: Perry Rhodan Neo, 3

Wunder in Gefahr (2011) (D) (SF) [559]
Moewig Perry Rhodan, 2581: 1. Aufl. (RH) (OA)
59 S.
Serie: Perry Rhodan - Heft, 2581

Sergej Lukianenko

Der falsche Spiegel (2011) (D) (SF) [560]
Falschiwije serkala (2009) (RU)
Ü: Christiane Pöhlmann
Heyne SF & F, 53372: 1. Aufl. (PB) (DE)
576 S., ISBN: 978-3-453-53372-1

Labyrinth der Spiegel (2011) (D) (SF) [561]
Labirint otraschenij (2009) (RU)
Ü: Christiane Pöhlmann
Heyne SF & F, 52775: 1. Aufl. (PB) (DE)
608 S., ISBN: 978-3-453-52775-1

Die Ritter der vierzig Inseln (2011) (D) (SF) [562]
<unbekannt / unknown> (1992) (RU)
Ü: Matthias Dondl
Heyne SF & F, 52663: 1. Aufl. (TB) (ND) (EA: 2009)
397 S., ISBN: 978-3-453-52663-1

Spektrum (2011) (D) (SF) [563]
<unbekannt / unknown> (1992) (RU)
Ü: Christiane Pöhlmann
Heyne SF & F, 52622: 1. Aufl. (TB) (ND) (EA: 2007)
702 S., ISBN: 978-3-453-52622-8

Brian Lumley

Werwolfsjagd (2011) (D) (HO) [564]
The Lost Years (E)
Ü: Alexander Amberg
Festa Necroscope: 1. Aufl. (HC) (DE)
671 S., ISBN: 978-3-86552-109-5
Serie: Necroscope, 9

Katie MacAlister

Steamed (2011) (D) (PH) [565]
Steamed (2010) (US)
Ü: Margarethe Van Pée
Egmont Lyx, 8430: 1. Aufl. (TB) (DE)
336 S., ISBN: 978-3-8025-8430-5

Kurt Mahr

Geisterschiff CREST IV (2011) (D) (SF) [566]
Pabel-Moewig PR - Planetenromane, 10: 1. Aufl. (TB) (ND) (EA: 1979)
161 S.
Serie: Perry Rhodan - Planetenromane, 10

Reinhold H. Mai

Wiege der Basilisken (2011) (D) (SF) [567]
Ulisses Spiele Classic Battletech, 41019: 1. Aufl. (TB) (OA)
297 S., ISBN: 978-3-86889-153-9
Serie: Battletech Classic, 19

Erika Maier

Die Braut sagt nein (2011) (D) (AH) [568]
MV Taschenbuch, 177: 1. Aufl. (TB) (OA)
249 S., ISBN: 978-3-86785-177-0

Andy Mangels

(mit: Michael A. Martin)
Was Menschen Gutes tun (2011) (D) (SF) [569]
The Good That Men Do (2007) (US)
Ü: Bernd Perplies
Cross Cult Star Trek Enterprise, 2: 1. Aufl. (TB) (DE)
504 S., ISBN: 978-3-942649-42-1
Serie: Enterprise - Enterprise, 2

George Mann

Affinity Bridge (2011) (D) (F) [570]
The Affinity Bridge (2008) (US)
Ü: Jürgen Langowski
Piper Fantasy, 70238: 1. Aufl. (PB) (DE)
446 S., ISBN: 978-3-492-70238-6
Serie: Newbury & Hobbes, 1

Wolfram Marget

Die Chroniken von Isenland 1 (2011) (D) (SF) [571]
Wagner Allgemeine Reihe, 1123: 1. Aufl. (TB) (OA)
352 S., ISBN: 978-3-86279-123-1

Isaac Marion

Mein fahler Freund (2011) (D) (PH) [572]
Warm Bodies (2009) (US)
Ü: Daniel Sundermann
Klett-Cotta Hobbit-Presse, 93914: 1. Aufl. (HC) (DE)
298 S., ISBN: 978-3-608-93914-9

Ari Marmell

Der Dämon des Kriegers (2011) (D) (F) [573]
The Conqueror's Shadow (2010) (US)
Ü: Wolfgang Thon
Blanvalet Fantasy, 26783: 1. Aufl. (PB) (DE)
542 S., ISBN: 978-3-442-26783-5

Die Tochter des Kriegers (2011) (D) (F) [574]
The Warlord's Legacy (2010) (US)
Ü: Wolfgang Thon
Blanvalet Fantasy, 26844: 1. Aufl. (PB) (DE)
542 S., ISBN: 978-3-442-26844-3

Melissa Marr

Gegen das Sommerlicht (2011) (D) (F) [575]
Wicked Lovely (2007) (US)
Ü: Birgit Schmitz
Carlsen Allgemeine Reihe, 31103: 1. Aufl. (TB) (ND) (EA: 2007)
352 S., ISBN: 978-3-551-31103-0
Serie: Sommerlicht, 1

Zwischen Schatten und Licht (2011) (D) (F) [576]
Radiant Shadows (2010) (US)
Ü: Birgit Schmitz
Carlsen Allgemeine Reihe, 58252: 1. Aufl. (HC) (DE)
336 S., ISBN: 978-3-551-58252-2
Serie: Sommerlicht, 4

Michael Marrak

Gambit (2011) (D) (SF) [577]
Panini Allgemeine Reihe, 2355: 1. Aufl. (PB) (OA)
315 S., ISBN: 978-3-8332-2355-6
Serie: Black Prophecy

Lanz Martell

Praetorian 21 (2011) (D) (SF) [578]
Unitall Verbotene Zone, 4: 1. Aufl. (HC) (OA)
143 S., ISBN: 978-3-905937-60-2

George R.R. Martin

Die Herren von Winterfell (2011) (D) (F) [579]
A Game of Thrones (p. 1-359) (1996) (US)
Ü: Jörn Ingwersen, Sigrun Zühlke
Blanvalet Fantasy, 26774: 1. Aufl. (PB) (NA) (EA: 1997)
571 S., ISBN: 978-3-442-26774-3
Serie: Das Lied von Eis und Feuer, 1

Die Saat des goldenen Löwen (2011) (D) (F) [580]
A Clash of Kings (p. 332-728) (1999) (US)
Ü: Andreas Helweg, Thomas Gießl, Sigrun Zühlke
Blanvalet Fantasy, 26821: 1. Aufl. (PB) (NA) (EA: 2000)
670 S., ISBN: 978-3-442-26821-4
Serie: Das Lied von Eis und Feuer, 4

Sturm der Schwerter (2011) (D) (F) [581]
A Storm of Swords (p. 1-438) (2000) (US)
Ü: Andreas Helweg, Thomas Gießl, Sigrun Zühlke
Blanvalet Fantasy, 26846: 1. Aufl. (PB) (ND) (EA: 2001)
767 S., ISBN: 978-3-442-26846-7
Serie: Das Lied von Eis und Feuer, 5

Der Thron der Sieben Königreiche (2011) (D) (F) [582]
A Clash of Kings (p. 1-332) (1999) (US)
Ü: Andreas Helweg, Thomas Gießl, Sigrun Zühlke
Blanvalet Fantasy, 26822: 1. Aufl. (PB) (NA) (EA: 2000)
574 S., ISBN: 978-3-442-26822-1
Serie: Das Lied von Eis und Feuer, 3

Michael A. Martin

(mit: Andy Mangels)
Das höchste Maß an Hingabe (2011) (D) (SF) [583]
Last Full Measure (2010) (US)
Ü: Bernd Perplies
Cross Cult Star Trek Enterprise, 1: 1. Aufl. (TB) (DE)
331 S., ISBN: 978-3-942649-41-4
Serie: Enterprise Enterprise, 1

(mit: Andy Mangels)
Kathedrale (2011) (D) (SF) [584]
Cathedral (2002) (US)
Ü: Christian Humberg
Cross Cult Star Trek DS9, 7: 1. Aufl. (TB) (DE)
376 S., ISBN: 978-3-941248-57-1
Serie: Enterprise - Deep Space Nine bei CC, 7

A. Lee Martinez

Zu viele Flüche (2011) (D) (F) [585]
Too Many Curses (2008) (US)
Ü: Karen Gerwig
Piper Fantasy TB, 6698: 1. Aufl. (TB) (DE)
391 S., ISBN: 978-3-492-26698-7

David Marusek

Wir waren außer uns vor Glück (C) (2011) (D) (SF) [586]
<unbekannt / unknown> (US)
Ü: Jasper Nicolaisen, Jakob Schmidt
Golkonda Allgemeine Reihe, 3: 1. Aufl. (TB) (OZ)
221 S., ISBN: 978-3-942396-03-5

Christoph Marzi

Imagery (2011) (D) (SF) [587]
Feder & Schwert Allgemeine Reihe, 11950: 1. Aufl. (TB) (OA)
288 S., ISBN: 978-3-86762-107-6

Lycidas (2011) (D) (F) [588]
Heyne SF & F, 52910: 1. Aufl. (TB) (ND) (EA: 2004)
864 S., ISBN: 978-3-453-52910-6
Serie: Die uralten Metropolen, 1

Memory - Stadt der Träume (2011) (D) (F) [589]
Arena Allgemeine Reihe, 6622: 1. Aufl. (HC) (OA)
328 S., ISBN: 978-3-401-06622-6

Dennis Mathiak

Das Geheimnis von Trior (2011) (D) (SF) [590]
Bastei Sternenfaust, 159: 1. Aufl. (RH) (OA)
64 S.
Serie: Sternenfaust, 159

James Maxey

Blasphet (2011) (D) (F) [591]
Dragonseed (2009) (US)
Ü: Susanne Gerold
Blanvalet Fantasy, 26645: 1. Aufl. (PB) (DE)
640 S., ISBN: 978-3-442-26645-6
Serie: Bitterholz, 3

Paul J. McAuley

Sonnenfall (2011) (D) (SF) [592]
Gardens of the Sun (2009) (E)
Ü: Sara Riffel
Heyne SF & F, 53374: 1. Aufl. (TB) (DE)
701 S., ISBN: 978-3-453-53374-5

Michael McBride

Legionen des Todes (2011) (D) (F) [593]
Trail of Blood (2008) (US)
Ü: Michael Pfingstl
Blanvalet Fantasy, 26613: 1. Aufl. (TB) (DE)
443 S., ISBN: 978-3-442-26613-5
Serie: God's End, 3

Jack McDevitt

Echo (2011) (D) (SF) [594]
Echo (2010) (US)
Ü: Frauke Meier
Bastei-Lübbe SF & F, 20646: 1. Aufl. (TB) (DE)
527 S., ISBN: 978-3-404-20646-9
Serie: Alex Benedict, 4

Zeitreisende sterben nie (2011) (D) (SF) [595]
Time Travelers Never Die (2009) (US)
Ü: Frauke Meier
Bastei-Lübbe SF Special, 24396: 1. Aufl. (TB) (DE)
524 S., ISBN: 978-3-404-24396-9

L.J. McDonald

Falkenherz (2011) (D) (F) [596]
The Shattered Sylph (E)
Ü: Vanessa Lamatsch
Knaur Allgemeine Reihe, 50947: 1. Aufl. (TB) (DE)
384 S., ISBN: 978-3-426-50947-0
Serie: Die Krieger der Königin, 2

Die Krieger der Königin (2011) (D) (F) [597]
The Battle Sylph (E)
Ü: Vanessa Lamatsch
Knaur Allgemeine Reihe, 50861: 1. Aufl. (TB) (DE)
416 S., ISBN: 978-3-426-50861-9
Serie: Die Krieger der Königin, 1

Tensor McDyke

Menschen zu den Sternen (C) (2011) (D) (SF) [598]
Mohlberg Utopische Welten So., 25: 1. Aufl. (TB) (ND) (EA: 1967)
194 S.
Serie: Utopische Welten Solo, 25

Ian McEwan

Solar (2011) (D) (SF) [599]
Solar (2010) (E)
Ü: Werner Schmitz
Diogenes Allgemeine Reihe, 6765: 2. Aufl. (HC) (DE)
402 S., ISBN: 978-3-257-06765-1

Fiona McIntosh

Die dunkle Gabe (2011) (D) (F) [600]
Myrren's Gift (2003) (E)
Ü: Beate Brammertz
Heyne SF & F, 53392: 1. Aufl. (TB) (ND) (EA: 2008)
796 S., ISBN: 978-3-453-53392-9
Serie: Der Feuerbund, 1

Der letzte Pfad (2011) (D) (F) [601]
Bridge of Souls (2004) (E)
Ü: Wolfgang Thon
Heyne SF & F, 52396: 1. Aufl. (TB) (DE)
763 S., ISBN: 978-3-453-52396-8
Serie: Der Feuerbund, 3

Die Prophezeiung (2011) (D) (F) [602]
Blood and Memory (2004) (E)
Ü: Beate Brammertz
Heyne SF & F, 53393: 1. Aufl. (TB) (ND) (EA: 2009)
670 S., ISBN: 978-3-453-53393-6
Serie: Der Feuerbund, 2

Timothy McNeal

Gedanken Tod (2011) (D) (PH) [603]
Athene, 64: 1. Aufl. (TB) (OA)
ISBN: 978-3-86992-064-1

Graham McNeill

Kampfgefährten (2011) (D) (SF) [604]
Courage and Honor (2009) (E)
Ü: Christian Jentzsch
Heyne SF & F, 52907: 1. Aufl. (TB) (DE)
431 S., ISBN: 978-3-453-52907-6
Serie: Warhammer 40000

Mechanicum (2011) (D) (SF) [605]
Mechanicum (2008) (E)
Ü: Ralph Sander
Heyne SF & F, 53386: 1. Aufl. (TB) (DE)
498 S., ISBN: 978-3-453-53386-8
Serie: Warhammer 40000: Großer Bruderkrieg, 9

Die Wächter des Waldes (2011) (D) (F) [606]
Guardians of the Forest (2005) (E)
Ü: Barbara Röhl
Piper Serie Piper, 8633: 1. Aufl. (TB) (DE)
431 S., ISBN: 978-3-492-28633-6
Serie: Warhammer

Achim Mehnert

Drakhon für immer? (2011) (D) (SF) [607]
HJB Sternendschungel, 54: 1. Aufl. (GB) (OA)
96 S.
Serie: Ren Dhark - Drei Jahre, 54

Kriegsgrund: Tarnit (2011) (D) (SF) [608]
Unitall Ren Dhark Sonderband, 17: 1. Aufl. (HC) (OA)
191 S., ISBN: 978-3-905937-25-1
Serie: Ren Dhark Sonderband (Unitall), 17

Notruf aus Katai (2011) (D) (SF) [609]
Blitz Promet Stern zu St., 7: 1. Aufl. (HC) (OA)
160 S., ISBN: 978-3-89840-328-3
Serie: Promet - Von Stern zu Stern, 7

Das Orakel von Chron (2011) (D) (SF) [610]
Blitz Star Voyager, 6: 1. Aufl. (HC) (OA)
158 S., ISBN: 978-3-89840-326-9
Serie: E.C. Tubbs Star Voyager, 6

Tod über Derogwanien (2011) (D) (SF) [611]
Pabel-Moewig PR - Planetenromane, 11: 1. Aufl. (TB) (ND) (EA: 1987)
161 S.
Serie: Perry Rhodan - Planetenromane, 11

Unglaubliche Lösung (2011) (D) (SF) [612]
HJB Sternendschungel, 51: 1. Aufl. (GB) (OA)
95 S.
Serie: Ren Dhark - Drei Jahre, 51

Welt aus dem Gestern (2011) (D) (SF) [613]
Unitall Ren Dhark Sonderband, 15: 1. Aufl. (HC) (OA)
192 S., ISBN: 978-3-905937-23-7
Serie: Ren Dhark Sonderband (Unitall), 15

Tobias O. Meißner

Am Ende der Zeiten (2011) (D) (F) [614]
Piper Fantasy, 70232: 1. Aufl. (PB) (OA)
461 S., ISBN: 978-3-492-70232-4
Serie: Dämonen, 3

Freiheit oder Finsternis (2011) (D) (F) [615]
Piper Fantasy TB, 6796: 1. Aufl. (TB) (ND) (EA: 2010)
479 S., ISBN: 978-3-492-26796-0
Serie: Dämonen, 2

Die Soldaten (2011) (D) (F) [616]
Piper Fantasy, 70185: 1. Aufl. (PB) (OA)
498 S., ISBN: 978-3-492-70185-3

Die Vergangenheit des Regens (2011) (D) (F) [617]
Piper Fantasy TB, 6699: 1. Aufl. (TB) (OA)
377 S., ISBN: 978-3-492-26699-4
Serie: Im Zeichen des Mammuts, 6

Paul Melko

Der Ring (2011) (D) (SF) [618]
Singularity's Ring (2008) (US)
Ü: Ulrich Thiele
Heyne SF & F, 52765: 1. Aufl. (TB) (DE)
413 S., ISBN: 978-3-453-52765-2

Sandra Melli

Stern der Göttin (2011) (D) (F) [619]
Knaur Allgemeine Reihe, 50416: 1. Aufl. (TB) (OA)
511 S., ISBN: 978-3-426-50416-1
Serie: Dämmerlande, 1

Carlton Mellick III.

Ultra Fuckers (2011) (D) (SF) [620]
Ultra Fuckers (2008) (US)
Festa Allgemeine Reihe, 122: 1. Aufl. (HC) (DE)
124 S., ISBN: 978-3-86552-122-4

Lia Mendig

Approaching - oder die Zukunft findet heute statt (2011) (D) (SF)
[621]
Persimplex, 85: 1. Aufl. (HC) (OA)
458 S., ISBN: 978-3-942157-85-8

Liane Merciel

Der Krieger und der Prinz (2011) (D) (F) [622]
The River King's Road (2010) (US)
Ü: Michaela Link
Blanvalet Fantasy, 26819: 1. Aufl. (TB) (DE)
443 S., ISBN: 978-3-442-26819-1

Christine Mergili

(mit: Hubert Mergili)
Die abenteuerliche Reise der Elfenzwillinge (2011) (D) (F) [623]
Novum pro, 315: 1. Aufl. (TB) (OA)
492 S., ISBN: 978-3-99003-315-9

Alexander Merow

Flavius Princeps (2011) (D) (SF) [624]
Engelsdorfer Allgemeine Reihe, 2299: 1. Aufl. (TB) (OA)
298 S., ISBN: 978-3-86268-299-7
Serie: Das aureanische Zeitalter, 1

Die Gegenrevolution (2011) (D) (SF) [625]
Engelsdorfer Allgemeine Reihe, 2565: 1. Aufl. (TB) (OA)
260 S., ISBN: 978-3-86268-565-3
Serie: Beutewelt, 4

Jeff Mescalero

(mit: Axel Nord, W.W. Shols)
Der Entartete der sieben Sonnen (C) (2011) (D) (SF) [626]
Mohlberg Mark Powers, 19: 1. Aufl. (TB) (NZ)
270 S., ISBN: 978-3-942079-56-3
Serie: Mark Powers (NA), 19

Kai Meyer

Die Alchimistin (2011) (D) (F) [627]
Heyne Allgemeine Reihe, 47111: 1. Aufl. (TB) (ND) (EA: 1998)
512 S., ISBN: 978-3-453-47111-5
Serie: Alchimistin, 1

Arkadien fällt (2011) (D) (F) [628]
Carlsen Allgemeine Reihe, 58203: 1. Aufl. (HC) (OA)
448 S., ISBN: 978-3-551-58203-4
Serie: Arkadien, 3

Glutsand (2011) (D) (F) [629]
Bastei-Lübbe Allgemeine Reihe, 16022: 1. Aufl. (TB) (ND) (EA: 2009)
476 S., ISBN: 978-3-404-16022-8
Serie: Die Sturmkönige, 3

Die Unsterbliche (2011) (D) (F) [630]
Heyne Allgemeine Reihe, 47112: 1. Aufl. (TB) (ND) (EA: 2001)
462 S., ISBN: 978-3-453-47112-2
Serie: Alchimistin, 2

Sibylle Meyer

Mistakes 1 (2011) (D) (SF) [631]
AAVAA, 325: 1. Aufl. (TB) (OA)
199 S., ISBN: 978-3-86254-325-0

Mistakes 1 (2011) (D) (SF) [632]
AAVAA, 326: 1. Aufl. (TB) (OA)
332 S., ISBN: 978-3-86254-326-7

Mistakes 2 (2011) (D) (SF) [633]
AAVAA, 329: 1. Aufl. (TB) (OA)
215 S., ISBN: 978-3-86254-329-8

Mistakes 2 (2011) (D) (SF) [634]
AAVAA, 330: 1. Aufl. (TB) (OA)
359 S., ISBN: 978-3-86254-330-4

China Miéville

Der Krake (2011) (D) (F) [635]
Kraken: An Anatomy (2010) (E)
Ü: Frauke Meier
Bastei-Lübbe Fantasy, 20560: 1. Aufl. (TB) (DE)
734 S., ISBN: 978-3-404-20560-8

John Milius

(mit: Raymond Benson)
Stimme der Freiheit (2011) (D) (SF) [636]
The Voice of Freedom (2011) (US)
Ü: Andreas Kasprzak
Panini Allgemeine Reihe, 2321: 1. Aufl. (PB) (DE)
348 S., ISBN: 978-3-8332-2321-1
Serie: Homefront

Karen Miller

Im Verborgenen (2011) (D) (SF) [637]
Clone Wars 4 (2009) (US)
Ü: Andreas Kasprzak
Blanvalet Fantasy, 26638: 1. Aufl. (PB) (DE)
574 S., ISBN: 978-3-442-26638-8
Serie: Star Wars - Clone Wars, 4

DIe Thronerbin (2011) (D) (F) [638]
The Riven Kingdom (2007) (E)
Ü: Michaela Link
Blanvalet Fantasy, 26787: 1. Aufl. (PB) (DE)
797 S., ISBN: 978-3-442-26787-3

T.H. Moedriach

Nexus (2011) (D) (SF) [639]
Schuster Samozaloz., 1: 1. Aufl. (TB) (OA)
230 S., ISBN: 978-961-93208-1-5
Serie: Astrogatia Concordia, 2

Das perfekte System (2011) (D) (SF) [640]
Schuster Samozaloz.: 1. Aufl. (TB) (OA)
187 S., ISBN: 978-961-27621-1-7
Serie: Astrogatia Concordia, 1

Edwin E. Moeller

Adolf Hitler - Mein Frieden (2011) (D) (AH) [641]
Unitall Verbotene Zone: 1. Aufl. (HC) (ND) (EA: 1952)
238 S., ISBN: 978-3-905937-63-3

Walter Moers

Das Labyrinth der träumenden Bücher (2011) (D) (F) [642]
Knaus Allgemeine Reihe, 393: 1. Aufl. (HC) (OA)
430 S., ISBN: 978-3-8135-0393-7
Serie: Zamonien

Udo Mörsch

Der Hinterhalt (2011) (D) (SF) [643]
Mohlberg Zeitkugel, 12: 1. Aufl. (GB) (OA)
153 S., ISBN: 978-3-942079-53-2
Serie: Zeitkugel (ND), 12

Christian Montillon

Die Entscheidung des Androiden (2011) (D) (SF) [644]
Moewig Perry Rhodan, 2610: 1. Aufl. (RH) (OA)
63 S.
Serie: Perry Rhodan - Heft, 2610

Fremde in der Harmonie (2011) (D) (SF) [645]
Moewig Perry Rhodan, 2620: 1. Aufl. (RH) (OA)
63 S.
Serie: Perry Rhodan - Heft, 2620

Handelsstern im Visier (2011) (D) (SF) [646]
Moewig Perry Rhodan, 2580: 1. Aufl. (RH) (OA)
63 S.
Serie: Perry Rhodan - Heft, 2580

Der Harmoniewächter (2011) (D) (SF) [647]
Moewig Perry Rhodan, 2621: 1. Aufl. (RH) (OA)
59 S.
Serie: Perry Rhodan - Heft, 2621

Hyperkälte (2011) (D) (SF) [648]
Moewig Perry Rhodan, 2597: 1. Aufl. (RH) (OA)
59 S.
Serie: Perry Rhodan - Heft, 2597

Im Reich der Masken (2011) (D) (SF) [649]
Moewig Perry Rhodan, 2609: 1. Aufl. (RH) (OA)
59 S.
Serie: Perry Rhodan - Heft, 2609

Kosmisches Puzzle (2011) (D) (SF) [650]
Moewig Perry Rhodan, 2577: 1. Aufl. (RH) (OA)
59 S.
Serie: Perry Rhodan - Heft, 2577

Krieg in der Schneise (2011) (D) (SF) [651]
Moewig Perry Rhodan, 2587: 1. Aufl. (RH) (OA)
59 S.
Serie: Perry Rhodan - Heft, 2587

Navigator Quistus (2011) (D) (SF) [652]
Moewig Perry Rhodan, 2614: 1. Aufl. (RH) (OA)
63 S.
Serie: Perry Rhodan - Heft, 2614

Requiemn für das Solsystem (2011) (D) (SF) [653]
Moewig Perry Rhodan, 2596: 1. Aufl. (RH) (OA)
63 S.
Serie: Perry Rhodan - Heft, 2596

Utopie Terrania (2011) (D) (SF) [654]
Pabel-Moewig Perry Rhodan Neo, 2: 1. Aufl. (TB) (OA)
161 S.
Serie: Perry Rhodan Neo, 2

Der Verzweifelte Widerstand (2011) (D) (SF) [655]
Moewig Perry Rhodan, 2628: 1. Aufl. (RH) (OA)
63 S.
Serie: Perry Rhodan - Heft, 2628

Die Weltengeißel (2011) (D) (SF) [656]
Moewig Perry Rhodan, 2629: 1. Aufl. (RH) (OA)
59 S.
Serie: Perry Rhodan - Heft, 2629

Christopher Moore

Ein Biss sagt mehr als tausend Worte (2011) (D) (F) [657]
Bite Me (2010) (US)
Ü: Jörn Ingwersen
Goldmann Allgemeine Reihe, 31243: 1. Aufl. (PB) (DE)
318 S., ISBN: 978-3-442-31243-6

Nina Morawietz

Vorstoß nach Kurnuk (2011) (D) (SF) [658]
HJB Sternendschungel, 50: 1. Aufl. (GB) (OA)
90 S.
Serie: Ren Dhark - Drei Jahre, 50

Fabia Morger

Amabilia - das vergiftete Erbe (2011) (D) (SF) [659]
Salis Allgemeine Reihe, 44: 1. Aufl. (HC) (OA)
343 S., ISBN: 978-3-905801-44-6

Dave Morris

(mit: Jamie Thomson)
Das Reich des Krieges (2011) (D) (F) [660]
The War Torn Kingdom (E)
Ü: Alexander Kühnert
Mantikore, 17: 1. Aufl. (TB) (DE)
380 S., ISBN: 978-3-939212-07-2
Serie: Legenden von Harkuna, 1

Thomas Morus

Utopia (2011) (D) (SF) [661]
Utopia (1516) (L)
tredition Classics, 1463: 1. Aufl. (TB) (ND)
136 S., ISBN: 978-3-8424-1463-1

Ute Mrozinski

Raumzeitlegende (2011) (D) (SF) [662]
Mrozinski, 36693: 1. Aufl. (TB) (OA)
447 S., ISBN: 978-3-00-036693-2

Paul Alfred Müller

Kosmotron (2011) (D) (SF) [663]
Dieter von Reeken, 52: 1. Aufl. (TB) (ND) (EA: 1955)
185 S., ISBN: 978-3-940679-52-9

Die Seifenblasen des Herrn Vandenberg (2011) (D) (PH) [664]
Dieter von Reeken, 41: 1. Aufl. (TB) (ND) (EA: 1939)
177 S., ISBN: 978-3-940679-41-3

Wilko Müller jr.

Fräulein Schmidt und die Maske der Mona Lisa (2011) (D) (SF) [665]
Projekte 188, 1493: 1. Aufl. (TB) (OA)
139 S., ISBN: 978-3-86237-493-9

Der Ypsilon-Faktor (C) (2011) (D) (SF) [666]
Projekte 188, 1627: 2. Aufl. (TB) (ND) (EA: 2004)
170 S., ISBN: 978-3-86237-627-8

Brandon Mull

Die Gesellschaft des Abendsterns (2011) (D) (F) [667]
Rise of the Evening Star (2008) (US)
Ü: Hans Link
Blanvalet Fantasy, 26820: 1. Aufl. (PB) (ND) (EA: 2010)
448 S., ISBN: 978-3-442-26820-7
Serie: Fabelheim, 2

Die Schattenplage (2011) (D) (F) [668]
Grip of the Shadow Plague (2009) (US)
Ü: Hans Link
Penhaligon, 3089: 1. Aufl. (PB) (DE)
442 S., ISBN: 978-3-7645-3089-1
Serie: Fabelheim, 3

Benjamin J. Myers

König ohnegleichen (2011) (D) (SF) [669]
The Nonsuch King (2011) (E)
Ü: Alexandra Ernst
Freies Geistesleben Allgemeine Reihe, 2504: 1. Aufl. (HC) (DE)
332 S., ISBN: 978-3-7725-2504-9
Serie: The Bad Tuesdays, 4

Doug Naylor

Der letzte Mensch (2011) (D) (SF) [670]
Last Human (1995) (E)
Ü: Wolfgang Thon
Blanvalet Fantasy, 26694: 1. Aufl. (TB) (DE)
315 S., ISBN: 978-3-442-26694-4
Serie: Red Dwarf, 4

Frank Neugebauer

Die Nelke im Knopfloch (2011) (D) (SF) [671]
Hary-Production Ad Astra TB, 12: 1. Aufl. (TB) (OA)
243 S.

Sarah Neumann

Odintelu: Das Vermächtnis (2011) (D) (F) [672]
AAVAA, 553: 1. Aufl. (TB) (OA)
215 S., ISBN: 978-3-86254-553-7

Rachel Neumeier

Herr der Winde (2011) (D) (F) [673]
Lord of the Changing Winds (2010) (US)
Ü: Thomas Schichtel
Bastei-Lübbe Fantasy, 20655: 1. Aufl. (TB) (DE)
430 S., ISBN: 978-3-404-20655-1
Serie: Der Greifenmagier, 1

Stan Nicholls

Die Orks - Blutjagd (2011) (D) (F) [674]
Inferno (2011) (E)
Ü: Jürgen Langowski
Heyne SF & F, 52701: 1. Aufl. (PB) (DE)
528 S., ISBN: 978-3-453-52701-0
Serie: Orks, 4

Lea Nicolai

Die Hexen (2011) (D) (F) [675]
Heyne SF & F, 53389: 1. Aufl. (PB) (OA)
704 S., ISBN: 978-3-453-53389-9
Serie: Ravenna, 1

Marcel Niggemann

The Fall - Endzeit (2011) (D) (SF) [676]
lulu.com Allgemeine Reihe, 89714: 1. Aufl. (TB) (OA)
366 S., ISBN: 978-1-447-89714-9

The Fall - Im Innern der Finsternis (2011) (D) (SF) [677]
lulu.com Allgemeine Reihe, 76773: 1. Aufl. (TB) (OA)
346 S., ISBN: 978-1-447-76773-2

Larry Niven

(mit: Edward M. Lerner)
Der Krieg der Puppenspieler (2011) (D) (SF) [678]
Destroyer of Worlds (2009) (US)
Ü: Ulf Ritgen
Bastei-Lübbe SF Special, 24398: 1. Aufl. (TB) (DE)
557 S., ISBN: 978-3-404-24398-3
Serie: Ringwelt

Garth Nix

Goldener Sonntag (2011) (D) (F) [679]
Lord Sunday (2010) (E)
Ü: Axel Franken
Bastei-Lübbe SF & F, 20009: 1. Aufl. (TB) (ND) (EA: 2010)
315 S., ISBN: 978-3-404-20009-2
Serie: Die Schlüssel zum Königreich, 7

Alyson Noël

Riley (2011) (D) (PH) [680]
Radiance (2010) (US)
Ü: Ulrike Laszlo
Goldmann Page & Turner, 20383: 1. Aufl. (TB) (DE)
190 S., ISBN: 978-3-442-20383-3

Alexander Nofftz

Salsweiler (2011) (D) (F) [681]
Ulisses Spiele Das Schwarze Auge, 11071: 1. Aufl. (TB) (OA)
280 S., ISBN: 978-3-86889-161-4
Serie: DSA, 131

John Norman

Die Piraten (2011) (D) (F) [682]
Raiders of Gor (1971) (US)
Ü: Dirk Van den Boom, Andreas Schiffmann
Basilisk, 50: 1. Aufl. (PB) (NÜ) (EA: 1975)
312 S., ISBN: 3-935706-50-2
Serie: Die Chroniken von Gor, 6

Die Sklavin (2011) (D) (F) [683]
Captive of Gor (1972) (US)
Ü: Andreas Schiffhorn
Basilisk, 52: 1. Aufl. (PB) (NÜ) (EA: 1975)
403 S., ISBN: 978-3-935706-52-0
Serie: Die Chroniken von Gor, 7

Rene Nowotny

Das Geheimnis des Jupitermondes (2011) (D) (SF) [684]
epubli Allgemeine Reihe, 864: 1. Aufl. (HC) (OA)
44 S., ISBN: 978-3-8442-0864-1

Caragh O'Brien

Die Stadt der verschwundenen Kinder (2011) (D) (F) [685]
Birthmarked (2010) (US)
Ü: Oliver Plaschka
Heyne SF & F, 52800: 1. Aufl. (HC) (DE)
464 S., ISBN: 978-3-453-52800-0
Serie: Gaia Stone, 1

Kenzaburo Oe

Therapiestation (2011) (D) (SF) [686]
Chyrio, to (1990) (J)
Ü: Verena Werner
Fischer Allgemeine Reihe, 18418: 1. Aufl. (TB) (ND) (EA: 1995)
223 S., ISBN: 978-3-596-18418-7

Funda R. Özbay

Übernahme: Duisburg, 2015 (2011) (D) (SF) [687]
Libri Books on Demand, 4001: 1. Aufl. (TB) (OA)
82 S., ISBN: 978-3-8423-4001-5

Jessica Oldach

Zwei Leben (2011) (D) (F) [688]
Noel, 102: 1. Aufl. (TB) (OA)
262 S., ISBN: 978-3-942802-02-4
Serie: Tensistoria, 1

Jana Oliver

Aller Anfang ist Hölle (2011) (D) (F) [689]
The Demon Trapper's Daughter (US)
Ü: Maria Poets
S. Fischer FJB, 2110: 1. Aufl. (HC) (DE)
544 S., ISBN: 978-3-8414-2110-4
Serie: Riley Blackthorne - Dämonenfängerin, 1

Lauren Oliver

Delirium (2011) (D) (SF) [690]
Delirium (2011) (US)
Ü: Katharina Diestelmeier
Carlsen Allgemeine Reihe, 58232: 1. Aufl. (HC) (DE)
416 S., ISBN: 978-3-551-58232-4
Serie: Amor-Trilogie, 1

Kenneth Oppel

Sternenjäger (2011) (D) (F) [691]
Starclimber (2008) (E)
Ü: Gerold Anrich, Martina Instinsky-Anrich
Beltz & Gelberg Gulliver, 1261: 1. Aufl. (TB) (ND) (EA: 2010)
509 S., ISBN: 978-3-407-74261-2

Markus Orths

Die Tarnkappe (2011) (D) (SF) [692]
Schöffling Allgemeine Reihe, 471: 1. Aufl. (HC) (OA)
223 S., ISBN: 978-3-89561-471-2

Heiger Ostertag

Deutsches Reich 2014 (2011) (D) (AH) [693]
SüdWestBuch, 32: 1. Aufl. (TB) (OA)
277 S., ISBN: 978-3-938719-32-9

Felix J. Palma

Die Landkarte der Zeit (2011) (D) (SF) [694]
El mapa del tiempo (2008) (SP)
Ü: Willi Zurbrüggen
Rowohlt rororo, 25319: 1. Aufl. (TB) (ND) (EA: 2010)
768 S., ISBN: 978-3-499-25319-5

Joshua Palmatier

Die Kämpferin (2011) (D) (F) [695]
The Vacant Throne (2008) (US)
Ü: Michael Krug
Bastei-Lübbe Fantasy, 20562: 1. Aufl. (TB) (ND) (EA: 2010)
571 S., ISBN: 978-3-404-20562-2
Serie: Geisterthron, 3

Die Regentin (2011) (D) (F) [696]
The Cracked Throne (2006) (US)
Ü: Michael Krug
Bastei-Lübbe SF & F, 20007: 1. Aufl. (TB) (ND) (EA: 2010)
492 S., ISBN: 978-3-404-20007-8
Serie: Geisterthron, 2

Vadim Panov

Die Hexe (2011) (D) (F) [697]
<unbekannt / unknown> (2008) (RU)
Ü: Matthias Dondl
Heyne SF & F, 52822: 1. Aufl. (TB) (DE)
656 S., ISBN: 978-3-453-52822-2
Serie: Die verborgene Stadt, 3

Kerstin Panthel

Jägerin der Schattenwesen: Das Erwachen (2011) (D) (F) [698]
Libri Books on Demand, 243: 1. Aufl. (TB) (OA)
296 S., ISBN: 978-3-8448-0243-6

Christopher Paolini

Das Erbe der Macht (2011) (D) (F) [699]
Inheritance. The Vault of Souls (2011) (US)
Ü: Michaela Link
Bertelsmann cbj Fantasy, 13816: 1. Aufl. (HC) (DE)
959 S., ISBN: 978-3-570-13816-8
Serie: Eragon, 4

Jana Paradigi

Circus des Schreckens (2011) (D) (SF) [700]
Bastei Maddrax, 289: 1. Aufl. (RH) (OA)
64 S.
Serie: Maddrax, 289

Die Vergessenen (2011) (D) (SF) [701]
Bastei Sternenfaust, 155: 1. Aufl. (RH) (OA)
64 S.
Serie: Sternenfaust, 155

K.J. Parker

Purpur und schwarz (2011) (D) (F) [702]
Purple and Black (2009) (US)
Ü: Jakob Schmidt
Golkonda Allgemeine Reihe, 14: 1. Aufl. (TB) (DE)
126 S., ISBN: 978-3-942396-14-1

Steve Parker

Rynns Welt (2011) (D) (SF) [703]
Rynn's World (2010) (E)
Ü: Ralph Sander
Heyne SF & F, 52786: 1. Aufl. (PB) (DE)
496 S., ISBN: 978-3-453-52786-7
Serie: Warhammer 40000: Space Marines Bat.

Alexey Pehov

Schattentänzer (2011) (D) (F) [704]
V'juga tenej (2002) (RU)
Ü: Christiane Pöhlmann
Piper Fantasy, 70188: 1. Aufl. (PB) (DE)
556 S., ISBN: 978-3-492-70188-4
Serie: Chroniken von Siala, 3

Claude Peiffer

Auf dem Weg in die Zukunft (2011) (D) (SF) [705]
Libri Books on Demand, 6315: 1. Aufl. (TB) (OA)
240 S., ISBN: 978-3-8423-6315-1
Serie: Cerateran - Hammamon-Zyklus, 2

Michael Peinkofer

Die Erste Schlacht (2011) (D) (F) [706]
Piper Fantasy TB, 6813: 1. Aufl. (TB) (ND) (EA: 2010)
489 S., ISBN: 978-3-492-26813-4
Serie: Zauberer, 2

Orks (C) (2011) (D) (F) [707]
Piper Fantasy, 70239: 1. Aufl. (PB) (NZ)
1592 S., ISBN: 978-3-492-70239-3
Serie: Orks

Die Zauberer (2011) (D) (F) [708]
Piper Fantasy TB, 6732: 1. Aufl. (TB) (ND) (EA: 2009)
589 S., ISBN: 978-3-492-26732-8
Serie: Zauberer, 1

Ferdinand Peroutka

Adieu, Jeanne oder Die zweite Chance der Jungfrau (2011) (D) (AH)
[709]
Pozdejsi zivot Panny (1980) (CS)
Ü: Mira Sonnenschein
Elfenbein, 7: 1. Aufl. (HC) (DE)
364 S., ISBN: 978-3-941184-07-7

Bernd Perplies

Gegen die Zeit (2011) (D) (F) [710]
Egmont lyx, 8265: 1. Aufl. (PB) (OA)
424 S., ISBN: 978-3-8025-8265-3
Serie: Magierdämmerung, 2

In den Abgrund (2011) (D) (F) [711]
Egmont lyx, 8266: 1. Aufl. (PB) (OA)
504 S., ISBN: 978-3-8025-8266-0
Serie: Magierdämmerung, 3

Shawn M. Peters

Die Götter von Whitechapel (2011) (D) (F) [712]
Whitechapel Gods (2008) (E)
Ü: Flora Schneider
Feder & Schwert Steampunk, 11930: 1. Aufl. (TB) (DE)
448 S., ISBN: 978-3-86762-103-8

Susan Beth Pfeffer

Die Verlorenen von New York (2011) (D) (SF) [713]
<unbekannt / unknown> (US)
Ü: Annette von der Weppen
Carlsen Allgemeine Reihe, 58219: 1. Aufl. (HC) (DE)
352 S., ISBN: 978-3-551-58219-5
Serie: Die letzten Überlebenden, 2

Kerstin Pflieger

Die Alchemie der Unsterblichkeit (2011) (D) (F) [714]
Goldmann Fantasy, 47483: 1. Aufl. (PB) (OA)
345 S., ISBN: 978-3-442-47483-7

Der Krähenturm (2011) (D) (F) [715]
Goldmann Fantasy, 47679: 1. Aufl. (PB) (OA)
480 S., ISBN: 978-3-442-47679-4

Susanne Picard

Die Leichen des jungen Werther (2011) (D) (HO) [716]
Panini Allgemeine Reihe, 2256: 1. Aufl. (PB) (OA)
284 S., ISBN: 978-3-8332-2256-6

Sarah Pinborough

Die Farben der Finsternis (2011) (D) (PH) [717]
The Shadow of the Soul (2011) (E)
Ü: Anne Brauner
Otherworld, 9546: 1. Aufl. (PB) (DE)
447 S., ISBN: 978-3-8000-9546-9

Kathrin Pläcking

Erste Wahl (2011) (D) (SF) [718]
Mabuse Allgemeine Reihe, 14: 1. Aufl. (TB) (OA)
184 S., ISBN: 978-3-86321-014-4

Angela Planert

Drachenseele (2011) (D) (F) [719]
amicus Allgemeine Reihe, 191: 1. Aufl. (TB) (OA)
220 S., ISBN: 978-3-939465-91-1

Oliver Plaschka

Die Magier von Montparnasse (2011) (D) (F) [720]
Heyne SF & F, 52850: 1. Aufl. (TB) (ND) (EA: 2010)
479 S., ISBN: 978-3-453-52850-5

Thomas Plischke

Die Zombies (2011) (D) (F) [721]
Piper Fantasy TB, 6812: 1. Aufl. (TB) (ND) (EA: 2010)
480 S., ISBN: 978-3-492-26812-7

Daniel Polansky

Der Herr der Unterstadt (2011) (D) (F) [722]
Low Town (2011) (US)
Ü: Michael Koseler
Piper Fantasy, 70234: 1. Aufl. (PB) (DE)
422 S., ISBN: 978-3-492-70234-8

Frans Pollux

Tage der Flut (2011) (D) (SF) [723]
Het gelijk van Heisenberg (2010) (NL)
Ü: Christiane Kuby
Aufbau Allgemeine Reihe, 3339: 1. Aufl. (HC) (DE)
408 S., ISBN: 978-3-351-03339-2

Ursula Poznanski

Erebos (2011) (D) (SF) [724]
Loewe Allgemeine Reihe, 7361: 1. Aufl. (TB) (OA)
488 S., ISBN: 978-3-7855-7361-7

Terry Pratchett

Alles Sense! (2011) (D) (F) [725]
Reaper Man (1991) (E)
Ü: Regina Rawlinson
Goldmann Manhattan, 54696: 1. Aufl. (PB) (NÜ) (EA: 1994)
320 S., ISBN: 978-3-442-54696-1
Serie: Scheibenwelt

Gevatter Tod / Pyramiden (C) (2011) (D) (F) [726]
Mort / Pyramids (E)
Ü: Andreas Brandhorst
Piper Fantasy TB, 6795: 1. Aufl. (TB) (NZ)
709 S., ISBN: 978-3-492-26795-3
Serie: Scheibenwelt

Das Mitternachtskleid (2011) (D) (F) [727]
I Shall Wear Midnight (2010) (E)
Ü: Regina Rawlinson
Goldmann Manhattan, 54638: 1. Aufl. (TB) (DE)
415 S., ISBN: 978-3-442-54638-1
Serie: Scheibenwelt

Voll im Bilde (2011) (D) (F) [728]
Moving Pictures (1990) (E)
Ü: Gerald Jung
Goldmann Manhattan, 54690: 1. Aufl. (PB) (NÜ) (EA: 1993)
381 S., ISBN: 978-3-442-54690-9
Serie: Scheibenwelt

Dietmar Preuß

Der blinde Schrat (2011) (D) (F) [729]
Ulisses Spiele Das Schwarze Auge, 11068: 1. Aufl. (TB) (OA)
384 S., ISBN: 978-3-89064-124-9
Serie: DSA, 132

Jutta Profijt

Kühlfach 4 (2011) (D) (PH) [730]
dtv Allgemeine Reihe, 21129: 6. Aufl. (TB) (OA) (EA: 2009)
254 S., ISBN: 978-3-423-21129-1
Serie: Pascha & Dr. Gänsewein, 1

Philip Pullman

Der gute Herr Jesus und der Schurke Christus (2011) (D) (PH) [731]
The Good Man Jesus and the Scoundrel Christ (2010) (E)
Ü: Adelheid Zöfel
S. Fischer Allgemeine Reihe, 59031: 1. Aufl. (HC) (DE)
231 S., ISBN: 978-3-10-059031-2

Georg Rack

Aufbruch der Kerfe (2011) (D) (SF) [732]
Libri Books on Demand, 8192: 1. Aufl. (TB) (OA)
144 S., ISBN: 978-3-8448-8192-9
Serie: Kerfland, 1

Hannu Rajaniemi

Quantum (2011) (D) (SF) [733]
The Quantum Thief (2010) (E)
Ü: Irene Holicki
Piper Fantasy, 70193: 1. Aufl. (PB) (DE)
432 S., ISBN: 978-3-492-70193-8

Tary Ramon

Das Vollmondtor (2011) (D) (F) [734]
Noel, 114: 1. Aufl. (HC) (OA)
617 S., ISBN: 978-3-942802-14-7
Serie: Valthenmbaril, 1

Carlos Rasch

Stern von Gea (C) (2011) (D) (SF) [735]
Projekte 188, 1509: 1. Aufl. (TB) (OA)
257 S., ISBN: 978-3-86237-509-7
Serie: Raumlotsen, 4

Hans-Josef Rautenberg

Shorts (C) (2011) (D) (SF) [736]
Re Di Roma, 336: 1. Aufl. (TB) (OA)
69 S., ISBN: 978-3-86870-336-8

Melanie Rawn

Sonnenläufer (2011) (D) (F) [737]
Dragon Prince (1988) (US)
Ü: Dagmar Hartmann
Blanvalet Fantasy, 26814: 1. Aufl. (TB) (NZ) (EA: 1992)
795 S., ISBN: 978-3-442-26814-6
Serie: Drachenprinz (ND), 1

J. Michael Reaves

(mit: Steve Perry)
Jedi-Heilerin (2011) (D) (SF) [738]
Jedi Healer (2004) (US)
Ü: Andreas Kasprzak
Blanvalet Fantasy, 26815: 1. Aufl. (TB) (DE)
382 S., ISBN: 978-3-442-26815-3
Serie: Star Wars: Medstar, 2

(mit: Steve Perry)
Unter Feuer (2011) (D) (SF) [739]
Battle Surgeon (2004) (US)
Ü: Andreas Kasprzak
Blanvalet Fantasy, 26811: 1. Aufl. (TB) (DE)
383 S., ISBN: 978-3-442-26811-5
Serie: Star Wars: Medstar, 1

Frank Rehfeld

Elbengift (2011) (D) (F) [740]
Blanvalet Fantasy, 26776: 1. Aufl. (PB) (OA)
413 S., ISBN: 978-3-442-26776-7
Serie: Die Zwerge von Elan-Dhor, 1

Thomas Reich

Mechanische Träume (2011) (D) (SF) [741]
createspace.com Allgemeine Reihe, 5727: 1. Aufl. (TB) (OA)
138 S., ISBN: 978-1-5006-5727-7

Marcus Reichard

Der Ruf der Finsternis (2011) (D) (F) [742]
Hoffmann & Campe Allgemeine Reihe, 40259: 1. Aufl. (PB) (OA)
576 S., ISBN: 978-3-455-40259-9
Serie: Tenan, 2

Das Siegel der Finsternis (2011) (D) (F) [743]
Piper Fantasy TB, 6725: 1. Aufl. (TB) (ND) (EA: 2009)
528 S., ISBN: 978-3-492-26725-0
Serie: Tenan, 1

Matthew Reilly

Der fünfte Krieger (2011) (D) (SF) [744]
The Five Greatest Warriors (2010) (E)
Ü: Sepp Leeb
Ullstein Allgemeine Reihe, 28328: 1. Aufl. (TB) (ND) (EA: 2010)
512 S., ISBN: 978-3-548-28328-9
Serie: Jack West, 3

Gero A. Reimann

Sonky Suizid (2011) (D) (PH) [745]
Shayol Paria, 3009: 1. Aufl. (TB) (OA)
251 S., ISBN: 978-3-926126-99-3

Klaus Reitberger

Utopien: Geschichten aus der Welt von morgen (C) (2011) (D) (SF)
[746]
epubli Allgemeine Reihe, 994: 1. Aufl. (TB) (OA)
296 S., ISBN: 978-3-8442-0994-5

Mike Resnick

Jäger des verlorenen Einhorns (2011) (D) (F) [747]
Stalking the Unicorn (1987) (US)
Ü: Thomas Schichtel
Bastei-Lübbe SF & F, 20008: 1. Aufl. (TB) (NÜ) (EA: 1997)
382 S., ISBN: 978-3-404-20008-5
Serie: J.J. Mallory, 1

Mallory und die Nacht der Toten (2011) (D) (F) [748]
Stalking the Vampire (2008) (US)
Ü: Thomas Schichtel
Bastei-Lübbe SF & F, 20645: 1. Aufl. (TB) (DE)
363 S., ISBN: 978-3-404-20645-2
Serie: J.J. Mallory, 2

Beth Revis

Die Reise beginnt (2011) (D) (SF) [749]
Across the Universe (2011) (US)
Ü: Simone Wiemken
Dressler, 1676: 1. Aufl. (HC) (DE)
448 S., ISBN: 978-3-7915-1676-9
Serie: Godspeed, 1

Alastair Reynolds

Aurora (2011) (D) (SF) [750]
The Prefect (2007) (E)
Ü: Irene Holicki
Heyne SF & F, 53378: 1. Aufl. (TB) (NA) (EA: 2008)
733 S., ISBN: 978-3-453-53378-3

Unendliche Stadt (2011) (D) (SF) [751]
Terminal World (2010) (E)
Ü: Ursula Kiausch
Heyne SF & F, 52767: 1. Aufl. (TB) (DE)
816 S., ISBN: 978-3-453-52767-6

Inge Ried

(mit: Beatrice Nunold, Detlef Welker)
ZeiTraum (C) (2011) (D) (SF) [752]
Papierflieger, 146: 1. Aufl. (TB) (OA)
103 S., ISBN: 978-3-86948-146-3

Ransom Riggs

Die Insel der besonderen Kinder (2011) (D) (PH) [753]
Miss Peregrine's Home For Peculiar Children (2011) (US)
Ü: Silvia Kinkel
Pan Allgemeine Reihe, 28368: 1. Aufl. (HC) (DE)
416 S., ISBN: 978-3-426-28368-4

Rick Riordan

Diebe im Olymp (2011) (D) (F) [754]
The Lightning Thiefs (2005) (US)
Ü: Gabriele Haefs
Carlsen Allgemeine Reihe, 31058: 1. Aufl. (TB) (ND) (EA: 2006)
448 S., ISBN: 978-3-551-31058-3
Serie: Percy Jackson, 1

Im Bann des Zyklopen (2011) (D) (F) [755]
The Sea of Monsters (2005) (US)
Ü: Gabriele Haefs
Carlsen Allgemeine Reihe, 31059: 1. Aufl. (TB) (ND) (EA: 2010)
336 S., ISBN: 978-3-551-31059-0
Serie: Percy Jackson, 2

Die letzte Göttin (2011) (D) (F) [756]
The Last Olympian (2009) (US)
Ü: Gabriele Haefs
Carlsen Allgemeine Reihe, 55585: 1. Aufl. (HC) (DE)
464 S., ISBN: 978-3-551-55585-4
Serie: Percy Jackson, 5

Die rote Pyramide (2011) (D) (F) [757]
The Red Pyramid (2010) (US)
Ü: Claudia Max
Carlsen Allgemeine Reihe, 55587: 1. Aufl. (HC) (DE)
608 S., ISBN: 978-3-551-55587-8
Serie: Kane-Chroniken, 1

Die Schlacht um das Labyrinth (2011) (D) (F) [758]
The Battle of the Labyrinth (2008) (US)
Ü: Gabriele Haefs
Carlsen Allgemeine Reihe, 55439: 1. Aufl. (HC) (DE)
432 S., ISBN: 978-3-551-55439-0
Serie: Percy Jackson, 4

Jörg Ritter

Tote, Terror, Tortenheber (2011) (D) (SF) [759]
Privatdruck Edition Zeittramp: 1. Aufl. (EP) (ND) (EA: 1986)
12 S.
Serie: Marc O'Popel, 49

J.D. Robb

In den Armen der Nacht (2011) (D) (SF) [760]
Survivor in Death (2005) (US)
Ü: Uta Hege
Blanvalet Allgemeine Reihe, 36966: 3. Aufl. (TB) (ND) (EA: 2008)
559 S., ISBN: 978-3-442-36966-9
Serie: Eve Dallas, 20

Tanz mit dem Tod (2011) (D) (SF) [761]
Visions in Death (2004) (US)
Ü: Uta Hege
Blanvalet Allgemeine Reihe, 36723: 1. Aufl. (TB) (ND) (EA: 2007)
491 S., ISBN: 978-3-442-36723-8
Serie: Eve Dallas, 19

Aileen P. Roberts

Das magische Portal (2011) (D) (F) [762]
Goldmann Fantasy, 47518: 1. Aufl. (PB) (OA)
504 S., ISBN: 978-3-442-47518-6
Serie: Weltennebel, 1

Das Reich der Dunkelelfen (2011) (D) (F) [763]
Goldmann Fantasy, 47519: 1. Aufl. (PB) (OA)
507 S., ISBN: 978-3-442-47519-3
Serie: Weltennebel, 2

Die Zeit der Sieben (2011) (D) (F) [764]
Goldmann Fantasy, 47681: 1. Aufl. (TB) (NA) (EA: 2009)
603 S., ISBN: 978-3-442-47681-7
Serie: Thondras Kinder, 1

Andrew J. Robinson

Ein Stich zur rechten Zeit (2011) (D) (SF) [765]
A Stitch in Time (2000) (US)
Ü: Anika Klüver
Cross Cult Star Trek DS9: 1. Aufl. (TB) (DE)
435 S., ISBN: 978-3-941248-92-2
Serie: Enterprise - Deep Space Nine bei CC

Jeremy Robinson

Code Delta (2011) (D) (SF) [766]
Threshold (2011) (US)
Ü: Peter Friedrich
Ullstein Allgemeine Reihe, 28179: 1. Aufl. (TB) (DE)
548 S., ISBN: 978-3-548-28179-7
Serie: Delta Force

Mischa Roch

Der vernetzte Zeuge (2011) (D) (SF) [767]
Rheinlese, 2: 1. Aufl. (TB) (OA)
240 S., ISBN: 978-3-9808820-2-6

Carl Roeder

Riskante Kontakte (C) (2011) (D) (SF) [768]
Libri Books on Demand, 5430: 3. Aufl. (TB) (OA)
288 S., ISBN: 978-3-8423-5430-2

Frank Roger

Zeitfrakturen (C) (2011) (D) (PH) [769]
<unbekannt / unknown> (E)
Ü: Berit Neumann, Gerd-Michael Rose
Edition TES BunTES Abenteuer, 201104: 1. Aufl. (RH) (DE)
32 S.

James Rollins

Das Flammenzeichen (2011) (D) (SF) [770]
The Doomsday Key (2009) (US)
Ü: Norbert Stöbe
Blanvalet Allgemeine Reihe, 345: 1. Aufl. (HC) (DE)
544 S., ISBN: 978-3-7645-0345-1
Serie: SIGMA-Force, 6

Andrea Ross

Himmel (noch mal)! - Oder: Der Anfang vom Ende der Welt (2011) (D)
(PH) [771]
Wagner Allgemeine Reihe, 1069: 1. Aufl. (TB) (OA)
282 S., ISBN: 978-3-86279-069-2
Serie: Himmel, 1

Patrick Rothfuss

Die Furcht des Weisen 1 (2011) (D) (F) [772]
The Wise Man's Fear I (2011) (US)
Ü: Jochen Schwarzer, Hans-Ulrich Möhring, Wolfram Ströle
Klett-Cotta Hobbit-Presse, 93816: 1. Aufl. (HC) (DE)
859 S., ISBN: 978-3-608-93816-6
Serie: Königsmörder-Chronik, 2

Joanne K. Rowling

Harry Potter und die Heiligtümer des Todes (2011) (D) (F) [773]
Harry Potter and the Deathly Hallows (2007) (E)
Ü: Klaus Fritz
Carlsen Allgemeine Reihe, 35407: 1. Aufl. (TB) (ND) (EA: 2007)
768 S., ISBN: 978-3-551-35407-5
Serie: Harry Potter, 7

Gerd Ruebenstrunk

Das Wörterbuch des Viktor Vau (2011) (D) (SF) [774]
Piper Fantasy, 70224: 1. Aufl. (PB) (OA)
414 S., ISBN: 978-3-492-70224-9

Bernd Rümmelein

Das Buch der Macht (2011) (D) (F) [775]
Otherworld, 9545: 1. Aufl. (PB) (OA)
605 S., ISBN: 978-3-8000-9545-2
Serie: Kryson, 5

Stephan Russbült

Dämonengold (2011) (D) (F) [776]
Bastei-Lübbe SF & F, 20001: 1. Aufl. (PB) (OA)
559 S., ISBN: 978-3-404-20001-6

Dämonenzeit (2011) (D) (F) [777]
Bastei-Lübbe Fantasy, 20637: 1. Aufl. (PB) (OA)
575 S., ISBN: 978-3-404-20637-7

Die Oger (2011) (D) (F) [778]
Bastei-Lübbe Fantasy, 20635: 1. Aufl. (TB) (NA) (EA: 2008)
494 S., ISBN: 978-3-404-20635-3

Alexander Ruth

Schmetterlingsgeschichten 1 (2011) (D) (F) [779]
Libri Books on Demand, 3636: 1. Aufl. (TB) (ND) (EA: 2007)
172 S., ISBN: 978-3-8370-3636-7

T.C. Rypel

Der Weg des Kriegers (2011) (D) (F) [780]
Fortress of Lost Worlds (1985) (US)
Ü: Thomas Schichtel
Bastei-Lübbe Fantasy, 20636: 1. Aufl. (TB) (DE)
557 S., ISBN: 978-3-404-20636-0
Serie: Gonji Sabataké, 4

David Safier

Happy Family (2011) (D) (PH) [781]
Kindler, 40618: 1. Aufl. (HC) (OA)
320 S., ISBN: 978-3-463-40618-3

Plötzlich Shakespeare (2011) (D) (PH) [782]
Rowohlt rororo, 24812: 1. Aufl. (TB) (ND) (EA: 2010)
320 S., ISBN: 978-3-499-24812-2

Robert A. Salvatore

Der Fluch der Dunkelelfen (2011) (D) (F) [783]
Sojourn (1992) (US)
Ü: Bettina Zeller
Blanvalet Fantasy, 26756: 1. Aufl. (PB) (NZ) (EA: 1992)
448 S., ISBN: 978-3-442-26756-9
Serie: Forgotten Realms: Dunkelelf (ND), 3

Der König der Geister (2011) (D) (F) [784]
The Ghost King (2010) (US)
Ü: Imke Brodersen
Blanvalet Fantasy, 26619: 1. Aufl. (TB) (DE)
478 S., ISBN: 978-3-442-26619-7
Serie: Die Legende vom Dunkelelf, 3

Irene Salzmann

(mit: Thomas Folgmann)
Zusammenbruch (2011) (D) (SF) [785]
Atlantis Ikarus, 44: 1. Aufl. (TB) (OA)
140 S., ISBN: 978-3-941258-63-1
Serie: Rettungskreuzer Ikarus, 44

Brandon Sanderson

Der Pfad der Winde (2011) (D) (F) [786]
The Way of Kings II (2010) (US)
Ü: Michael Siefener
Heyne Allgemeine Reihe, 26768: 1. Aufl. (HC) (DE)
784 S., ISBN: 978-3-453-26768-8
Serie: Sturmlicht-Chroniken, 2

Der Weg der Könige (2011) (D) (F) [787]
The Way of Kings I (2010) (US)
Ü: Michael Siefener
Heyne Allgemeine Reihe, 26717: 1. Aufl. (HC) (DE)
896 S., ISBN: 978-3-453-26717-6
Serie: Sturmlicht-Chroniken, 1

Tilo K. Sandner

Der Weg der Drachenseele (2011) (D) (F) [788]
Spiegelberg, 17: 1. Aufl. (HC) (OA)
343 S., ISBN: 978-3-939043-17-1
Serie: Dracheneid, 1

Andrzej Sapkowski

Die Dame vom See (2011) (D) (F) [789]
Pani Jeziora (1999) (PO)
Ü: Erik Simon
dtv Premium, 24817: 1. Aufl. (PB) (DE)
639 S., ISBN: 978-3-423-24817-4
Serie: Hexer, 5

John Scalzi

Der wilde Planet (2011) (D) (SF) [790]
Fuzzy Nation (2011) (US)
Ü: Bernhard Kempen
Heyne SF & F, 53399: 1. Aufl. (TB) (DE)
381 S., ISBN: 978-3-453-53399-8

Andrea Schacht

Im Reich der Katzenkönigin (2011) (D) (F) [791]
Penhaligon, 3072: 1. Aufl. (PB) (OA)
448 S., ISBN: 978-3-7645-3072-3
Serie: Jägermond, 1

Rüdiger Schäfer

Orathonenzorn (2011) (D) (SF) [792]
Mohlberg Rex Corda, 27: 1. Aufl. (TB) (OA)
196 S., ISBN: 978-3-942079-42-6
Serie: Rex Corda (NA), 27

Thomas Scharein

Yes Ruhrstadt! (2011) (D) (SF) [793]
Schmenk, 4: 1. Aufl. (TB) (OA)
208 S., ISBN: 978-3-943022-04-9

Ingo Scharnewski

Der Hund, der auf zwei Namen hörte (2011) (D) (PH) [794]
Edition TES BunTES Abenteuer, 201108: 1. Aufl. (RH) (OA)
30 S.

Michael H. Schenk

Die Pferdelords und die Nachtläufer des Todes (2011) (D) (F) [795]
Arcanum Fantasy, 15: 1. Aufl. (TB) (OA)
572 S., ISBN: 978-3-939139-15-7
Serie: Pferdelords, 9

Jochen Schimmang

Neue Mitte (2011) (D) (SF) [796]
Nautilus Allgemeine Reihe, 741: 1. Aufl. (HC) (OA)
255 S., ISBN: 978-3-89401-741-5

Mark von Schlegell

High Wichita (2011) (D) (SF) [797]
High Wichita (US)
Ü: Simon Elson
Matthes & Seitz Neue Welt, 4: 1. Aufl. (TB) (DE)
88 S., ISBN: 978-3-88221-620-2

Barbara Schmid

Nebenmenschen 3 (2011) (D) (SF) [798]
Novum pro, 326: 1. Aufl. (TB) (OA)
508 S., ISBN: 978-3-99003-326-5

D.W. Schmitt

Der Graue Berg (2011) (D) (SF) [799]
Wurdack SF: 1. Aufl. (PB) (OA)
208 S., ISBN: 978-3-938065-76-1
Serie: Perlamith, 1

Albrecht Schöbel

TAROMBO: Wir sind nicht alleine (2011) (D) (SF) [800]
Wagner Allgemeine Reihe, 1148: 1. Aufl. (TB) (OA)
249 S., ISBN: 978-3-86279-148-4

Alexandra Schöpf

Die Flussnymphe (2011) (D) (F) [801]
Novum pro, 236: 1. Aufl. (TB) (OA)
137 S., ISBN: 978-3-99003-236-7

Ken Scholes

Hohelied (2011) (D) (F) [802]
Antiphon (2010) (US)
Ü: Simone Heller
Blanvalet Fantasy, 26674: 1. Aufl. (PB) (DE)
539 S., ISBN: 978-3-442-26674-6
Serie: Legende von Isaak, 3

Lobgesang (2011) (D) (F) [803]
Canticle (2010) (US)
Ü: Simone Heller
Blanvalet Fantasy, 26673: 1. Aufl. (PB) (DE)
574 S., ISBN: 978-3-442-26673-9
Serie: Legende von Isaak, 2

Uwe Schomburg

Die Quelle (2011) (D) (SF) [804]
Bastei-Lübbe Allgemeine Reihe, 16068: 1. Aufl. (TB) (OA)
493 S., ISBN: 978-3-404-16068-6

Tom Schopper

Runa (2011) (D) (SF) [805]
Eigenverlag: 1. Aufl. (TB) (OA)
653 S., ISBN: 978-3-9501836-2-7

Karl Schroeder

Segel der Zeit (2011) (D) (SF) [806]
Pirate Sun (2008) (E)
Ü: Irene Holicki
Heyne SF & F, 52805: 1. Aufl. (TB) (DE)
429 S., ISBN: 978-3-453-52805-5
Serie: Virga, 3

Henrike Schuhart

A2323 (2011) (D) (SF) [807]
Pro Business Allgemeine Reihe, 914: 1. Aufl. (TB) (OA)
206 S., ISBN: 978-3-86805-914-4

Nicole Schuhmacher

Zero Gravity (2011) (D) (SF) [808]
Heyne SF & F, 52804: 1. Aufl. (TB) (OA)
558 S., ISBN: 978-3-453-52804-8
Serie: Justifiers, 4

Christian F. Schultze

Brainrise: Aufstieg des Bewusstseins (2011) (D) (SF) [809]
Novum eco, 218: 1. Aufl. (TB) (OA)
392 S., ISBN: 978-3-99007-218-9
Serie: Li Hui, 1

Peter Schwanemann

Schatten im Nordosten: Chronica Telib (2011) (D) (F) [810]
Lavori, 17: 1. Aufl. (TB) (OA)
380 S., ISBN: 978-3-935737-17-3

Gesa Schwartz

Das Erbe des Lichts (2011) (D) (PH) [811]
Egmont lyx, 8304: 1. Aufl. (HC) (OA)
720 S., ISBN: 978-3-8025-8304-9
Serie: Grim, 2

Nephilim (2011) (D) (PH) [812]
Egmont lyx, 8457: 1. Aufl. (TB) (OA)
608 S., ISBN: 978-3-8025-8457-2
Serie: Die Chroniken der Schattenwelt, 1

Richard Schwartz

Der Kronrat (2011) (D) (F) [813]
Piper Fantasy TB, 6822: 1. Aufl. (TB) (OA)
711 S., ISBN: 978-3-492-26822-6
Serie: Das Geheimnis von Askir, 6

Die Rose von Illian (2011) (D) (F) [814]
Piper Fantasy TB, 6757: 1. Aufl. (TB) (OA)
636 S., ISBN: 978-3-492-26757-1
Serie: Die Götterkriege, 1

Susan Schwartz

Ein Planet wird vermisst (2011) (D) (SF) [815]
Bastei Maddrax, 308: 1. Aufl. (RH) (OA)
64 S.
Serie: Maddrax, 308

Der Weg des Bösen (2011) (D) (SF) [816]
Bastei Maddrax, 311: 1. Aufl. (RH) (OA)
64 S.
Serie: Maddrax, 311

Christian Schwarz

Chimären (2011) (D) (SF) [817]
Bastei Maddrax, 292: 1. Aufl. (RH) (OA)
64 S.
Serie: Maddrax, 292

Die heilige Stadt (2011) (D) (SF) [818]
Bastei Maddrax, 291: 1. Aufl. (RH) (OA)
64 S.
Serie: Maddrax, 291

Libretto des Todes (2011) (D) (SF) [819]
Bastei Maddrax, 301: 1. Aufl. (RH) (OA)
64 S.
Serie: Maddrax, 301

Der Mann in Weiß (2011) (D) (SF) [820]
Bastei 2012 Jahr der Apok., 2: 1. Aufl. (RH) (OA)
65 S.
Serie: 2012 - Jahr der Apokalypse, 2

Meister der Lüge (2011) (D) (SF) [821]
Bastei Maddrax, 287: 1. Aufl. (RH) (OA)
64 S.
Serie: Maddrax, 287

Späte Vergeltung (2011) (D) (SF) [822]
Bastei Maddrax, 307: 1. Aufl. (RH) (OA)
64 S.
Serie: Maddrax, 307

Stefan Schweikert

Mörderlied (2011) (D) (F) [823]
Ulisses Spiele Das Schwarze Auge, 11066: 1. Aufl. (TB) (OA)
412 S., ISBN: 978-3-89064-128-7
Serie: DSA, 133

Margret Schwekendiek

Planet ohne Frieden (2011) (D) (SF) [824]
Romantruhe Lex Galactica, 5: 1. Aufl. (HC) (OA)
255 S., ISBN: 978-3-940812-31-5
Serie: Lex Galactica, 5

Gisela Seeger-Ays

Das Vergnügen ein Mensch zu sein (2011) (D) (SF) [825]
Libri Books on Demand, 8518: 1. Aufl. (HC) (OA)
152 S., ISBN: 978-3-8391-8518-6

Magali Ségura

Maske (2011) (D) (F) [826]
Les Yeux de Leilan (2002) (F)
Ü: Maike Claußnitzer
Blanvalet Fantasy, 26784: 1. Aufl. (TB) (DE)
368 S., ISBN: 978-3-442-26784-2
Serie: Die Rebellin von Leiland, 1

Stephanie Seidel

Running Men Blues (2011) (D) (SF) [827]
Bastei Maddrax, 293: 1. Aufl. (RH) (OA)
64 S.
Serie: Maddrax, 293

Willy Seidel

Der Gott im Treibhaus (2011) (D) (SF) [828]
tredition Classics, 1664: 1. Aufl. (TB) (ND) (EA: 1925)
196 S., ISBN: 978-3-8424-1664-2

Guido Seifert

Hakaamya upo (2011) (D) (SF) [829]
Bastei Sternenfaust, 169: 1. Aufl. (RH) (OA)
64 S.
Serie: Sternenfaust, 169

(mit: Sascha Vennemann)
Invasionsstufe Eins (2011) (D) (SF) [830]
Bastei Sternenfaust, 157: 1. Aufl. (RH) (OA)
64 S.
Serie: Sternenfaust, 157

Rendezvous mit einem Klon (2011) (D) (SF) [831]
Bastei Sternenfaust, 176: 1. Aufl. (RH) (OA)
64 S.
Serie: Sternenfaust, 176

Sol X (2011) (D) (SF) [832]
Bastei Sternenfaust, 156: 1. Aufl. (RH) (OA)
64 S.
Serie: Sternenfaust, 156

Die Sphären der Kad'Chie (2011) (D) (SF) [833]
Bastei Sternenfaust, 168: 1. Aufl. (RH) (OA)
64 S.
Serie: Sternenfaust, 168

Turanors Entscheidung (2011) (D) (SF) [834]
Bastei Sternenfaust, 163: 1. Aufl. (RH) (OA)
64 S.
Serie: Sternenfaust, 163

Garrett P. Serviss

Der zweite Krieg der Welten (2011) (D) (SF) [835]
Edison's Conquest of Mars (1898) (E)
Shayol, 80: 1. Aufl. (HC) (NÜ)
280 S., ISBN: 978-3-926126-80-1

Anna Sheehan

Während ich schlief (2011) (D) (SF) [836]
A Long, Long Sleep (2011) (US)
Ü: Karin Diemerling
Goldmann Fantasy, 47565: 1. Aufl. (PB) (DE)
352 S., ISBN: 978-3-442-47565-0

John Shirley

Rapture (2011) (D) (SF) [837]
Rapture (2011) (US)
Ü: Andreas Kasprzak
Panini Bioshock, 1: 1. Aufl. (PB) (DE)
441 S., ISBN: 978-3-8332-2325-9
Serie: Bioshock

W.W. Shols

(mit: Manfred Wegener)
Im Zeitstrom verschollen (C) (2011) (D) (SF) [838]
Mohlberg Mark Powers, 26: 1. Aufl. (TB) (NZ)
187 S., ISBN: 978-3-942079-57-0
Serie: Mark Powers (NA), 26

(mit: Axel Nord, Peter Theodor)
Rowias Untergang (C) (2011) (D) (SF) [839]
Mohlberg Mark Powers, 24: 1. Aufl. (TB) (NZ)
274 S., ISBN: 978-3-942079-61-7
Serie: Mark Powers (NA), 24

V. Sieben

Pakt mit den Göttern (2011) (D) (SF) [840]
ATB Büchermacher, 35353: 1. Aufl. (TB) (OA)
282 S., ISBN: 978-3-00-035353-6

Michael Siefener

Die Entdeckung der Nachtseite (2011) (D) (PH) [841]
Lindenstruth Allgemeine Reihe, 62: 1. Aufl. (TB) (OA)
307 S., ISBN: 978-3-934273-62-7

Scott Sigler

Earthcore (2011) (D) (SF) [842]
Earthcore (2005) (US)
Ü: Michael Krug
Heyne Allgemeine Reihe, 43507: 4. Aufl. (TB) (ND) (EA: 2008)
618 S., ISBN: 978-3-453-43507-0

Dan Simmons

Flashback (2011) (D) (SF) [843]
Flashback (2011) (US)
Ü: Karl Jünger
Heyne Allgemeine Reihe, 26597: 1. Aufl. (PB) (DE)
636 S., ISBN: 978-3-453-26597-4

Wayne Simmons

Grippe (2011) (D) (SF) [844]
Flu (US)
Ü: Andreas Schiffmann
Voodoo Press Allgemeine Reihe, 30: 1. Aufl. (TB) (DE)
280 S., ISBN: 978-3-902802-30-9
Serie: Grippe, 1

Robert Simpson

Das kleinere Übel (2011) (D) (SF) [845]
The Lesser Evil (2002) (US)
Ü: Christian Humberg
Cross Cult Star Trek DS9, 8: 1. Aufl. (TB) (DE)
230 S., ISBN: 978-3-941248-68-7
Serie: Enterprise - Deep Space Nine bei CC, 8

Petr Smely

Wilder Mond (2011) (D) (SF) [846]
lulu.com Allgemeine Reihe, 27566: 1. Aufl. (TB) (OA)
234 S., ISBN: 978-1-409-27566-4

Clark Ashton Smith

Die Stadt der singenden Flamme (C) (2011) (D) (HO) [847]
<unbekannt / unknown> (US)
Festa Bibliothek Schrecken, 24: 1. Aufl. (HC) (DE)
396 S., ISBN: 978-3-86552-083-8

Cordwainer Smith

Was aus den Menschen wurde (C) (2011) (D) (SF) [848]
<unbekannt / unknown> (1993) (US)
Heyne SF & F, 52806: 1. Aufl. (TB) (OZ)
1049 S., ISBN: 978-3-453-52806-2

Gavin Smith

Der Veteran (2011) (D) (SF) [849]
The Veteran (2010) (E)
Ü: Bernhard Kempen
Blanvalet Fantasy, 26769: 1. Aufl. (TB) (DE)
654 S., ISBN: 978-3-442-26769-9

Maria V. Snyder

Yelena und die verlorenen Seelen (2011) (D) (F) [850]
Fire Study (2008) (US)
Ü: Rainer Nolden
Cora Mira, 65035: 1. Aufl. (TB) (DE)
508 S., ISBN: 978-3-89941-854-5

Patrick Solmecke

Ein Funken Hoffnung (2011) (D) (F) [851]
Noel, 96: 1. Aufl. (TB) (OA)
408 S., ISBN: 978-3-940209-96-2
Serie: Zanzar, 1

Die Wälder von Arau (2011) (D) (F) [852]
Noel, 145: 1. Aufl. (TB) (OA)
348 S., ISBN: 978-3-942802-45-1
Serie: Zanzar, 2

Jeff Somers

Endstation Chaos (2011) (D) (SF) [853]
The Terminal State (2010) (US)
Ü: Ulf Ritgen
Bastei-Lübbe SF & F, 20013: 1. Aufl. (TB) (DE)
444 S., ISBN: 978-3-404-20013-9
Serie: Avery Cates, 4

Das ewige Gefängnis (2011) (D) (SF) [854]
The Eternal Prison (2009) (US)
Ü: Ulf Ritgen
Bastei-Lübbe SF Special, 24397: 1. Aufl. (TB) (DE)
541 S., ISBN: 978-3-404-24397-6
Serie: Avery Cates, 3

Marcel Sommerick

Megalopolis (2011) (D) (SF) [855]
Libri Books on Demand, 3929: 1. Aufl. (TB) (OA)
276 S., ISBN: 978-3-8423-3929-3

Alex Spohr

Der Pfad des Wolfes (2011) (D) (F) [856]
Fantasy Productions Das Schwarze Auge, 11065: 1. Aufl. (TB) (OA)
280 S., ISBN: 978-3-89064-148-5
Serie: DSA, 128

Heinrich von Stahl

Entscheidungsschlacht um Warschau (2011) (D) (AH) [857]
Unitall Kaiserfront, 4: 1. Aufl. (HC) (OA)
190 S., ISBN: 978-3-905937-03-9
Serie: Kaiserfront, 4

Das Geheimnis der Blutmeister (2011) (D) (SF) [858]
Unitall Aldebaran, 7: 1. Aufl. (HC) (OA)
190 S., ISBN: 978-3-905937-33-6
Serie: Aldebaran, 7

Die Invasion Englands (2011) (D) (AH) [859]
Unitall Kaiserfront, 5: 1. Aufl. (HC) (OA)
191 S., ISBN: 978-3-905937-04-6
Serie: Kaiserfront, 5

(mit: Eberhard Lindbergh)
Kesselschlacht um Aldebaran (2011) (D) (SF) [860]
Unitall Aldebaran, 5: 1. Aufl. (HC) (OA)
191 S., ISBN: 978-3-905937-31-2
Serie: Aldebaran, 5

Die Londoner Kriegsverbrecherprozesse (2011) (D) (AH) [861]
Unitall Kaiserfront, 8: 1. Aufl. (HC) (OA)
192 S., ISBN: 978-3-905937-07-7
Serie: Kaiserfront, 8

Stalingrad (2011) (D) (AH) [862]
Unitall Kaiserfront, 7: 1. Aufl. (HC) (OA)
191 S., ISBN: 978-3-905937-06-0
Serie: Kaiserfront, 7

Das Vermächtnis der Asen (2011) (D) (SF) [863]
Unitall Aldebaran, 8: 1. Aufl. (HC) (OA)
191 S., ISBN: 978-3-905937-34-3
Serie: Aldebaran, 8

Wellenbrecher London (2011) (D) (AH) [864]
Unitall Kaiserfront, 6: 1. Aufl. (HC) (OA)
191 S., ISBN: 978-3-905937-05-3
Serie: Kaiserfront, 6

Zeitenwende 2012 (2011) (D) (SF) [865]
Unitall Aldebaran, 6: 1. Aufl. (HC) (OA)
191 S., ISBN: 978-3-905937-32-9
Serie: Aldebaran, 6

Timothy Stahl

Ein Grab im Dschungel (2011) (D) (SF) [866]
Bastei 2012 Jahr der Apok., 7: 1. Aufl. (RH) (OA)
65 S.
Serie: 2012 - Jahr der Apokalypse, 7

Die Weltuntergangs-Maschine (2011) (D) (SF) [867]
Bastei 2012 Jahr der Apok., 9: 1. Aufl. (RH) (OA)
65 S.
Serie: 2012 - Jahr der Apokalypse, 9

Der zeitlose Raum (2011) (D) (SF) [868]
Bastei 2012 Jahr der Apok., 8: 1. Aufl. (RH) (OA)
65 S.
Serie: 2012 - Jahr der Apokalypse, 8

Bernd Steinhardt

Impact (2011) (D) (SF) [869]
Ullstein Allgemeine Reihe, 28395: 1. Aufl. (TB) (ND) (EA: 2010)
528 S., ISBN: 978-3-548-28395-1

John Stephens

Das Buch Emerald (2011) (D) (F) [870]
The Emerald Atlas (2011) (US)
Ü: Alexandra Ernst
Bertelsmann cbj Fantasy, 6425: 1. Aufl. (HC) (DE)
464 S., ISBN: 978-3-570-15292-8
Serie: Die Chroniken vom Anbeginn, 1

Michelle Stern

Auf gewagtem Kurs (2011) (D) (SF) [871]
Bastei Maddrax, 310: 1. Aufl. (RH) (OA)
64 S.
Serie: Maddrax, 310

Dunkle Wasser (2011) (D) (SF) [872]
Bastei Maddrax, 295: 1. Aufl. (RH) (OA)
64 S.
Serie: Maddrax, 295

Geheimplan Quinto-Center (2011) (D) (SF) [873]
Fantasy Productions Atlan, 71033: 1. Aufl. (TB) (OA)
363 S., ISBN: 978-3-89064-079-2
Serie: Atlan - Sternensplitter, 3

Geteilte Unsterblichkeit (2011) (D) (SF) [874]
Moewig Perry Rhodan Extra, 13: 1. Aufl. (RH) (OA)
66 S.
Serie: Perry Rhodan

Der körperlose Herrscher (2011) (D) (SF) [875]
Bastei Maddrax, 286: 1. Aufl. (RH) (OA)
64 S.
Serie: Maddrax, 286

Nach Millionen von Jahren (2011) (D) (SF) [876]
Bastei Maddrax, 305: 1. Aufl. (RH) (OA)
64 S.
Serie: Maddrax, 305

Wo der Wahnsinn regiert (2011) (D) (SF) [877]
Bastei Maddrax, 302: 1. Aufl. (RH) (OA)
64 S.
Serie: Maddrax, 302

Charly Stone

Cornix magica (2011) (D) (F) [878]
She, 36798: 1. Aufl. (TB) (OA)
276 S., ISBN: 978-3-00-036798-4
Serie: Der Echsenbrunnen, 2

Jonathan Stroud

Valley (2011) (D) (F) [879]
Heroes (2009) (E)
Ü: Katharina Orgaß, Gerald Jung
Goldmann Allgemeine Reihe, 47516: 1. Aufl. (TB) (ND) (EA: 2009)
493 S., ISBN: 978-3-442-47516-2

Arkadi Strugatzki

(mit: Boris Strugatzki)
Strugatzki 3 (C) (2011) (D) (SF) [880]
Heyne SF & F, 52685: 1. Aufl. (TB) (NZ)
894 S., ISBN: 978-3-453-52685-3
Serie: Strugatzki - Werkausgabe, 3

Anja Stürzer

Somniavero (2011) (D) (SF) [881]
Mixtvision Allgemeine Reihe, 36: 1. Aufl. (SB) (OA)
305 S., ISBN: 978-3-939435-36-5

Matthew Sturges

Midwinter (2011) (D) (F) [882]
Midwinter (2009) (US)
Ü: Michael Neuhaus
Bastei-Lübbe Fantasy, 28547: 1. Aufl. (PB) (DE)
443 S., ISBN: 978-3-404-28547-1
Serie: Midwinter, 1

Schattenspäher (2011) (D) (F) [883]
The Office of Shadow (2010) (US)
Ü: Christina Deniz
Bastei-Lübbe SF & F, 20006: 1. Aufl. (PB) (DE)
523 S., ISBN: 978-3-404-20006-1
Serie: Midwinter, 2

Daniel Suarez

Darknet (2011) (D) (SF) [884]
Freedom (2010) (US)
Ü: C. Holfelder-von der Tann
Rowohlt rororo, 25244: 1. Aufl. (TB) (DE)
475 S., ISBN: 978-3-499-25244-0
Serie: Daemon, 2

Andreas Suchanek

Cyber-Tod (2011) (D) (SF) [885]
Bastei Sternenfaust, 161: 1. Aufl. (RH) (OA)
64 S.
Serie: Sternenfaust, 161

Die Ritter der GRAFSCHAFT (2011) (D) (SF) [886]
Bastei Sternenfaust, 171: 1. Aufl. (RH) (OA)
64 S.
Serie: Sternenfaust, 171

Tag der Vergeltung (2011) (D) (SF) [887]
Bastei Sternenfaust, 167: 1. Aufl. (RH) (OA)
64 S.
Serie: Sternenfaust, 167

Zwei Schicksale für Shesha'a (2011) (D) (SF) [888]
Bastei Sternenfaust, 179: 1. Aufl. (RH) (OA)
64 S.
Serie: Sternenfaust, 179

Jörgen Svenson

Das Netz (2011) (D) (SF) [889]
Libri Books on Demand, 6828: 1. Aufl. (TB) (OA)
416 S., ISBN: 978-3-8423-6828-6

Thorvald Svensson

Romulus III - Irrflug in eine neue Heimat (2011) (D) (SF) [890]
Engelsdorfer Allgemeine Reihe, 419: 1. Aufl. (TB) (OA)
202 S., ISBN: 978-3-86268-419-9

James Swallow

Der Icarus-Effekt (2011) (D) (SF) [891]
Icarus Effect (2011) (E)
Ü: Andreas Kasprzak
Panini Allgemeine Reihe, 2323: 1. Aufl. (PB) (DE)
410 S., ISBN: 978-3-8332-2323-5
Serie: Deus Ex

Synthese (2011) (D) (SF) [892]
Synthesis (2009) (E)
Ü: Stephanie Pannen
Cross Cult Star Trek Titan, 6: 1. Aufl. (TB) (DE)
373 S., ISBN: 978-3-941248-67-0
Serie: Enterprise - Titan, 6

Leonie Swann

Garou (2011) (D) (PH) [893]
Goldmann Allgemeine Reihe, 47359: 1. Aufl. (TB) (ND) (EA: 2010)
416 S., ISBN: 978-3-442-47359-5

Glennkill (2011) (D) (PH) [894]
Bertelsmann cbj Fantasy, 40084: 1. Aufl. (TB) (ND) (EA: 2005)
384 S., ISBN: 978-3-570-40084-5

William Swears

Zookland (2011) (D) (SF) [895]
<unbekannt / unknown> (2010) (US)
Ü: Dirk Van den Boom
Atlantis Allgemeine Reihe, 134: 1. Aufl. (TB) (DE)
268 S., ISBN: 978-3-941258-34-1

Zookland (2011) (D) (SF) [896]
<unbekannt / unknown> (2010) (US)
Ü: Dirk Van den Boom
Atlantis Edition Atlantis: 1. Aufl. (HC) (DE)
268 S.

Sam Sykes

Das Buch des Dämons (2011) (D) (F) [897]
Tome of the Undergates (2010) (E)
Ü: Wolfgang Thon
Penhaligon, 3055: 1. Aufl. (PB) (DE)
731 S., ISBN: 978-3-7645-3055-6
Serie: Die Tore zur Unterwelt, 1

Michael Szameit

Der achte Tag der Schöpfung 1 (2011) (D) (SF) [898]
Edition TES BunTES Abenteuer, 201105: 1. Aufl. (RH) (OA)
32 S.

Der achte Tag der Schöpfung 2 (2011) (D) (SF) [899]
Edition TES BunTES Abenteuer, 201106: 1. Aufl. (RH) (OA)
31 S.

Adrian Tchaikovsky

Goldene Magie (2011) (D) (F) [900]
Blood of the Mantis I (2009) (E)
Ü: Simon Weinert
Heyne SF & F, 52526: 1. Aufl. (TB) (DE)
350 S., ISBN: 978-3-453-52526-9
Serie: Schwarmkriege, 5

Heather Terrell

Jenseits des Mondes (2011) (D) (F) [901]
Eternity (2011) (US)
Ü: Sybille Uplegger
Ullstein Allgemeine Reihe, 28222: 1. Aufl. (TB) (DE)
304 S., ISBN: 978-3-548-28222-0
Serie: Chronik der Nephilim, 2

Peter Terrid

Schmied der Unsterblichkeit (2011) (D) (SF) [902]
Pabel-Moewig PR - Planetenromane, 15: 1. Aufl. (TB) (ND) (EA: 1987)
161 S.
Serie: Perry Rhodan - Planetenromane, 15

Verena Themsen

Flucht von der Brückenwelt (2011) (D) (SF) [903]
Moewig Perry Rhodan, 2618: 1. Aufl. (RH) (OA)
63 S.
Serie: Perry Rhodan - Heft, 2618

Die Planetenbrücke (2011) (D) (SF) [904]
Moewig Perry Rhodan, 2605: 1. Aufl. (RH) (OA)
60 S.
Serie: Perry Rhodan - Heft, 2605

Peter Theodor

(mit: Jeff Mescalero, W.W. Shols)
Hilferuf von Kanopus (C) (2011) (D) (SF) [905]
Mohlberg Mark Powers, 22: 1. Aufl. (TB) (NZ)
264 S., ISBN: 978-3-942079-47-1
Serie: Mark Powers (NA), 22

Invasoren aus dem All (C) (2011) (D) (SF) [906]
Mohlberg Utopische Welten So., 26: 1. Aufl. (TB) (NZ)
272 S.
Serie: Utopische Welten Solo, 26

Marcel Theroux

Weit im Norden (2011) (D) (SF) [907]
Far North (2009) (E)
Ü: Oliver Plaschka
Heyne SF & F, 52846: 1. Aufl. (PB) (DE)
431 S., ISBN: 978-3-453-52846-8

Dieter Thiel

Die Rache der Erde (2011) (D) (SF) [908]
Andrea Schmitz, 91: 1. Aufl. (TB) (OA)
176 S., ISBN: 978-3-935202-91-6

Ngugi wa Thiong'o

Herr der Krähen (2011) (D) (SF) [909]
Wizard of the Crow (E)
Ü: Thomas Brückner
A1, 17: 1. Aufl. (HC) (DE)
944 S., ISBN: 978-3-940666-17-8

Jeffrey Thomas

Tagebuch aus der Hölle (2011) (D) (HO) [910]
Letters From Hades (2003) (US)
Ü: Doris Hummel
Festa Horror, 1534: 1. Aufl. (TB) (DE)
298 S., ISBN: 978-3-86552-096-8

Sieghardt von Thomsen

Die Öffnung (2011) (D) (F) [911]
Libri Books on Demand, 63: 1. Aufl. (TB) (OA)
220 S., ISBN: 978-3-8448-0063-0
Serie: Vengalyx, 1

Rob Thurman

Mondgeister (2011) (D) (F) [912]
Moonshine (2007) (US)
Ü: Barbara Röhl
Piper Fantasy TB, 6735: 1. Aufl. (TB) (DE)
412 S., ISBN: 978-3-492-26735-9
Serie: Cal Leandros, 2

Michael Marcus Thurner

Agent der Superintelligenz (2011) (D) (SF) [913]
Moewig Perry Rhodan, 2613: 1. Aufl. (RH) (OA)
59 S.
Serie: Perry Rhodan - Heft, 2613

Im Auftrag der Superintelligenz (2011) (D) (SF) [914]
Moewig Perry Rhodan, 2591: 1. Aufl. (RH) (OA)
59 S.
Serie: Perry Rhodan - Heft, 2591

In den Gärten von Sha'mar (2011) (D) (SF) [915]
Bastei Maddrax, 290: 1. Aufl. (RH) (OA)
64 S.
Serie: Maddrax, 290

Die instabile Welt (2011) (D) (SF) [916]
Moewig Perry Rhodan, 2603: 1. Aufl. (RH) (OA)
59 S.
Serie: Perry Rhodan - Heft, 2603

Der Killer von Terra (2011) (D) (SF) [917]
Pabel-Moewig PR - Planetenromane, 14: 1. Aufl. (TB) (OA)
161 S.
Serie: Perry Rhodan - Planetenromane, 14

Die letzten Tage der GEMMA FRISIUS (2011) (D) (SF) [918]
Moewig Perry Rhodan, 2627: 1. Aufl. (RH) (OA)
59 S.
Serie: Perry Rhodan - Heft, 2627

Schule der Mutanten (2011) (D) (SF) [919]
Pabel-Moewig Perry Rhodan Neo, 5: 1. Aufl. (TB) (OA)
161 S.
Serie: Perry Rhodan Neo, 5

Suche im Sektor Null (2011) (D) (SF) [920]
Moewig Perry Rhodan, 2626: 1. Aufl. (RH) (OA)
63 S.
Serie: Perry Rhodan - Heft, 2626

Die Todbringer von Orontco (2011) (D) (SF) [921]
Moewig Perry Rhodan, 2602: 1. Aufl. (RH) (OA)
63 S.
Serie: Perry Rhodan - Heft, 2602

Der Tote und der Sterbende (2011) (D) (SF) [922]
Moewig Perry Rhodan, 2590: 1. Aufl. (RH) (OA)
63 S.
Serie: Perry Rhodan - Heft, 2590

Der Truveer von Nuu'Oleens (2011) (D) (SF) [923]
Zaubermond Maddrax, 26: 1. Aufl. (HC) (OA)
255 S.
Serie: Maddrax Hardcover, 26

Wanderer am Scheideweg (2011) (D) (SF) [924]
Moewig Perry Rhodan, 2595: 1. Aufl. (RH) (OA)
59 S.
Serie: Perry Rhodan - Heft, 2595

Zielpunkt BASIS (2011) (D) (SF) [925]
Moewig Perry Rhodan, 2612: 1. Aufl. (RH) (OA)
63 S.
Serie: Perry Rhodan - Heft, 2612

Cate Tiernan

Magische Glut (2011) (D) (F) [926]
The Coven (2001) (US)
Ü: Elvira Willems
Bertelsmann cbt Fantasy, 38004: 1. Aufl. (TB) (DE)
256 S., ISBN: 978-3-570-38004-8
Serie: Das Buch der Schatten, 2

Verwandlung (2011) (D) (F) [927]
Book of Shadows (2001) (US)
Ü: Elvira Willems
Bertelsmann cbt Fantasy, 38003: 1. Aufl. (TB) (DE)
256 S., ISBN: 978-3-570-38003-1
Serie: Das Buch der Schatten, 1

James Tiptree jr.

Quintana Roo (C) (2011) (D) (SF) [928]
Tales of the Quintana Roo (1986)
Ü: Frank P. Böhmert
Septime, 4: 1. Aufl. (HC) (NÜ)
158 S., ISBN: 978-3-902711-04-5
Serie: Tiptree - Sämtliche Erzählungen, 5

Alf Tjörnsen

Gefahr von Transpluto (C) (2011) (D) (SF) [929]
Mohlberg Utopische Welten So., 24: 1. Aufl. (TB) (NZ) (EA: 1960)
269 S.
Serie: Utopische Welten Solo, 24

Stephanie Tölle

Der Mitternachtszirkel (2011) (D) (F) [930]
Libri Books on Demand, 6360: 2. Aufl. (TB) (OA)
144 S., ISBN: 978-3-8423-6360-1

J.R.R. Tolkien

Geschichten aus dem Gefährlichen Königreich (C) (2011) (D) (F) [931]
Tales From the Perilous Realm (2008) (E)
Klett-Cotta Hobbit-Presse, 93826: 1. Aufl. (HC) (DE)
333 S., ISBN: 978-3-608-93826-5

Das Silmarillion (C) (2011) (D) (F) [932]
The Silmarillion (1977) (E)
Ü: Wolfgang Krege
Klett-Cotta Hobbit-Presse, 93829: 1. Aufl. (HC) (ND)
581 S., ISBN: 978-3-608-93829-6

Claudia Toman

Goldprinz (2011) (D) (F) [933]
Diana Allgemeine Reihe, 35497: 1. Aufl. (TB) (OA)
414 S., ISBN: 978-3-453-35497-5

Thomas Tralantry

Mord in Trilariant City (2011) (D) (SF) [934]
Libri Books on Demand, 4520: 1. Aufl. (TB) (OA)
280 S., ISBN: 978-3-8423-4520-1

W.A. Travers

Die Falle / Schach dem König (C) (2011) (D) (SF) [935]
Hary-Production Star Gate, 87: 1. Aufl. (GB) (OA)
124 S., ISBN: 426-0-2811-7065-6
Serie: Star Gate, 87

Die Festung / Labyrinth des Todes (C) (2011) (D) (SF) [936]
Hary-Production Star Gate, 85: 1. Aufl. (GB) (OA)
126 S., ISBN: 426-0-2811-7064-9
Serie: Star Gate, 85

(mit: Wilfried A. Hary)
Die letzte Schlacht / Re-na-xerv (C) (2011) (D) (SF) [937]
Hary-Production Star Gate, 91: 1. Aufl. (GB) (OA)
120 S., ISBN: 426-0-2811-7067-0
Serie: Star Gate, 91

Marsch durch die Hölle / Bote der Götter (C) (2011) (D) (SF) [938]
Hary-Production Star Gate, 89: 1. Aufl. (GB) (OA)
122 S., ISBN: 426-0-2811-7066-3
Serie: Star Gate, 89

Karen Traviss

Anvil Gate (2011) (D) (SF) [939]
Anvil Gate (2011) (US)
Ü: Jan Dinter
Panini Gears of War: 1. Aufl. (TB) (DE)
507 S., ISBN: 978-3-8332-2244-3
Serie: Gears of War, 3

Jacintos Erben (2011) (D) (SF) [940]
Jacintos Remnant (2011) (US)
Ü: Jan Dinter
Panini Gears of War: 1. Aufl. (TB) (DE)
430 S., ISBN: 978-3-8332-2243-6
Serie: Gears of War, 2

Ben Tripp

Infektion (2011) (D) (SF) [941]
Rise Again (2010) (US)
Ü: Bernhard Kempen
Heyne SF & F, 52891: 1. Aufl. (TB) (DE)
622 S., ISBN: 978-3-453-52891-8

Licia Troisi

Eltanins Verrat (2011) (D) (F) [942]
L'albero di Idhunn (2009) (I)
Ü: Bruno Genzler
Bertelsmann cbj Fantasy, 15287: 1. Aufl. (HC) (DE)
256 S., ISBN: 978-3-570-15287-4
Serie: Drachenschwester, 2

Der Fluch der Assassinen (2011) (D) (F) [943]
Un nuovo regno (2007) (I)
Ü: Bruno Genzler
Heyne SF & F, 53362: 1. Aufl. (TB) (ND) (EA: 2009)
541 S., ISBN: 978-3-453-53362-2
Serie: Die Schattenkämpferin, 3

Im Bann der Wächter (2011) (D) (F) [944]
Il Destino di Adhara (2008) (I)
Ü: Bruno Genzler
Heyne SF & F, 53366: 1. Aufl. (TB) (ND) (EA: 2010)
528 S., ISBN: 978-3-453-53366-0
Serie: Die Feuerkämpferin, 1

Tochter des Blutes (2011) (D) (F) [945]
Figlia del Sangue (2009) (I)
Ü: Bruno Genzler
Heyne Allgemeine Reihe, 26620: 1. Aufl. (HC) (DE)
414 S., ISBN: 978-3-453-26620-9
Serie: Die Feuerkämpferin, 2

E.C. Tubb

Die Sterngeborenen (2011) (D) (SF) [946]
The Space-Born (1956) (E)
Ü: Dirk Van den Boom
Atlantis Allgemeine Reihe, 207: 1. Aufl. (TB) (NÜ) (EA: 1958)
143 S., ISBN: 978-3-86402-007-0

Die Sterngeborenen (2011) (D) (SF) [947]
The Space-Born (1956) (E)
Ü: Dirk Van den Boom
Atlantis Edition Atlantis: 1. Aufl. (HC) (NÜ) (EA: 1958)
143 S.

Megan Whalen Turner

Der Dieb (2011) (D) (F) [948]
The Thief (1996) (US)
Ü: Maike Claußnitzer
Blanvalet Fantasy, 26843: 1. Aufl. (TB) (DE)
302 S., ISBN: 978-3-442-26843-6
Serie: Die Legenden von Attolia, 1

Der Gebieter (2011) (D) (F) [949]
King of Attolia (2006) (US)
Ü: Maike Claußnitzer
Blanvalet Fantasy, 26852: 1. Aufl. (TB) (DE)
383 S., ISBN: 978-3-442-26852-8
Serie: Die Legenden von Attolia, 3

Die Königin (2011) (D) (F) [950]
The Queen of Attolia (2000) (US)
Ü: Maike Claußnitzer
Blanvalet Fantasy, 26849: 1. Aufl. (TB) (DE)
350 S., ISBN: 978-3-442-26849-8
Serie: Die Legenden von Attolia, 2

Simon Urban

Plan D (2011) (D) (AH) [951]
Schöffling Allgemeine Reihe, 195: 1. Aufl. (HC) (OA)
551 S., ISBN: 978-3-89561-195-7

Marc Urwer

Blutrote Erde (2011) (D) (SF) [952]
Libri Books on Demand, 4990: 1. Aufl. (TB) (OA)
240 S., ISBN: 978-3-8448-4990-5

Jack Vance

Emphyrio (2011) (D) (SF) [953]
Emphyrio (1969) (US)
Ü: Andreas Irle
Andreas Irle, 25: 1. Aufl. (HC) (NÜ)
258 S., ISBN: 978-3-936922-15-8

Wim Vandemaan

Ellerts Visionen (2011) (D) (SF) [954]
Pabel-Moewig Perry Rhodan Neo, 4: 1. Aufl. (TB) (OA)
161 S.
Serie: Perry Rhodan Neo, 4

Der Fimbul-Impuls (2011) (D) (SF) [955]
Moewig Perry Rhodan, 2607: 1. Aufl. (RH) (OA)
60 S.
Serie: Perry Rhodan - Heft, 2607

(mit: Hubert Haensel, Christian Montillon)
Jupiter (2011) (D) (SF) [956]
Heyne SF & F, 52774: 1. Aufl. (TB) (OA)
1007 S., ISBN: 978-3-453-52774-4
Serie: Perry Rhodan

Planet der Formatierer (2011) (D) (SF) [957]
Moewig Perry Rhodan, 2619: 1. Aufl. (RH) (OA)
60 S.
Serie: Perry Rhodan - Heft, 2619

Die Sektorknospe (2011) (D) (SF) [958]
Moewig Perry Rhodan, 2586: 1. Aufl. (RH) (OA)
63 S.
Serie: Perry Rhodan - Heft, 2586

Die Stunde der Auguren (2011) (D) (SF) [959]
Moewig Perry Rhodan, 2604: 1. Aufl. (RH) (OA)
63 S.
Serie: Perry Rhodan - Heft, 2604

Dirk Van den Boom

Der Aufbruch (2011) (D) (AH) [960]
Atlantis Allgemeine Reihe, 159: 1. Aufl. (TB) (OA)
210 S., ISBN: 978-3-941258-59-4
Serie: Kaiserkrieger, 3

Der Aufbruch (2011) (D) (AH) [961]
Atlantis Edition Atlantis: 1. Aufl. (HC) (OA)
210 S.
Serie: Kaiserkrieger, 3

Eobal (2011) (D) (SF) [962]
Atlantis Allgemeine Reihe, 158: 1. Aufl. (TB) (OA)
170 S., ISBN: 978-3-941258-58-7
Serie: Casimir Daxxel, 1

Eobal (2011) (D) (SF) [963]
Atlantis Edition Atlantis: 1. Aufl. (HC) (OA)
170 S.
Serie: Casimir Daxxel, 1

Der erste Krieg (C) (2011) (D) (SF) [964]
Atlantis Edition Atlantis: 1. Aufl. (HC) (NZ)
590 S.
Serie: Tentakelkrieg (ND), 1

Der Verrat (2011) (D) (AH) [965]
Atlantis Allgemeine Reihe, 129: 1. Aufl. (TB) (OA)
218 S., ISBN: 978-3-941258-29-7
Serie: Kaiserkrieger, 2

Der Verrat (2011) (D) (AH) [966]
Atlantis Edition Atlantis: 1. Aufl. (HC) (OA)
218 S.
Serie: Kaiserkrieger, 2

Jürgen Vanselow

Kontrastwelten (2011) (D) (SF) [967]
Neue Literatur, 46: 1. Aufl. (TB) (OA)
334 S., ISBN: 978-3-940085-46-7

Marinella C. Van ten Haarlen

Der Traum vom Kreislauf des Lebens (2011) (D) (SF) [968]
internet publishers, 883: 1. Aufl. (TB) (OA)
162 S., ISBN: 978-3-94255-883-9

Chiara Varus

(mit: Sven Norström)
Das vierte Stockwerk (2011) (D) (PH) [969]
AAVAA, 161: 1. Aufl. (TB) (OA)
235 S., ISBN: 978-3-86254-161-4

Sascha Vennemann

Allein gegen alle (2011) (D) (SF) [970]
Bastei Maddrax, 304: 1. Aufl. (RH) (OA)
64 S.
Serie: Maddrax, 304

Angriff der Alpha-Genetics (2011) (D) (SF) [971]
Bastei Sternenfaust, 162: 1. Aufl. (RH) (OA)
64 S.
Serie: Sternenfaust, 162

Labyrinth der Guule (2011) (D) (SF) [972]
Bastei Maddrax, 288: 1. Aufl. (RH) (OA)
64 S.
Serie: Maddrax, 288

Die Macht im See (2011) (D) (SF) [973]
Zaubermond Maddrax, 27: 1. Aufl. (HC) (OA)
256 S.
Serie: Maddrax Hardcover, 27

(mit: Michelle Stern)
Die Rache der Hydriten (2011) (D) (SF) [974]
Bastei Maddrax, 309: 1. Aufl. (RH) (OA)
64 S.
Serie: Maddrax, 309

Die Zeit läuft ab (2011) (D) (SF) [975]
Bastei Maddrax, 297: 1. Aufl. (RH) (OA)
64 S.
Serie: Maddrax, 297

Jules Verne

Die geheimnisvolle Insel (2011) (D) (SF) [976]
L'ile mystérieuse (1875) (F)
Salzwasser, 142: 1. Aufl. (TB) (ND) (EA: 1876)
720 S., ISBN: 978-3-86444-142-4

Herr der Welt (2011) (D) (PH) [977]
Maitre du monde (1904) (F)
Salzwasser Allgemeine Reihe, 73: 1. Aufl. (HC) (ND)
240 S., ISBN: 978-3-86444-073-1

Von der Erde zum Mond (2011) (D) (SF) [978]
De la terre à la lune (1865) (F)
Salzwasser Allgemeine Reihe, 915: 1. Aufl. (TB) (ND)
161 S., ISBN: 978-3-86195-915-1

Judith C. Vogt

Im Schatten der Esse (2011) (D) (F) [979]
Fantasy Productions Das Schwarze Auge, 11069: 1. Aufl. (TB) (OA)
392 S., ISBN: 978-3-89064-125-6
Serie: DSA, 129

Michael Vogt

Agonie 1 (2011) (D) (SF) [980]
Wagner Allgemeine Reihe, 1014: 1. Aufl. (HC) (OA)
637 S., ISBN: 978-3-86279-014-2

Rainer Voigt

Das Erbe der Unsterblichen (2011) (D) (PH) [981]
Engelsdorfer Allgemeine Reihe, 2490: 1. Aufl. (TB) (OA)
277 S., ISBN: 978-3-86268-490-8

Mara Volkers

Die Tore der Geister (2011) (D) (PH) [982]
Piper Fantasy TB, 6805: 1. Aufl. (PB) (OA)
457 S., ISBN: 978-3-492-26805-9

Hans Waal

Die Nachhut (2011) (D) (PH) [983]
Aufbau Allgemeine Reihe, 2558: 4. Aufl. (TB) (OA)
373 S., ISBN: 978-3-7466-2558-4

Hermann Wacken

Die Gotteskrieger (2011) (D) (SF) [984]
Unitall Verbotene Zone: 1. Aufl. (HC) (OA)
206 S., ISBN: 978-3-905937-64-0

Chris M. Wagner

Social Network. Die Bibliothek des Schicksals (2011) (D) (SF) [985]
Acabus Allgemeine Reihe, 115: 1. Aufl. (TB) (OA)
292 S., ISBN: 978-3-86282-015-3

Daniel Wallace

Das Buch der Jedi (2011) (D) (SF) [986]
The Jedi Path (2011) (US)
Ü: Marc Winter
Oetinger Allgemeine Reihe, 8462: 1. Aufl. (HC) (DE)
160 S., ISBN: 978-3-7891-8462-8
Serie: Star Wars

David Foster Wallace

Unendlicher Spaß (2011) (D) (SF) [987]
Infinite Jest (1996) (US)
Ü: Ulrich Blumenbach
Rowohlt rororo, 24957: 1. Aufl. (TB) (ND) (EA: 2009)
1552 S., ISBN: 978-3-499-24957-0

Martin Wallander

Fuck! (2011) (D) (PH) [988]
Vindobona, 218: 1. Aufl. (TB) (OA)
357 S., ISBN: 978-3-85040-218-7

Klaus-Peter Walter

Sherlock Holmes und Old Shatterhand (C) (2011) (D) (PH) [989]
Blitz Allgemeine Reihe, 320: 1. Aufl. (HC) (OA)
277 S., ISBN: 978-3-89840-320-7

J.R. Ward

Der Dämon (2011) (D) (F) [990]
Crave (2010) (US)
Ü: Astrid Finke
Heyne Allgemeine Reihe, 26701: 1. Aufl. (TB) (DE)
544 S., ISBN: 978-3-453-26701-5
Serie: Fallen Angels, 2

Mondschwur (2011) (D) (F) [991]
Lover Mine II (2010) (US)
Ü: Petra Hörburger, Corinna Vierkant
Heyne SF & F, 52772: 1. Aufl. (TB) (DE)
479 S., ISBN: 978-3-453-52772-0
Serie: Black Dagger, 16

Vampirschwur (2011) (D) (F) [992]
Lover Unleashed I (2011) (US)
Ü: Corinna Vierkant
Heyne SF & F, 52872: 1. Aufl. (TB) (DE)
374 S., ISBN: 978-3-453-52872-7
Serie: Black Dagger, 17

Vampirsohn (2011) (D) (F) [993]
The Story of Son (2008) (US)
Ü: Petra Hörburger
Heyne SF & F, 52789: 1. Aufl. (TB) (DE)
144 S., ISBN: 978-3-453-52789-8

Rachel Ward

Den Tod vor Augen (2011) (D) (SF) [994]
The Chaos (2010) (E)
Ü: Uwe-Michael Gutzschhahn
Carlsen Chickenhouse, 52016: 1. Aufl. (TB) (DE)
429 S., ISBN: 978-3-551-52016-6
Serie: Numbers, 2

Robin Wasserman

Wired (2011) (D) (SF) [995]
Wired (2010) (US)
Ü: Claudia Max
Loewe script5, 115: 1. Aufl. (HC) (DE)
384 S., ISBN: 978-3-8390-0115-8
Serie: Lia Kahn, 3

Thomas Wawerka

Wie das Universum und ich Freunde wurden (C) (2011) (D) (PH) [996]
Fabylon Allgemeine Reihe, 34: 1. Aufl. (TB) (OA)
259 S., ISBN: 978-3-927071-34-6

Bettina Weber

Verschwörung im Wolkenschloss (2011) (D) (F) [997]
Noel, 147: 1. Aufl. (HC) (OA)
321 S., ISBN: 978-3-942802-47-5
Serie: Der Rosenmagier, 1

David Weber

Caylebs Plan (2011) (D) (SF) [998]
By Heresies Distressed II (2008) (US)
Ü: Ulf Ritgen
Bastei-Lübbe SF Abenteuer, 23349: 1. Aufl. (TB) (DE)
414 S., ISBN: 978-3-404-23349-6
Serie: Nimue Alban, 6

Die eiserne Festung (2011) (D) (SF) [999]
A Mighty Fortress I (2010) (US)
Ü: Ulf Ritgen
Bastei-Lübbe SF & F, 20233: 1. Aufl. (TB) (DE)
702 S., ISBN: 978-3-404-20233-1
Serie: Nimue Alban, 7

Die Fackel der Freiheit (2011) (D) (SF) [1000]
Torch of Freedom II (2009) (US)
Ü: Ulf Ritgen
Bastei-Lübbe SF & F, 20014: 1. Aufl. (TB) (DE)
524 S., ISBN: 978-3-404-20014-6
Serie: Honor Harrington, 24

Haus der Lügen (2011) (D) (SF) [1001]
A Mighty Fortress II (2010) (US)
Ü: Ulf Ritgen
Bastei-Lübbe SF & F, 20643: 1. Aufl. (TB) (DE)
591 S., ISBN: 978-3-404-20643-8
Serie: Nimue Alban, 8

Jeremy X (2011) (D) (SF) [1002]
Torch of Freedom I (2009) (US)
Ü: Ulf Ritgen
Bastei-Lübbe SF & F, 20015: 1. Aufl. (TB) (DE)
429 S., ISBN: 978-3-404-20015-3
Serie: Honor Harrington, 23

Brent Weeks

Schwarzes Prisma (2011) (D) (F) [1003]
Black Prism (2010) (US)
Ü: Hans Link
Blanvalet Fantasy, 26816: 1. Aufl. (PB) (DE)
797 S., ISBN: 978-3-442-26816-0
Serie: Licht, 1

Barbara Wegener

Das geheimnisvolle Artefakt (2011) (D) (F) [1004]
sfbasar-blog: 1. Aufl. (EP) (OA)
3 S.

Manfred Wegener

(mit: Jeff Mescalero, Peter Theodor)
Ausbruch aus der Ewigkeit (C) (2011) (D) (SF) [1005]
Mohlberg Mark Powers, 27: 1. Aufl. (TB) (NZ)
281 S., ISBN: 978-3-942079-58-7
Serie: Mark Powers (NA), 27

(mit: H.G. Francis, Jeff Mescalero)
Die gnadenlose Sonne (C) (2011) (D) (SF) [1006]
Mohlberg Mark Powers, 20: 1. Aufl. (TB) (NZ)
269 S., ISBN: 978-3-942079-38-9
Serie: Mark Powers (NA), 20

Wettlauf mit dem Tod (C) (2011) (D) (SF) [1007]
Mohlberg Mark Powers, 23: 1. Aufl. (TB) (NZ)
188 S., ISBN: 978-3-942079-48-8
Serie: Mark Powers (NA), 23

Manfred Weinland

Der Conquistador (2011) (D) (SF) [1008]
Bastei 2012 Jahr der Apok., 5: 1. Aufl. (RH) (OA)
65 S.
Serie: 2012 - Jahr der Apokalypse, 5

Die Getilgten (2011) (D) (SF) [1009]
Zaubermond Bad Earth, 26: 1. Aufl. (HC) (OA)
251 S.
Serie: Bad Earth Hardcover, 26

In absoluter Fremde (2011) (D) (SF) [1010]
Zaubermond Bad Earth, 25: 1. Aufl. (HC) (OA)
250 S.
Serie: Bad Earth Hardcover, 25

Der Keller (2011) (D) (SF) [1011]
Bastei Maddrax, 294: 1. Aufl. (RH) (OA)
64 S.
Serie: Maddrax, 294

Die Oort-Erde (2011) (D) (SF) [1012]
Zaubermond Bad Earth, 28: 1. Aufl. (HC) (OA)
251 S.
Serie: Bad Earth Hardcover, 28

Prophet der Apokalypse (2011) (D) (SF) [1013]
Bastei 2012 Jahr der Apok., 6: 1. Aufl. (RH) (OA)
65 S.
Serie: 2012 - Jahr der Apokalypse, 6

Spuren der Vergangenheit (2011) (D) (SF) [1014]
Bastei 2012 Jahr der Apok., 4: 1. Aufl. (RH) (OA)
65 S.
Serie: 2012 - Jahr der Apokalypse, 4

Nico Weiß

Stadt der Toten (2011) (D) (F) [1015]
Libri Books on Demand, 5250: 1. Aufl. (TB) (OA)
310 S., ISBN: 978-3-8423-5250-6
Serie: Dämonentango, 2

Zornige Seelen (2011) (D) (F) [1016]
Libri Books on Demand, 4801: 1. Aufl. (TB) (OA)
282 S., ISBN: 978-3-8423-4801-1
Serie: Dämonentango, 3

Volkmar Weiss

Das Tausendjährige Reich Artam (2011) (D) (AH) [1017]
Arnshaugk Allgemeine Reihe, 45: 1. Aufl. (TB) (OA)
383 S., ISBN: 978-3-926370-45-7

David Wellington

(mit: Will Elliott)
Dark Worlds (C) (2011) (D) (F) [1018]
Thirteen Bullets / The Pilo Family Circus (2008) (US)
Ü: Andreas Decker, Birgit Reß-Bohusch
Piper Fantasy TB, 6843: 1. Aufl. (TB) (NZ)
768 S., ISBN: 978-3-492-26843-1

Vergeltung der Vampire (2011) (D) (HO) [1019]
23 Hours (2009) (US)
Ü: Andreas Decker
Piper Fantasy TB, 6720: 1. Aufl. (TB) (DE)
366 S., ISBN: 978-3-492-26720-5
Serie: Laura Caxton, 4

Dan Wells

Du stirbst zuerst (2011) (D) (PH) [1020]
The Hollow City (2011) (US)
Ü: Jürgen Langowski
Piper Fantasy TB, 6858: 1. Aufl. (PB) (DE)
446 S., ISBN: 978-3-492-26858-5

Mr. Monster (2011) (D) (PH) [1021]
Mr. Monster (2010) (US)
Ü: Jürgen Langowski
Piper Allgemeine Reihe, 7185: 1. Aufl. (TB) (DE)
400 S., ISBN: 978-3-492-27185-1
Serie: Serienkiller, 2

Kathryn Wesley

Das zehnte Königreich (2011) (D) (F) [1022]
The Tenth Kingdom (2000) (US)
Ü: Frauke Meier
Piper Fantasy TB, 6780: 1. Aufl. (TB) (ND) (EA: 2000)
525 S., ISBN: 978-3-492-26780-9

Scott Westerfeld

Behemoth - Im Labyrinth der Macht (2011) (D) (AH) [1023]
Behemoth (2010) (US)
Ü: Andreas Helweg
Bertelsmann cbj Fantasy, 13993: 1. Aufl. (HC) (DE)
507 S., ISBN: 978-3-570-13993-6
Serie: Alek & Deryn, 2

Leviathan - Die geheime Mission (2011) (D) (AH) [1024]
Leviathan (2009) (US)
Ü: Andreas Helweg
Heyne SF & F, 52915: 1. Aufl. (TB) (ND) (EA: 2010)
475 S., ISBN: 978-3-453-52915-1
Serie: Alek & Deryn, 1

Pretty - Erkenne dein Gesicht (2011) (D) (SF) [1025]
Pretties (2005) (US)
Ü: Gabriele Haefs
Carlsen Allgemeine Reihe, 31007: 1. Aufl. (TB) (NA) (EA: 2007)
400 S., ISBN: 978-3-551-31007-1
Serie: Ugly - Pretty - Special, 2

Der Riss (2011) (D) (F) [1026]
Blue Noon (2005) (US)
Ü: Friederike Levin
Carlsen Allgemeine Reihe, 35799: 1. Aufl. (TB) (ND) (EA: 2008)
400 S., ISBN: 978-3-551-35799-1
Serie: Midnighters, 3

Special - Zeig dein wahres Gesicht (2011) (D) (SF) [1027]
Specials (2006) (US)
Ü: Gabriele Haefs
Carlsen Allgemeine Reihe, 31008: 1. Aufl. (TB) (NA) (EA: 2008)
384 S., ISBN: 978-3-551-31008-8
Serie: Ugly - Pretty - Special, 3

Ugly - Verlier nicht dein Gesicht (2011) (D) (SF) [1028]
Uglies (2005) (US)
Ü: Gabriele Haefs
Carlsen Allgemeine Reihe, 31006: 1. Aufl. (TB) (NA) (EA: 2007)
432 S., ISBN: 978-3-551-31006-4
Serie: Ugly - Pretty - Special, 1

Alex Wheeler

Der Aufstand (2011) (D) (SF) [1029]
Uprising (2011) (US)
Ü: Dominik Kuhn
Panini Lucas Books, 2033: 1. Aufl. (TB) (DE)
171 S., ISBN: 978-3-8332-2033-3
Serie: Star Wars - Rebel Force, 6

Laura Whitcomb

Seelenhüter (2011) (D) (PH) [1030]
The Fetch (US)
Ü: Sabine Thiele
Pan Allgemeine Reihe, 28332: 1. Aufl. (HC) (DE)
368 S., ISBN: 978-3-426-28332-5

David Whitley

Die Kathedrale der verlorenen Dinge (2011) (D) (F) [1031]
Chilren of the Lost (2010) (E)
Ü: Peter Beyer
Goldmann Fantasy, 47467: 1. Aufl. (TB) (DE)
446 S., ISBN: 978-3-442-47467-7
Serie: Agora, 2

N.A. Wilden

Stadt der Spinnen (2011) (D) (SF) [1032]
Unitall Anderswelt, 3: 1. Aufl. (HC) (OA)
206 S., ISBN: 978-3-905937-52-7
Serie: Anderswelt, 3

Simone Wilhelmy

Plasmaabweisend (2011) (D) (SF) [1033]
sfbasar-blog: 1. Aufl. (EP) (OA)
5 S.

Der Weltenbaum - Die Flucht (2011) (D) (SF) [1034]
sfbasar-blog: 1. Aufl. (EP) (OA)
9 S.

Eileen Wilks

Blutmagie (2011) (D) (F) [1035]
Blood Magic (2009) (US)
Ü: Stefanie Zeller
Egmont lyx, 8481: 1. Aufl. (TB) (DE)
457 S., ISBN: 978-3-8025-8481-7
Serie: Wolf Shadow, 6

Verbotene Pfade (2011) (D) (F) [1036]
Blood Challenge (2011) (US)
Ü: Stefanie Zeller
Egmont lyx, 8496: 1. Aufl. (TB) (DE)
591 S., ISBN: 978-3-8025-8496-1
Serie: Wolf Shadow, 7

Tad Williams

(mit: Deborah Beale)
Die Geheimnisse der Tinkerfarm (2011) (D) (F) [1037]
The Secrets of the Ordinary Farm (2011) (US)
Ü: Hans-Ulrich Möhring
Klett-Cotta Hobbit-Presse, 93822: 1. Aufl. (HC) (DE)
430 S., ISBN: 978-3-608-93822-7

Das Herz (2011) (D) (F) [1038]
Shadowheart (2010) (US)
Ü: C. Holfelder-von der Tann
Klett-Cotta Hobbit-Presse, 93720: 1. Aufl. (HC) (DE)
878 S., ISBN: 978-3-608-93720-6
Serie: Shadowmarch, 4

Connie Willis

Die Jahre des Schwarzen Todes (2011) (D) (SF) [1039]
Doomsday Book (1992) (US)
Ü: Walter Brumm
Heyne SF & F, 52712: 1. Aufl. (TB) (ND) (EA: 1993)
784 S., ISBN: 978-3-453-52712-6

C.L. Wilson

Königin der Seelen (2011) (D) (F) [1040]
Queen of Song and Souls (2009) (US)
Ü: Britta Evert
Bastei-Lübbe Allgemeine Reihe, 18760: 1. Aufl. (TB) (DE)
587 S., ISBN: 978-3-404-18760-7
Serie: Tairen Soul-Saga, 4

Daniel H. Wilson

Robocalypse (2011) (D) (SF) [1041]
Robocalypse (2011) (US)
Ü: Markus Bennemann
Droemer Paperback, 22600: 1. Aufl. (PB) (DE)
462 S., ISBN: 978-3-426-22600-1

Ryder Windham

Das Breakout-Team (2011) (D) (SF) [1042]
Breakout Squad (2011) (US)
Ü: Dominik Kuhn
Panini Lucas Books, 2245: 1. Aufl. (TB) (DE)
168 S., ISBN: 978-3-8332-2245-0
Serie: Star Wars: Clone Wars: In geh. Miss, 1

Piratenfluch (2011) (D) (SF) [1043]
Curse of the Black Hole Pirates (2011) (US)
Ü: Dominik Kuhn
Panini Lucas Books, 2246: 1. Aufl. (TB) (DE)
168 S., ISBN: 978-3-8332-2246-7
Serie: Star Wars: Clone Wars: In geh. Miss, 2

Cay Winter

Dämonenfieber (2011) (D) (F) [1044]
Egmont lyx, 8296: 1. Aufl. (TB) (OA)
302 S., ISBN: 978-3-8025-8296-7
Serie: Babel, 2

Kim Winter

Sternenschimmer (2011) (D) (SF) [1045]
Planet Girl, 50278: 1. Aufl. (HC) (OA)
576 S., ISBN: 978-3-522-50278-8
Serie: Sternen-Trilogie, 1

Maja Winter

Das geheime Bündnis (2011) (D) (F) [1046]
Blanvalet Fantasy, 26818: 1. Aufl. (PB) (OA)
543 S., ISBN: 978-3-442-26818-4
Serie: Die Drachenjägerin, 2

Das Hohe Spiel (2011) (D) (F) [1047]
Blanvalet Fantasy, 26813: 1. Aufl. (PB) (OA)
541 S., ISBN: 978-3-442-26813-9
Serie: Die Drachenjägerin, 1

Das unterirdische Reich (2011) (D) (F) [1048]
Blanvalet Fantasy, 26823: 1. Aufl. (PB) (OA)
589 S., ISBN: 978-3-442-26823-8
Serie: Die Drachenjägerin, 3

Andreas Winterer

Scott Bradley (C) (2011) (D) (SF) [1049]
evolver, 3: 1. Aufl. (TB) (OA)
211 S., ISBN: 978-3-9502558-3-6

Tobias Wittig

Angriff der Kahla (2011) (D) (SF) [1050]
Reichardt, 97: 1. Aufl. (TB) (OA)
445 S., ISBN: 978-3-939359-97-5

Jonas Wolf

Heldenwinter (2011) (D) (F) [1051]
Piper Fantasy TB, 6719: 1. Aufl. (PB) (OA)
508 S., ISBN: 978-3-492-26719-9

Chris Wooding

Piratenmond (2011) (D) (SF) [1052]
Retribution Fails (2009) (E)
Ü: Peter Robert
Heyne SF & F, 52746: 1. Aufl. (TB) (DE)
576 S., ISBN: 978-3-453-52746-1
Serie: Darian Frey, 1

Jana Wulf

Die düsteren Pläne der Götter (2011) (D) (F) [1053]
Novum pocket, 108: 1. Aufl. (TB) (OA)
620 S., ISBN: 978-3-99010-108-7

Sharon York

Hexenlust 1 (2011) (D) (F) [1054]
Blue Panther, 208: 1. Aufl. (TB) (OA)
192 S., ISBN: 978-3-86277-208-7

Timothy Zahn

Engelssturz (2011) (D) (SF) [1055]
Angelmass (2001) (US)
Ü: Martin Gilbert
Heyne SF & F, 52856: 1. Aufl. (PB) (DE)
608 S., ISBN: 978-3-453-52856-7

Carsten Zehm

Die Diamantschwert-Saga (2011) (D) (F) [1056]
Acabus Fantasy, 80: 1. Aufl. (TB) (OA)
312 S., ISBN: 978-3-941404-80-9
Serie: Abenteuer von Bandath, 1

Zekeriya Zengin

Die Oxygen-Verschwörung (2011) (D) (SF) [1057]
Asaro First Edition, 244: 1. Aufl. (TB) (OA)
384 S., ISBN: 978-3-941930-44-5

Detlev Zesny

Aufbruch (2011) (D) (SF) [1058]
Vindobona, 230: 1. Aufl. (TB) (ND) (EA: 2010)
100 S., ISBN: 978-3-85040-230-9
Serie: Das Zeitportal, 1

André Ziegenmeyer

Sex, Drugs & Feenstaub (C) (2011) (D) (F) [1059]
periplaneta Ed. Drachenfliege, 68: 1. Aufl. (TB) (OA)
93 S., ISBN: 978-3-940767-68-4

Uschi Zietsch

Fyrgar (2011) (D) (F) [1060]
Bastei-Lübbe Fantasy, 28549: 1. Aufl. (PB) (DE)
447 S., ISBN: 978-3-404-28549-5
Serie: Chroniken von Waldsee, 5

Henry Zou

Gedeih und Verderb (2011) (D) (SF) [1061]
Emperor's Mercy (2009) (E)
Ü: Christian Jentzsch
Heyne SF & F, 52782: 1. Aufl. (TB) (DE)
434 S., ISBN: 978-3-453-52782-9
Serie: Warhammer 40000: Bastion-Kriege, 1

Rainer Zube

Eiweiß (2011) (D) (SF) [1062]
Schardt, 598: 1. Aufl. (TB) (OA)
263 S., ISBN: 978-3-89841-598-9

Rainer Zubeil

(mit: Wilfried A. Hary)
Planet der Geflügelten (C) (2011) (D) (SF) [1063]
Mohlberg Terranauten, 5: 1. Aufl. (TB) (NZ)
256 S., ISBN: 978-3-942079-32-7
Serie: Terranauten - TB, 5

(mit: Wilfried A. Hary)
Die Raumschiff-Diebe (C) (2011) (D) (SF) [1064]
Mohlberg Terranauten, 8: 1. Aufl. (TB) (NZ)
236 S., ISBN: 978-3-942079-64-8
Serie: Terranauten - TB, 8

Jo Zybell

Beim Ursprung (2011) (D) (SF) [1065]
Bastei Maddrax, 298: 1. Aufl. (RH) (OA)
64 S.
Serie: Maddrax, 298

Ein Hort des Wissens (2011) (D) (SF) [1066]
Bastei Maddrax, 306: 1. Aufl. (RH) (OA)
64 S.
Serie: Maddrax, 306

Das letzte Duell (2011) (D) (SF) [1067]
Bastei Maddrax, 299: 1. Aufl. (RH) (OA)
64 S.
Serie: Maddrax, 299

Tod einer Königin (2011) (D) (SF) [1068]
Bastei Maddrax, 303: 1. Aufl. (RH) (OA)
64 S.
Serie: Maddrax, 303

Die Traummeister (2011) (D) (F) [1069]
Hoffmann & Campe Allgemeine Reihe, 40312: 1. Aufl. (PB) (OA)
575 S., ISBN: 978-3-455-40312-1

Anthologien

Anonym

Ruf der Sterne (2011) (D) (SF) [1]
Twilight-Line, 85: 1. Aufl. (TB) (OA)
155 S., ISBN: 978-3-941122-85-7

Alisha Bionda

Der Dorn im Auge (2011) (D) (PH) [2]
EDFC Fantasia, 314: 1. Aufl. (EB) (NZ)
241 S.
Serie: Fantasia, 314

Die Eisfrau (2011) (D) (PH) [3]
EDFC Fantasia, 320: 1. Aufl. (EB) (NZ)
128 S.
Serie: Fantasia, 320

Die Moorleichen (2011) (D) (PH) [4]
EDFC Fantasia, 319: 1. Aufl. (EB) (NZ)
229 S.
Serie: Fantasia, 319

Odem des Todes (2011) (D) (HO) [5]
Voodoo Press Allgemeine Reihe, 6: 1. Aufl. (TB) (OA)
264 S., ISBN: 978-3-902802-06-4

Der perfekte Friede (2011) (D) (SF) [6]
p.machinery Dark Wor(l)ds, 1: 1. Aufl. (TB) (OA)
196 S., ISBN: 978-3-942533-05-8

Tot aber feurig (2011) (D) (PH) [7]
EDFC Fantasia, 315: 1. Aufl. (EB) (NZ)
174 S.
Serie: Fantasia, 315

Die Tränen Luzifers (2011) (D) (PH) [8]
EDFC Fantasia, 313: 1. Aufl. (EB) (NZ)
235 S.
Serie: Fantasia, 313

Klaus Bollhöfener

phantastisch! 41 (2011) (D) (SF) [9]
Havemann phantastisch!, 41: 1. Aufl. (A4) (OA)
65 S.

phantastisch! 42 (2011) (D) (SF) [10]
Havemann phantastisch!, 42: 1. Aufl. (A4) (OA)
65 S.

phantastisch! 43 (2011) (D) (SF) [11]
Havemann phantastisch!, 43: 1. Aufl. (A4) (OA)
61 S.

phantastisch! 44 (2011) (D) (SF) [12]
Havemann phantastisch!, 44: 1. Aufl. (A4) (OA)
69 S.

André Boyens

SOL 61 (2011) (D) (SF) [13]
PR Fanzentrale Sol, 61: 1. Aufl. (A4) (OA)
57 S.
Serie: SOL - Das Magazin der PRFZ, 61

SOL 62 (2011) (D) (SF) [14]
PR Fanzentrale Sol, 62: 1. Aufl. (A4) (OA)
49 S.
Serie: SOL - Das Magazin der PRFZ, 62

SOL 63 (2011) (D) (SF) [15]
PR Fanzentrale Sol, 63: 1. Aufl. (A4) (OA)
57 S.
Serie: SOL - Das Magazin der PRFZ, 63

SOL 64 (2011) (D) (SF) [16]
PR Fanzentrale Sol, 64: 1. Aufl. (A4) (OA)
65 S.
Serie: SOL - Das Magazin der PRFZ, 64

Rainer Castor

Das Erbe der Akonen (2011) (D) (SF) [17]
Pabel - Moewig Atlan Buch, 38: 1. Aufl. (HC) (NZ)
443 S., ISBN: 978-3-89064-075-4
Serie: Atlan - Jugendabenteuer, 22

Hetzjagd im Blauen System (2011) (D) (SF) [18]
Pabel - Moewig Atlan Buch, 39: 1. Aufl. (HC) (NZ)
445 S., ISBN: 978-3-86889-160-7
Serie: Atlan - Jugendabenteuer, 23

Robert Draxler

(mit: Peter Hiess)
Super Pulp 1 (2011) (D) (SF) [19]
evolver, 2: 1. Aufl. (RH) (OA)
38 S., ISBN: 978-3-9502558-2-9

Lucas Edel

Uhrwerk Venedig (2011) (D) (F) [20]
Ulrich Burger, 11: 1. Aufl. (TB) (OA)
219 S., ISBN: 978-3-943378-01-6

Jürgen Eglseer

Phantast 3 (2011) (D) (SF) [21]
Privatdruck Phantast, 3: 1. Aufl. (EP) (OA)
66 S.
Serie: Fanzine: Phantast, 3

Wolfgang Ferchl

Zamonien-Kurier - Sonderausgabe Buchhaim (2011) (D) (F) [22]
Knaus: 1. Aufl. (A4) (OA)
4 S.
Serie: Zamonien

Frank Festa

Kannibalen (2011) (D) (HO) [23]
Festa Horror, 1532: 1. Aufl. (TB) (OZ)
314 S., ISBN: 978-3-86552-126-2

Bartholomäus Figatowski

Der Basilikumdrache (2011) (D) (PH) [24]
Nicole Schmenk, 6: 1. Aufl. (HC) (OA)
106 S., ISBN: 978-3-943022-06-3

Brian Frost

(mit: Ronald M. Hahn, Claudia Kern)
Tauchfahrt ins Grauen (2011) (D) (SF) [25]
Romantruhe SF, 22: 1. Aufl. (TB) (NZ)
319 S., ISBN: 978-3-940812-44-5
Serie: Maddrax (TB-Ausgabe), 22

Waltraud Gebert

Götter in Langeweile (2011) (D) (F) [26]
Wendepunkt, 14: 1. Aufl. (TB) (OA)
258 S., ISBN: 978-3-942688-14-7

Harald Giersche

Prototypen und andere Unwägbarkeiten (2011) (D) (SF) [27]
Begedia: 1. Aufl. (TB) (OA)
207 S., ISBN: 978-3-9813946-0-3
Serie: Fantastic Episodes, 5

Space Rocks (2011) (D) (SF) [28]
Begedia, 1: 1. Aufl. (HC) (OA)
320 S., ISBN: 978-3-9813946-1-0
Serie: Fantastic Episodes, 6

Christopher Golden

The New Dead (2011) (D) (HO) [29]
The New Dead (2010) (US)
Ü: Firouzeh Akhavan-Zandjani
Panini Allgemeine Reihe, 2253: 1. Aufl. (PB) (DE)
476 S., ISBN: 978-3-8332-2253-5

Judith Gor

Phantast 2 (2011) (D) (SF) [30]
Privatdruck Phantast, 2: 1. Aufl. (EP) (OA)
83 S.
Serie: Fanzine: Phantast, 2

Phantast 4 (2011) (D) (SF) [31]
Privatdruck Phantast, 4: 1. Aufl. (EP) (OA)
95 S.
Serie: Fanzine: Phantast, 4

Hubert Haensel

Der Auserwählte (2011) (D) (SF) [32]
Pabel - Moewig Perry Rhodan - Buch, 116: 1. Aufl. (HC) (NZ)
400 S., ISBN: 978-3-8118-4102-4
Serie: Perry Rhodan - Buch, 116

Kämpfer für Garbesch (2011) (D) (SF) [33]
Pabel - Moewig Perry Rhodan - Buch, 115: 1. Aufl. (HC) (NZ)
400 S., ISBN: 978-3-8118-4101-7
Serie: Perry Rhodan - Buch, 115

Der Loower und das Auge (2011) (D) (SF) [34]
Pabel - Moewig Perry Rhodan - Buch, 113: 1. Aufl. (HC) (NZ)
400 S., ISBN: 978-3-8118-4099-7
Serie: Perry Rhodan - Buch, 113

Die Sporenschiffe (2011) (D) (SF) [35]
Pabel - Moewig Perry Rhodan - Buch, 114: 1. Aufl. (HC) (NZ)
400 S., ISBN: 978-3-8118-4100-0
Serie: Perry Rhodan - Buch, 114

Ronald M. Hahn

(mit: Frank Hebben, Olaf G. Hilscher, Michael K. Iwoleit)
Nova 18 (2011) (D) (SF) [36]
Nova Nova, 18: 1. Aufl. (TB) (OA)
182 S.
Serie: Nova SF-Magazin, 18

Michael Haitel

AndroXine 5 (2011) (D) (SF) [37]
SFCD AndroXine, 5: 1. Aufl. (EB) (OA)
358 S.
Serie: AndroXine, 5

Anima Migratio (2011) (D) (SF) [38]
p.machinery AndroSF, 11: 1. Aufl. (TB) (OA)
224 S., ISBN: 978-3-942533-17-1
Serie: Die Seelentrinkerin, 2

Brechende Seelen (2011) (D) (SF) [39]
p.machinery AndroSF, 9: 1. Aufl. (TB) (OA)
223 S., ISBN: 978-3-942533-16-4
Serie: Die Seelentrinkerin, 1

Durch die Wand (2011) (D) (PH) [40]
EDFC Fantasia, 334: 1. Aufl. (EB) (OA)
136 S.
Serie: Fantasia, 334

Der Engel auf der Nadelspitze (2011) (D) (PH) [41]
EDFC Fantasia, 335: 1. Aufl. (EB) (OA)
139 S.
Serie: Fantasia, 335

Schäbiges Leben (2011) (D) (PH) [42]
EDFC Fantasia, 333: 1. Aufl. (EB) (OA)
159 S.
Serie: Fantasia, 333

Seelensüchtig (2011) (D) (SF) [43]
p.machinery AndroSF, 14: 1. Aufl. (TB) (OA)
210 S., ISBN: 978-3-942533-18-8
Serie: Die Seelentrinkerin, 3

Zwischen zwei Welten (2011) (D) (PH) [44]
EDFC Fantasia, 332: 1. Aufl. (EB) (OA)
97 S.
Serie: Fantasia, 332

Tanja Heitmann

Stille Nacht (2011) (D) (F) [45]
Rowohlt rororo, 21626: 1. Aufl. (TB) (OA)
187 S., ISBN: 978-3-499-21626-8

Nils Hirseland

Terracom 131 (2011) (D) (SF) [46]
PR Online Club Terracom, 131: 1. Aufl. (EP) (OA)
82 S.
Serie: Terracom - Fanzine, 131

Terracom 132 (2011) (D) (SF) [47]
PR Online Club Terracom, 132: 1. Aufl. (EP) (OA)
63 S.
Serie: Terracom - Fanzine, 132

Terracom 133 (2011) (D) (SF) [48]
PR Online Club Terracom, 133: 1. Aufl. (EP) (OA)
78 S.
Serie: Terracom - Fanzine, 133

Terracom 134 (2011) (D) (SF) [49]
PR Online Club Terracom, 134: 1. Aufl. (EP) (OA)
57 S.
Serie: Terracom - Fanzine, 134

Terracom 135 (2011) (D) (SF) [50]
PR Online Club Terracom, 135: 1. Aufl. (EP) (OA)
59 S.
Serie: Terracom - Fanzine, 135

Terracom 136 (2011) (D) (SF) [51]
PR Online Club Terracom, 136: 1. Aufl. (EP) (OA)
44 S.
Serie: Terracom - Fanzine, 136

Terracom 137 (2011) (D) (SF) [52]
PR Online Club Terracom, 137: 1. Aufl. (EP) (OA)
164 S.
Serie: Terracom - Fanzine, 137

Terracom 138 (2011) (D) (SF) [53]
PR Online Club Terracom, 138: 1. Aufl. (EP) (OA)
118 S.
Serie: Terracom - Fanzine, 138

Terracom 139 (2011) (D) (SF) [54]
PR Online Club Terracom, 139: 1. Aufl. (EP) (OA)
105 S.
Serie: Terracom - Fanzine, 139

Terracom 140 (2011) (D) (SF) [55]
PR Online Club Terracom, 140: 1. Aufl. (EP) (OA)
100 S.
Serie: Terracom - Fanzine, 140

Stefan Holzhauer

Aethergarn (2011) (D) (SF) [56]
Steampunk-Chroniken, 1: 1. Aufl. (EB) (OA)
208 S.
Serie: Steampunk-Chroniken, 1

Nina Horvath

Schattenuhr (2011) (D) (HO) [57]
Blitz Allgemeine Reihe, 324: 1. Aufl. (HC) (OA)
230 S., ISBN: 978-3-89840-324-5

Bernd Hutschenreuther

(mit: Holger Kunadt)
TERRAsse 26 (2011) (D) (SF) [58]
Urania SFC TERRAsse TERRAsse, 26: 1. Aufl. (RH) (OA)
28 S.
Serie: Fanzine: TERRAsse, 26

(mit: Holger Kunadt)
TERRAsse - Das Begleitheft zum PentaCon 2011 (2011) (D) (SF) [59]
Urania SFC TERRAsse PentaCon, 2011: 1. Aufl. (RH) (OA)
35 S.

Theodor Karl Klein

Paladin 172 (2011) (D) (PH) [60]
SFC Thunderbolt Paladin, 172: 1. Aufl. (EP) (OA)
20 S.
Serie: Fanzine: Paladin, 172

Paladin 173 (2011) (D) (PH) [61]
SFC Thunderbolt Paladin, 173: 1. Aufl. (EP) (OA)
28 S.
Serie: Fanzine: Paladin, 173

Paladin 175 (2011) (D) (PH) [62]
SFC Thunderbolt Paladin, 175: 1. Aufl. (EP) (OA)
24 S.
Serie: Fanzine: Paladin, 175

Dieter König

Paradoxon (2011) (D) (SF) [63]
Sarturia SF, 2006: 2. Aufl. (TB) (OA)
211 S., ISBN: 978-3-940830-06-7

Helge Lange

Fur Fiction 3 (2011) (D) (F) [64]
Projekte 188 Edition Solar-X, 1638: 1. Aufl. (TB) (ND) (EA: 2009)
213 S., ISBN: 978-3-86237-638-4

Andreas Leder

Future Magic 70 (2011) (D) (SF) [65]
Privatdruck Future Magic, 70: 1. Aufl. (A4) (OA)
61 S.
Serie: SFC Stardragons - Future Magic, 70

Hans-Stephan Link

Weltentor Fantasy 2 (2011) (D) (F) [66]
Noel, 151: 1. Aufl. (TB) (OA)
271 S., ISBN: 978-3-942802-51-2

Weltentor Science Fiction 2 (2011) (D) (SF) [67]
Noel, 153: 1. Aufl. (TB) (OA)
269 S., ISBN: 978-3-942802-53-6

Weltentor Science Fiction 2 (2011) (D) (SF) [68]
Noel, 156: 1. Aufl. (HC) (OA)
269 S., ISBN: 978-3-942802-56-7

George Lucas

(mit: Donald F. Glut, James Kahn)
Star Wars Episode IV - VI (2011) (D) (SF) [69]
<unbekannt / unknown> (1997) (US)
Ü: Tony Westermayr, Marc Winter
Blanvalet Fantasy, 26805: 1. Aufl. (TB) (NZ)
656 S., ISBN: 978-3-442-26805-4
Serie: Krieg der Sterne

René Moreau

(mit: Olaf Kemmler, Heinz Wipperfürth)
Exodus 28 (2011) (D) (SF) [70]
SF-Flohmarkt Exodus, 28: 1. Aufl. (A4) (OA)
100 S.

Christian Persson

c't 2011 / 2 (2011) (D) (SF) [71]
Heise c't, 201102: 1. Aufl. (A4) (OA)
185 S.

c't 2011 / 3 (2011) (D) (SF) [72]
Heise c't, 201103: 1. Aufl. (A4) (OA)
193 S.

c't 2011 / 4 (2011) (D) (SF) [73]
Heise c't, 201104: 1. Aufl. (A4) (OA)
204 S.

c't 2011 / 5 (2011) (D) (SF) [74]
Heise c't, 201105: 1. Aufl. (A4) (OA)
200 S.

c't 2011 / 6 (2011) (D) (SF) [75]
Heise c't, 201106: 1. Aufl. (A4) (OA)
230 S.

c't 2011 / 7 (2011) (D) (SF) [76]
Heise c't, 201107: 1. Aufl. (A4) (OA)
207 S.

c't 2011 / 8 (2011) (D) (SF) [77]
Heise c't, 201108: 1. Aufl. (A4) (OA)
210 S.

c't 2011 / 9 (2011) (D) (SF) [78]
Heise c't, 201109: 1. Aufl. (A4) (OA)
206 S.

c't 2011 / 10 (2011) (D) (SF) [79]
Heise c't, 201110: 1. Aufl. (A4) (OA)
206 S.

c't 2011 / 11 (2011) (D) (SF) [80]
Heise c't, 201111: 1. Aufl. (A4) (OA)
210 S.

c't 2011 / 12 (2011) (D) (SF) [81]
Heise c't, 201112: 1. Aufl. (A4) (OA)
207 S.

c't 2011 / 13 (2011) (D) (SF) [82]
Heise c't, 201113: 1. Aufl. (A4) (OA)
193 S.

c't 2011 / 14 (2011) (D) (SF) [83]
Heise c't, 201114: 1. Aufl. (A4) (OA)
199 S.

c't 2011 / 15 (2011) (D) (SF) [84]
Heise c't, 201115: 1. Aufl. (A4) (OA)
199 S.

c't 2011 / 16 (2011) (D) (SF) [85]
Heise c't, 201116: 1. Aufl. (A4) (OA)
192 S.

c't 2011 / 17 (2011) (D) (SF) [86]
Heise c't, 201117: 1. Aufl. (A4) (OA)
191 S.

c't 2011 / 18 (2011) (D) (SF) [87]
Heise c't, 201118: 1. Aufl. (A4) (OA)
204 S.

c't 2011 / 19 (2011) (D) (SF) [88]
Heise c't, 201119: 1. Aufl. (A4) (OA)
199 S.

c't 2011 / 20 (2011) (D) (SF) [89]
Heise c't, 201120: 1. Aufl. (A4) (OA)
200 S.

c't 2011 / 21 (2011) (D) (SF) [90]
Heise c't, 201121: 1. Aufl. (A4) (OA)
216 S.

c't 2011 / 22 (2011) (D) (SF) [91]
Heise c't, 201122: 1. Aufl. (A4) (OA)
204 S.

c't 2011 / 23 (2011) (D) (SF) [92]
Heise c't, 201123: 1. Aufl. (A4) (OA)
200 S.

c't 2011 / 24 (2011) (D) (SF) [93]
Heise c't, 201124: 1. Aufl. (A4) (OA)
206 S.

c't 2011 / 25 (2011) (D) (SF) [94]
Heise c't, 201125: 1. Aufl. (A4) (OA)
209 S.

c't 2011 / 26 (2011) (D) (SF) [95]
Heise c't, 201126: 1. Aufl. (A4) (OA)
208 S.

c't 2012 / 1 (2011) (D) (SF) [96]
Heise c't, 201201: 1. Aufl. (A4) (OA)
189 S.

Uwe Post

2012 - T minus Null (2011) (D) (SF) [97]
Begedia: 1. Aufl. (TB) (OA)
344 S., ISBN: 978-3-943795-17-2
Serie: Fantastic Episodes, 7

Golem 92 (2011) (D) (SF) [98]
SFC Thunderbolt Golem, 92: 1. Aufl. (RH) (OA)
23 S.

Golem 93 (2011) (D) (SF) [99]
SFC Thunderbolt Golem, 93: 1. Aufl. (RH) (OA)
23 S.

Golem 94 (2011) (D) (SF) [100]
SFC Thunderbolt Golem, 94: 1. Aufl. (RH) (OA)
23 S.

Horst Pukallus

(mit: Claudia Kern, Stephanie Seidel)
Die Geschöpfe der Fremden (2011) (D) (SF) [101]
Romantruhe SF, 21: 1. Aufl. (TB) (NZ)
318 S., ISBN: 978-3-940812-43-8
Serie: Maddrax (TB-Ausgabe), 21

Hermann Ritter

(mit: Michael Scheuch)
Magira Jahrbuch zur Fantasy 2011 (2011) (D) (F) [102]
Fantasy Club Books on Demand, 11: 1. Aufl. (PB) (OA)
404 S., ISBN: 978-3-935913-11-9
Serie: Magira Jahrbuch zur Fantasy, 2011

Armin Rößler

(mit: Heidrun Jänchen)
Emotio (2011) (D) (SF) [103]
Wurdack SF, 18: 1. Aufl. (TB) (OA)
285 S., ISBN: 978-3-938065-75-4

Erik Schreiber

Geheimnisvolle Geschichten 2 (2011) (D) (F) [104]
Saphir im Stahl, 3: 1. Aufl. (HC) (OA)
205 S., ISBN: 978-3-9813823-3-4
Serie: Steampunk

Rupert Schwarz

Phantast 1 (2011) (D) (SF) [105]
Privatdruck Phantast, 1: 1. Aufl. (EP) (OA)
73 S.
Serie: Fanzine: Phantast, 1

Rainer Schwippl

SpecFlash 8 (2011) (D) (SF) [106]
SciFi-World Medien SpecFlash, 8: 1. Aufl. (EP) (OA)
132 S.
Serie: Fanzine SpecFlash, 8

SpecFlash 9 (2011) (D) (SF) [107]
SciFi-World Medien SpecFlash, 9: 1. Aufl. (EP) (OA)
135 S.
Serie: Fanzine SpecFlash, 9

SpecFlash 10 (2011) (D) (SF) [108]
SciFi-World Medien SpecFlash, 10: 1. Aufl. (EP) (OA)
132 S.
Serie: Fanzine SpecFlash, 10

Ulrike Stegemann

Elfenschrift 29 (2011) (D) (F) [109]
Privatdruck Elfenschrift, 29: 1. Aufl. (RH) (OA)
38 S.

Elfenschrift 30 (2011) (D) (F) [110]
Privatdruck Elfenschrift, 30: 1. Aufl. (RH) (OA)
42 S.

Elfenschrift 31 (2011) (D) (F) [111]
Privatdruck Elfenschrift, 31: 1. Aufl. (RH) (OA)
42 S.

Elfenschrift 32 (2011) (D) (F) [112]
Privatdruck Elfenschrift, 32: 1. Aufl. (RH) (OA)
42 S.

Dirk Van den Boom

Nur drei Stunden (2011) (D) (SF) [113]
Atlantis Ikarus Sonderband, 4: 1. Aufl. (TB) (OA)
95 S., ISBN: 978-3-941258-62-4
Serie: Rettungskreuzer Ikarus

Bernd Walter

Böse Hexen (2011) (D) (PH) [114]
XUN TB, 6: 1. Aufl. (GB) (OA)
93 S., ISBN: 978-3-8423-7759-2
Serie: XUN - Fantastische Geschichten, 6

Die Magnethaube (2011) (D) (PH) [115]
XUN TB, 5: 1. Aufl. (GB) (OA)
91 S., ISBN: 978-3-8423-5215-5
Serie: XUN - Fantastische Geschichten, 5

Mondgeschichten (2011) (D) (PH) [116]
XUN Anthologie, 2011: 1. Aufl. (GB) (OA)
135 S., ISBN: 978-3-8448-0175-0
Serie: XUN - Anthologie, 2

Tor zum Himmel (2011) (D) (PH) [117]
XUN, 27: 1. Aufl. (RH) (OA)
98 S.
Serie: Fanzine: XUN, 27

Dayton Ward

(mit: Kevin Dilmore, David Mack, Marco Palmieri)
Enthüllungen (2011) (D) (SF) [118]
Declassified (2011) (US)
Ü: Stephanie Pannen, Christian Humberg, Anika Klüver, Susanne Picard
Cross Cult Star Trek Vanguard, 6: 1. Aufl. (TB) (DE)
470 S., ISBN: 978-3-941248-10-6
Serie: Enterprise - Vanguard, 6

Christoph Weidler

Phase X 8 (2011) (D) (SF) [119]
Atlantis Phase X, 8: 1. Aufl. (GB) (OA)
122 S., ISBN: 978-3-941258-91-4

Jörg E. Weigand

Zwei Engel der Nacht (2011) (D) (F) [120]
Fabylon Allgemeine Reihe, 33: 1. Aufl. (TB) (OA)
246 S., ISBN: 978-3-927071-33-9

Maria Weise

Es wird einmal (2011) (D) (SF) [121]
net Allgemeine Reihe, 47: 1. Aufl. (TB) (OA)
178 S., ISBN: 978-3-942229-47-0

Hendrik Werner

Bremen 2041 (2011) (D) (SF) [122]
Weser-Kurier, 34: 1. Aufl. (TB) (OA)
201 S., ISBN: 978-3-938795-34-7

Adriana Wipperling

Das Zeitschiff der Tannari (2011) (D) (SF) [123]
Engelsdorfer Allgemeine Reihe, 2149: 1. Aufl. (TB) (OA)
129 S., ISBN: 978-3-86268-149-5

Stories

Hans-Jürgen Abraham

Elegie eines Maddrax-Geschädigten (2011) (D) (Lyrik) [1]
1 S.
   Christian Schwarz
   Die heilige Stadt (SF)
   Bastei Maddrax, 291

Loblied auf Maddrax (2011) (D) (Lyrik) [2]
1 S.
   Christian Schwarz
   Die heilige Stadt (SF)
   Bastei Maddrax, 291

Akurei

Die Nase eines Werwolfs (2009) (D) [3]
4 S.
   Helge Lange (Hrsg.)
   Fur Fiction 3 (F)
   Projekte 188 Edition Solar-X, 1638, 978-3-86237-638-4

Jürgen Alberts

Cyber Valley (2011) (D) [4]
6 S.
   Hendrik Werner (Hrsg.)
   Bremen 2041 (SF)
   Weser-Kurier, 34, 978-3-938795-34-7

Susanne Ulrike Maria Albrecht

Ein nächtlicher Streifzug (2011) (D) [5]
2 S.
   Rainer Schwippl (Hrsg.)
   SpecFlash 10 (SF)
   SciFi-World Medien SpecFlash, 10

Klara Alkin

Das Höllenwesen (2011) (D) [6]
3 S.
   Ulrike Stegemann (Hrsg.)
   Elfenschrift 30 (F)
   Privatdruck Elfenschrift, 30

Der schwarze Mann (2011) (D) [7]
7 S.
   Bernd Walter (Hrsg.)
   Die Magnethaube (PH)
   XUN TB, 5, 978-3-8423-5215-5

Nina Allan

Angelus (2011) (D) [8]
Angelus (2008) (E)
Ü: Ulrich Blode
14 S.
   Christoph Weidler (Hrsg.)
   Phase X 8 (SF)
   Atlantis Phase X, 8, 978-3-941258-91-4

Susann Obando Amendt

Das Flüstern in den Zweigen (2011) (D) [9]
3 S.
   Ulrike Stegemann (Hrsg.)
   Elfenschrift 31 (F)
   Privatdruck Elfenschrift, 31

Martin W. Angler

Der umgekehrte Geburtshelfer (2011) (D) [10]
7 S.
   Hans-Stephan Link (Hrsg.)
   Weltentor Science Fiction 2 (SF)
   Noel, 153, 978-3-942802-53-6

Der umgekehrte Geburtshelfer (2011) (D) [11]
7 S.
   Hans-Stephan Link (Hrsg.)
   Weltentor Science Fiction 2 (SF)
   Noel, 156, 978-3-942802-56-7

Simon Anhut

Der Preis der Macht (2011) (D) [12]
5 S.
   Rainer Schwippl (Hrsg.)
   SpecFlash 9 (SF)
   SciFi-World Medien SpecFlash, 9

Anonym

Einleitung zu Tot aber feurig (2011) (D) [13]
6 S.
   Alisha Bionda (Hrsg.)
   Tot aber feurig (PH)
   EDFC Fantasia, 315

Prolog im Tiefenraum der Intermundien (2011) (D) [14]
4 S.
   Inge Ried, Beatrice Nunold, Detlef Welker
   ZeiTraum (C) (SF)
   Papierflieger, 146, 978-3-86948-146-3

Anonym (Weltenwanderer)

Gewürfelte Zeit (2011) (D) [15]
8 S.
   Rupert Schwarz (Hrsg.)
   Phantast 1 (SF)
   Privatdruck Phantast, 1

Marco Ansing

Großwildjagd (2009) (D) [16]
13 S.
   Helge Lange (Hrsg.)
   Fur Fiction 3 (F)
   Projekte 188 Edition Solar-X, 1638, 978-3-86237-638-4

Großwildjagd (2011) (D) [17]
22 S.
   Anonym (Hrsg.)
   Ruf der Sterne (SF)
   Twilight-Line, 85, 978-3-941122-85-7

Kegeln mit der Apokalypse (2011) (D) [18]
12 S.
   Waltraud Gebert (Hrsg.)
   Götter in Langeweile (F)
   Wendepunkt, 14, 978-3-942688-14-7

Kelley Armstrong

Zum Leben verurteilt (2011) (D) [19]
Life Sentence (2010) (US)
Ü: Firouzeh Akhavan-Zandjani
20 S.
  Christopher Golden (Hrsg.)
  The New Dead (HO)
  Panini Allgemeine Reihe, 2253, 978-3-8332-2253-5

Christian von Aster

Biedermanns Bilanz (2011) (D) [20]
8 S.
  Boris Koch, Christian von Aster, Markolf Hoffmann
  Rückkehr ins Stirnhirnhinterzimmer (C) (PH)
  UBooks, 9, 978-3-939239-09-3

Die dunkle Seite des Plüsch (2011) (D) [21]
12 S.
  Boris Koch, Christian von Aster, Markolf Hoffmann
  Rückkehr ins Stirnhirnhinterzimmer (C) (PH)
  UBooks, 9, 978-3-939239-09-3

Im Schatten des Cadillac (2011) (D) [22]
17 S.
  Boris Koch, Christian von Aster, Markolf Hoffmann
  Rückkehr ins Stirnhirnhinterzimmer (C) (PH)
  UBooks, 9, 978-3-939239-09-3

Nach den Gartenzaunkriegen (2011) (D) [23]
6 S.
  Boris Koch, Christian von Aster, Markolf Hoffmann
  Rückkehr ins Stirnhirnhinterzimmer (C) (PH)
  UBooks, 9, 978-3-939239-09-3

Neulich im Siebten Kreis der Hölle (2011) (D) [24]
11 S.
  Boris Koch, Christian von Aster, Markolf Hoffmann
  Rückkehr ins Stirnhirnhinterzimmer (C) (PH)
  UBooks, 9, 978-3-939239-09-3

Michael Augustin

Einzigartig, dieses hochalpine Seeklima (2011) (D) [25]
6 S.
  Hendrik Werner (Hrsg.)
  Bremen 2041 (SF)
  Weser-Kurier, 34, 978-3-938795-34-7

Tobias Bachmann

Das grüne Licht im Giebelfenster (2011) (D) [26]
15 S.
  Nils Hirseland (Hrsg.)
  Terracom 137 (SF)
  PR Online Club Terracom, 137

Thomas Backus

Die Auferstehung der Toten (2011) (D) [27]
6 S.
  Thomas Backus
  Zombies - Sie werden Dich fressen! (C) (HO)
  Persimplex Allgemeine Reihe, 20, 978-3-86440-020-9

Beweisfotos (2011) (D) [28]
4 S.
  Thomas Backus
  Zombies - Sie werden Dich fressen! (C) (HO)
  Persimplex Allgemeine Reihe, 20, 978-3-86440-020-9

Bürokratie der Gehirntoten (2011) (D) [29]
4 S.
  Thomas Backus
  Zombies - Sie werden Dich fressen! (C) (HO)
  Persimplex Allgemeine Reihe, 20, 978-3-86440-020-9

Die Drei von der Feuerwehr (2011) (D) [30]
34 S.
  Thomas Backus
  Zombies - Sie werden Dich fressen! (C) (HO)
  Persimplex Allgemeine Reihe, 20, 978-3-86440-020-9

Des einen Tod ist des anderen Brot (2011) (D) [31]
5 S.
  Thomas Backus
  Zombies - Sie werden Dich fressen! (C) (HO)
  Persimplex Allgemeine Reihe, 20, 978-3-86440-020-9

Das Ende der Nahrungskette (2011) (D) [32]
15 S.
  Thomas Backus
  Zombies - Sie werden Dich fressen! (C) (HO)
  Persimplex Allgemeine Reihe, 20, 978-3-86440-020-9

Flagge zeigen (2011) (D) [33]
1 S.
  Thomas Backus
  Zombies - Sie werden Dich fressen! (C) (HO)
  Persimplex Allgemeine Reihe, 20, 978-3-86440-020-9

Frauen hinter Gittern (2011) (D) [34]
6 S.
  Thomas Backus
  Zombies - Sie werden Dich fressen! (C) (HO)
  Persimplex Allgemeine Reihe, 20, 978-3-86440-020-9

Das geduldigste Pferd tritt mal aus (2011) (D) [35]
5 S.
  Thomas Backus
  Zombies - Sie werden Dich fressen! (C) (HO)
  Persimplex Allgemeine Reihe, 20, 978-3-86440-020-9

Gemüse ist gesund, Fleisch ist leckerer (2011) (D) [36]
5 S.
  Thomas Backus
  Zombies - Sie werden Dich fressen! (C) (HO)
  Persimplex Allgemeine Reihe, 20, 978-3-86440-020-9

Gerda (2011) (D) [37]
3 S.
  Ulrike Stegemann (Hrsg.)
  Elfenschrift 31 (F)
  Privatdruck Elfenschrift, 31

Gerüttelt, nicht gerührt (2011) (D) [38]
3 S.
  Thomas Backus
  Zombies - Sie werden Dich fressen! (C) (HO)
  Persimplex Allgemeine Reihe, 20, 978-3-86440-020-9

Gotteskrieger (2011) (D) [39]
25 S.
  Thomas Backus
  Zombies - Sie werden Dich fressen! (C) (HO)
  Persimplex Allgemeine Reihe, 20, 978-3-86440-020-9

Ein gottverdammter Held (2011) (D) [40]
9 S.
    Thomas Backus
    Zombies - Sie werden Dich fressen! (C) (HO)
    Persimplex Allgemeine Reihe, 20, 978-3-86440-020-9

Das Grauen kam von den Sternen (2011) (D) [41]
11 S.
    Thomas Backus
    Zombies - Sie werden Dich fressen! (C) (HO)
    Persimplex Allgemeine Reihe, 20, 978-3-86440-020-9

Happy Zombie-Slapping (2011) (D) [42]
10 S.
    Thomas Backus
    Zombies - Sie werden Dich fressen! (C) (HO)
    Persimplex Allgemeine Reihe, 20, 978-3-86440-020-9

Das Heer der Fliegen (2011) (D) [43]
4 S.
    Thomas Backus
    Zombies - Sie werden Dich fressen! (C) (HO)
    Persimplex Allgemeine Reihe, 20, 978-3-86440-020-9

Houston, wir haben ein Problem! (2011) (D) [44]
3 S.
    Thomas Backus
    Zombies - Sie werden Dich fressen! (C) (HO)
    Persimplex Allgemeine Reihe, 20, 978-3-86440-020-9

Kein Aprilscherz (2011) (D) [45]
30 S.
    Thomas Backus
    Zombies - Sie werden Dich fressen! (C) (HO)
    Persimplex Allgemeine Reihe, 20, 978-3-86440-020-9

Ein kleiner Fisch mit großer Wirkung (2011) (D) [46]
10 S.
    Thomas Backus
    Zombies - Sie werden Dich fressen! (C) (HO)
    Persimplex Allgemeine Reihe, 20, 978-3-86440-020-9

Kurtchen und die Frauen (2011) (D) [47]
15 S.
    Thomas Backus
    Zombies - Sie werden Dich fressen! (C) (HO)
    Persimplex Allgemeine Reihe, 20, 978-3-86440-020-9

Das Leben nach dem Tode (2011) (D) [48]
13 S.
    Thomas Backus
    Zombies - Sie werden Dich fressen! (C) (HO)
    Persimplex Allgemeine Reihe, 20, 978-3-86440-020-9

Leichenkammer Blues (2011) (D) [49]
7 S.
    Thomas Backus
    Zombies - Sie werden Dich fressen! (C) (HO)
    Persimplex Allgemeine Reihe, 20, 978-3-86440-020-9

Die Leiden der Jenny Werther (2011) (D) [50]
8 S.
    Thomas Backus
    Zombies - Sie werden Dich fressen! (C) (HO)
    Persimplex Allgemeine Reihe, 20, 978-3-86440-020-9

Live-Übertragung aus der Hölle (2011) (D) [51]
4 S.
   Thomas Backus
   Zombies - Sie werden Dich fressen! (C) (HO)
   Persimplex Allgemeine Reihe, 20, 978-3-86440-020-9

Mercedes Benz (2011) (D) [52]
3 S.
   Thomas Backus
   Zombies - Sie werden Dich fressen! (C) (HO)
   Persimplex Allgemeine Reihe, 20, 978-3-86440-020-9

Die Nacht der liebenden Toten (2011) (D) [53]
6 S.
   Thomas Backus
   Zombies - Sie werden Dich fressen! (C) (HO)
   Persimplex Allgemeine Reihe, 20, 978-3-86440-020-9

Nie wieder arbeiten (2011) (D) [54]
7 S.
   Maria Weise (Hrsg.)
   Es wird einmal (SF)
   net Allgemeine Reihe, 47, 978-3-942229-47-0

Nur der Tod macht frei (2011) (D) [55]
11 S.
   Thomas Backus
   Zombies - Sie werden Dich fressen! (C) (HO)
   Persimplex Allgemeine Reihe, 20, 978-3-86440-020-9

Die Poesie des Todes (2011) (D) [56]
4 S.
   Thomas Backus
   Zombies - Sie werden Dich fressen! (C) (HO)
   Persimplex Allgemeine Reihe, 20, 978-3-86440-020-9

Premiere mit Zombies (2011) (D) [57]
3 S.
   Thomas Backus
   Zombies - Sie werden Dich fressen! (C) (HO)
   Persimplex Allgemeine Reihe, 20, 978-3-86440-020-9

Der schlimmste Feind des Soldaten (2011) (D) [58]
10 S.
   Thomas Backus
   Zombies - Sie werden Dich fressen! (C) (HO)
   Persimplex Allgemeine Reihe, 20, 978-3-86440-020-9

Stan Hunters letzte Jagd (2011) (D) [59]
31 S.
   Thomas Backus
   Zombies - Sie werden Dich fressen! (C) (HO)
   Persimplex Allgemeine Reihe, 20, 978-3-86440-020-9

Sternen-Zombies (2011) (D) [60]
17 S.
   Thomas Backus
   Zombies - Sie werden Dich fressen! (C) (HO)
   Persimplex Allgemeine Reihe, 20, 978-3-86440-020-9

Ein Toter mit Herz (2011) (D) [61]
5 S.
   Thomas Backus
   Zombies - Sie werden Dich fressen! (C) (HO)
   Persimplex Allgemeine Reihe, 20, 978-3-86440-020-9

Totgeburt (2011) (D) [62]
5 S.
   Thomas Backus
   Zombies - Sie werden Dich fressen! (C) (HO)
   Persimplex Allgemeine Reihe, 20, 978-3-86440-020-9

Überleben (2011) (D) [63]
9 S.
   Thomas Backus
   Zombies - Sie werden Dich fressen! (C) (HO)
   Persimplex Allgemeine Reihe, 20, 978-3-86440-020-9

Voodoo-Rache (2011) (D) [64]
5 S.
   Thomas Backus
   Zombies - Sie werden Dich fressen! (C) (HO)
   Persimplex Allgemeine Reihe, 20, 978-3-86440-020-9

Wenn ich tot bin (2011) (D) [65]
5 S.
   Thomas Backus
   Zombies - Sie werden Dich fressen! (C) (HO)
   Persimplex Allgemeine Reihe, 20, 978-3-86440-020-9

Wenn Vögel Grippe kriegen und Schweine husten (2011) (D) [66]
9 S.
   Thomas Backus
   Zombies - Sie werden Dich fressen! (C) (HO)
   Persimplex Allgemeine Reihe, 20, 978-3-86440-020-9

Das Wunder der Geburt (2011) (D) [67]
10 S.
   Thomas Backus
   Zombies - Sie werden Dich fressen! (C) (HO)
   Persimplex Allgemeine Reihe, 20, 978-3-86440-020-9

Zombie-Ballern (2011) (D) [68]
14 S.
   Thomas Backus
   Zombies - Sie werden Dich fressen! (C) (HO)
   Persimplex Allgemeine Reihe, 20, 978-3-86440-020-9

Zombies im Mädchenpensionat (2011) (D) [69]
18 S.
   Thomas Backus
   Zombies - Sie werden Dich fressen! (C) (HO)
   Persimplex Allgemeine Reihe, 20, 978-3-86440-020-9

Zum Totlachen (2011) (D) [70]
5 S.
   Thomas Backus
   Zombies - Sie werden Dich fressen! (C) (HO)
   Persimplex Allgemeine Reihe, 20, 978-3-86440-020-9

Volker Bätz

Weihnachtsmärchen (2011) (D) [71]
16 S.
   Alisha Bionda
   Die Mitternachtsträne (F)
   EDFC Fantasia, 350

Alexandra Balzer

Generationen, Konflikte (2011) (D) [72]
11 S.
   Dirk Van den Boom (Hrsg.)
   Nur drei Stunden (SF)
   Atlantis Ikarus Sonderband, 4, 978-3-941258-62-4

Alexander Baneth

Der Stein (2011) (D) [73]
4 S.
  Hans-Stephan Link (Hrsg.)
  Weltentor Science Fiction 2 (SF)
  Noel, 153, 978-3-942802-53-6

Der Stein (2011) (D) [74]
4 S.
  Hans-Stephan Link (Hrsg.)
  Weltentor Science Fiction 2 (SF)
  Noel, 156, 978-3-942802-56-7

Anna Banfhile

Der Engel auf der Nadelspitze (2011) (D) [75]
12 S.
  Michael Haitel (Hrsg.)
  Der Engel auf der Nadelspitze (PH)
  EDFC Fantasia, 335

Ascan von Bargen

Euphoria (2009) (D) [76]
24 S.
  Alisha Bionda (Hrsg.)
  Die Tränen Luzifers (PH)
  EDFC Fantasia, 313

Stefan Barth

Gewitterhexen (2011) (D) [77]
7 S.
  Maria Weise (Hrsg.)
  Es wird einmal (SF)
  net Allgemeine Reihe, 47, 978-3-942229-47-0

Hermann Bauer

Weltneuheit (2011) (D) [78]
4 S.
  Maria Weise (Hrsg.)
  Es wird einmal (SF)
  net Allgemeine Reihe, 47, 978-3-942229-47-0

Lothar Bauer

Portfolio (2011) (D) (Comic) [79]
9 S.
  René Moreau, Olaf Kemmler, Heinz Wipperfürth (Hrsg.)
  Exodus 28 (SF)
  SF-Flohmarkt Exodus, 28

Rudolph Bauer

Retrospektive mit aparten Anglizismen (2011) (D) [80]
6 S.
  Hendrik Werner (Hrsg.)
  Bremen 2041 (SF)
  Weser-Kurier, 34, 978-3-938795-34-7

Olga Baumfels

Zeus als Philosoph (2011) (D) [81]
7 S.
  Waltraud Gebert (Hrsg.)
  Götter in Langeweile (F)
  Wendepunkt, 14, 978-3-942688-14-7

Philipp Baumgärtel

Aranea in capite - Spinne im Kopf (2011) (D) [82]
5 S.
  Christian Persson (Hrsg.)
  c't 2011 / 6 (SF)
  Heise c't, 201106

Anika Beer

Geisterwolf (2011) (D) [83]
  Tanja Heitmann (Hrsg.)
  Stille Nacht (F)
  Rowohlt rororo, 21626, 978-3-499-21626-8

Alexander Beesk

Wasserteilchen (2011) (D) [84]
12 S.
  Hans-Stephan Link (Hrsg.)
  Weltentor Science Fiction 2 (SF)
  Noel, 153, 978-3-942802-53-6

Wasserteilchen (2011) (D) [85]
12 S.
  Hans-Stephan Link (Hrsg.)
  Weltentor Science Fiction 2 (SF)
  Noel, 156, 978-3-942802-56-7

Gabriele U. Behrend

arbophil.reset (2011) (D) [86]
3 S.
  Klaus Bollhöfener (Hrsg.)
  phantastisch! 44 (SF)
  Havemann phantastisch!, 44

Mondkinder (2011) (D) [87]
14 S.
  Bernd Walter (Hrsg.)
  Mondgeschichten (PH)
  XUN Anthologie, 2011, 978-3-8448-0175-0

Patchwork (2011) (D) [88]
9 S.
  *Ronald M. Hahn, Frank Hebben, Olaf G. Hilscher, Michael K. Iwoleit
  (Hrsg.)*
  Nova 18 (SF)
  Nova Nova, 18

Sunny (2011) (D) [89]
28 S.
  Michael Haitel (Hrsg.)
  Anima Migratio (SF)
  p.machinery AndroSF, 11, 978-3-942533-17-1

Stefan Bellack

Die Buche, die Liebe und der Tod (2011) (D) (Lyrik) [90]
1 S.
  Ulrike Stegemann (Hrsg.)
  Elfenschrift 31 (F)
  Privatdruck Elfenschrift, 31

Aimee Bender

Unter uns (2011) (D) [91]
<unbekannt / unknown> (2010) (US)
Ü: Firouzeh Akhavan-Zandjani
6 S.
  Christopher Golden (Hrsg.)
  The New Dead (HO)
  Panini Allgemeine Reihe, 2253, 978-3-8332-2253-5

Jörg Benne

Die Lektion (2011) (D) [92]
9 S.
  Waltraud Gebert (Hrsg.)
  Götter in Langeweile (F)
  Wendepunkt, 14, 978-3-942688-14-7

Elmar Benninghaus

Frösche für den Mars (2011) (D) [93]
38 S.
  Elmar Benninghaus
  Futuristische Mord-Fiktionen (C) (SF)
  Libri Books on Demand, 1250, 978-3-8448-1250-3

Kleine Sachen, große Wirkung (2011) (D) [94]
7 S.
  Elmar Benninghaus
  Futuristische Mord-Fiktionen (C) (SF)
  Libri Books on Demand, 1250, 978-3-8448-1250-3

Konspirative Virtualitäten (2011) (D) [95]
16 S.
  Elmar Benninghaus
  Futuristische Mord-Fiktionen (C) (SF)
  Libri Books on Demand, 1250, 978-3-8448-1250-3

Kunstfrage (2011) (D) [96]
14 S.
  Elmar Benninghaus
  Futuristische Mord-Fiktionen (C) (SF)
  Libri Books on Demand, 1250, 978-3-8448-1250-3

Lichtverhältnisse (2011) (D) [97]
24 S.
  Elmar Benninghaus
  Futuristische Mord-Fiktionen (C) (SF)
  Libri Books on Demand, 1250, 978-3-8448-1250-3

Die Rückkehr der Frösche (2011) (D) [98]
6 S.
  Elmar Benninghaus
  Futuristische Mord-Fiktionen (C) (SF)
  Libri Books on Demand, 1250, 978-3-8448-1250-3

Sprung (2011) (D) [99]
12 S.
  Elmar Benninghaus
  Futuristische Mord-Fiktionen (C) (SF)
  Libri Books on Demand, 1250, 978-3-8448-1250-3

Ungebunden (2011) (D) [100]
12 S.
  Elmar Benninghaus
  Futuristische Mord-Fiktionen (C) (SF)
  Libri Books on Demand, 1250, 978-3-8448-1250-3

Bensonmem

Fett II - Fett Reloaded (2011) (D) [101]
13 S.
  Hans-Stephan Link (Hrsg.)
  Weltentor Science Fiction 2 (SF)
  Noel, 153, 978-3-942802-53-6

Fett II - Fett Reloaded (2011) (D) [102]
13 S.
  Hans-Stephan Link (Hrsg.)
  Weltentor Science Fiction 2 (SF)
  Noel, 156, 978-3-942802-56-7

Anne Bentkamp

Philemon und Baucis - Eine Annäherung (2011) (D) [103]
5 S.
  Waltraud Gebert (Hrsg.)
  Götter in Langeweile (F)
  Wendepunkt, 14, 978-3-942688-14-7

Hanno Berg

Der braune Puder (2011) (D) [104]
12 S.
  Michael Haitel (Hrsg.)
  Schäbiges Leben (PH)
  EDFC Fantasia, 333

Die Dracheninsel (2011) (D) [105]
3 S.
  Bernd Walter (Hrsg.)
  Tor zum Himmel (PH)
  XUN, 27

Tolos Schatz (2011) (D) [106]
14 S.
  Michael Haitel (Hrsg.)
  Der Engel auf der Nadelspitze (PH)
  EDFC Fantasia, 335

Marika Bergmann

Union U (2011) (D) [107]
8 S.
  Bartholomäus Figatowski (Hrsg.)
  Der Basilikumdrache (PH)
  Nicole Schmenk, 6, 978-3-943022-06-3

Michael Berminé

Halblicht (2011) (D) [108]
5 S.
  Bernd Walter (Hrsg.)
  Tor zum Himmel (PH)
  XUN, 27

Tanja Bern

Feenwinter (2011) (D) [109]
17 S.
  Alisha Bionda
  Die Mitternachtsträne (F)
  EDFC Fantasia, 350

W. Berner

An Bord der LURKNIK (2011) (D) [110]
16 S.
  Bernd Walter (Hrsg.)
  Tor zum Himmel (PH)
  XUN, 27

Humaner Strafvollzug (2011) (D) [111]
14 S.
  Bernd Walter (Hrsg.)
  Die Magnethaube (PH)
  XUN TB, 5, 978-3-8423-5215-5

Ein Licht in der Nacht (2011) (D) [112]
14 S.
  Bernd Walter (Hrsg.)
  Böse Hexen (PH)
  XUN TB, 6, 978-3-8423-7759-2

Der verbotene Blick (2011) (D) [113]
15 S.
  Bernd Walter (Hrsg.)
  Mondgeschichten (PH)
  XUN Anthologie, 2011, 978-3-8448-0175-0

Weihnachtszeit (2011) (D) (Lyrik) [114]
1 S.
  Ulrike Stegemann (Hrsg.)
  Elfenschrift 32 (F)
  Privatdruck Elfenschrift, 32

Martina Bethe-Hartwig

Hundertzehner (2011) (D) [115]
8 S.
  Hans-Stephan Link (Hrsg.)
  Weltentor Science Fiction 2 (SF)
  Noel, 153, 978-3-942802-53-6

Hundertzehner (2011) (D) [116]
8 S.
  Hans-Stephan Link (Hrsg.)
  Weltentor Science Fiction 2 (SF)
  Noel, 156, 978-3-942802-56-7

Barbara Beyss

Die Farbe namens Dunkelheit (2011) (D) [117]
37 S.
  Hermann Ritter, Michael Scheuch (Hrsg.)
  Magira Jahrbuch zur Fantasy 2011 (F)
  Fantasy Club Books on Demand, 11, 978-3-935913-11-9

Alisha Bionda

Fenster der Seele (2011) (D) [118]
18 S.
  Michael Haitel (Hrsg.)
  Der Engel auf der Nadelspitze (PH)
  EDFC Fantasia, 335

Mephisto (2009) (D) [119]
46 S.
  Alisha Bionda (Hrsg.)
  Die Tränen Luzifers (PH)
  EDFC Fantasia, 313

Die Moorleichen (2011) (D) [120]
19 S.
  Alisha Bionda (Hrsg.)
  Die Moorleichen (PH)
  EDFC Fantasia, 319

Die Rote Mary (2011) (D) [121]
18 S.
Alisha Bionda (Hrsg.)
Die Tränen Luzifers (PH)
EDFC Fantasia, 313

Seelenpfand (2011) (D) [122]
22 S.
Alisha Bionda (Hrsg.)
Der Dorn im Auge (PH)
EDFC Fantasia, 314

Unter dunklen Schwingen trifft dich Ischariots Kuss (2009) (D) [123]
44 S.
Alisha Bionda (Hrsg.)
Der Dorn im Auge (PH)
EDFC Fantasia, 314

Stephen R. Bissette

Copper (2011) (D) [124]
Copper (2010) (US)
Ü: Firouzeh Akhavan-Zandjani
40 S.
Christopher Golden (Hrsg.)
The New Dead (HO)
Panini Allgemeine Reihe, 2253, 978-3-8332-2253-5

Nina Blazon

Tom Jofnurs Lied (2011) (D) [125]
Tanja Heitmann (Hrsg.)
Stille Nacht (F)
Rowohlt rororo, 21626, 978-3-499-21626-8

Benjamin Blizz

Die Macht der Kristalle (2011) (D) [126]
7 S.
Hans-Stephan Link (Hrsg.)
Weltentor Science Fiction 2 (SF)
Noel, 153, 978-3-942802-53-6

Die Macht der Kristalle (2011) (D) [127]
7 S.
Hans-Stephan Link (Hrsg.)
Weltentor Science Fiction 2 (SF)
Noel, 156, 978-3-942802-56-7

Robert Bloch

Das Festmahl in der Abtei (2011) (D) [128]
The Feast in the Abbey (1930) (US)
Ü: Michael Plogmann
12 S.
Frank Festa (Hrsg.)
Kannibalen (HO)
Festa Horror, 1532, 978-3-86552-126-2

Andreas Blome

Jomikel (1) (2011) (D) [129]
19 S.
Rainer Schwippl (Hrsg.)
SpecFlash 10 (SF)
SciFi-World Medien SpecFlash, 10

Frank P. Böhmert

An die Prinzessin der Schulhöfe (2011) (D) (Lyrik) [130]
2 S.
Frank P. Böhmert
Ein cooler Hund (C) (PH)
p.machinery Außer der Reihe, 2, 978-3-942533-21-8

California Life (2011) (D) [131]
2 S.
Frank P. Böhmert
Ein cooler Hund (C) (PH)
p.machinery Außer der Reihe, 2, 978-3-942533-21-8

Ein cooler Hund (2011) (D) (Lyrik) [132]
3 S.
Frank P. Böhmert
Ein cooler Hund (C) (PH)
p.machinery Außer der Reihe, 2, 978-3-942533-21-8

Dein blauer Schal (2011) (D) (Lyrik) [133]
1 S.
Frank P. Böhmert
Ein cooler Hund (C) (PH)
p.machinery Außer der Reihe, 2, 978-3-942533-21-8

Das erste Böhm blutet (2011) (D) (Lyrik) [134]
2 S.
Frank P. Böhmert
Ein cooler Hund (C) (PH)
p.machinery Außer der Reihe, 2, 978-3-942533-21-8

Fallmann (2011) (D) [135]
1 S.
Frank P. Böhmert
Ein cooler Hund (C) (PH)
p.machinery Außer der Reihe, 2, 978-3-942533-21-8

Freunde (2011) (D) (Lyrik) [136]
1 S.
Frank P. Böhmert
Ein cooler Hund (C) (PH)
p.machinery Außer der Reihe, 2, 978-3-942533-21-8

Gebet (2011) (D) (Lyrik) [137]
1 S.
Frank P. Böhmert
Ein cooler Hund (C) (PH)
p.machinery Außer der Reihe, 2, 978-3-942533-21-8

Harald ist auch so einer (2011) (D) [138]
1 S.
Frank P. Böhmert
Ein cooler Hund (C) (PH)
p.machinery Außer der Reihe, 2, 978-3-942533-21-8

Homöo und Julia (2011) (D) (Lyrik) [139]
1 S.
Frank P. Böhmert
Ein cooler Hund (C) (PH)
p.machinery Außer der Reihe, 2, 978-3-942533-21-8

Ich liege hier (2011) (D) (Lyrik) [140]
2 S.
Frank P. Böhmert
Ein cooler Hund (C) (PH)
p.machinery Außer der Reihe, 2, 978-3-942533-21-8

Jesus klebt (2011) (D) [141]
2 S.
  Frank P. Böhmert
  Ein cooler Hund (C) (PH)
  p.machinery Außer der Reihe, 2, 978-3-942533-21-8

Leitz Cowboy (2011) (D) (Lyrik) [142]
1 S.
  Frank P. Böhmert
  Ein cooler Hund (C) (PH)
  p.machinery Außer der Reihe, 2, 978-3-942533-21-8

Manchmal klappts und manchmal nicht (2011) (D) (Lyrik) [143]
2 S.
  Frank P. Böhmert
  Ein cooler Hund (C) (PH)
  p.machinery Außer der Reihe, 2, 978-3-942533-21-8

Na ja, und Weihnachten (2011) (D) (Lyrik) [144]
2 S.
  Frank P. Böhmert
  Ein cooler Hund (C) (PH)
  p.machinery Außer der Reihe, 2, 978-3-942533-21-8

Nachtleben (2011) (D) (Lyrik) [145]
2 S.
  Frank P. Böhmert
  Ein cooler Hund (C) (PH)
  p.machinery Außer der Reihe, 2, 978-3-942533-21-8

No Problem, Sir! (2011) (D) (Lyrik) [146]
6 S.
  Frank P. Böhmert
  Ein cooler Hund (C) (PH)
  p.machinery Außer der Reihe, 2, 978-3-942533-21-8

Pisskopf (2011) (D) [147]
1 S.
  Frank P. Böhmert
  Ein cooler Hund (C) (PH)
  p.machinery Außer der Reihe, 2, 978-3-942533-21-8

Prometheus und ich (2011) (D) (Lyrik) [148]
2 S.
  Frank P. Böhmert
  Ein cooler Hund (C) (PH)
  p.machinery Außer der Reihe, 2, 978-3-942533-21-8

Quecksilber und Blei: ein Brief (2011) (D) (Lyrik) [149]
3 S.
  Frank P. Böhmert
  Ein cooler Hund (C) (PH)
  p.machinery Außer der Reihe, 2, 978-3-942533-21-8

Timmendorfer Winterstrand (2011) (D) (Lyrik) [150]
2 S.
  Frank P. Böhmert
  Ein cooler Hund (C) (PH)
  p.machinery Außer der Reihe, 2, 978-3-942533-21-8

Transalpino (2011) (D) [151]
2 S.
  Frank P. Böhmert
  Ein cooler Hund (C) (PH)
  p.machinery Außer der Reihe, 2, 978-3-942533-21-8

Was Sex ist (2011) (D) (Lyrik) [152]
2 S.
Frank P. Böhmert
Ein cooler Hund (C) (PH)
p.machinery Außer der Reihe, 2, 978-3-942533-21-8

Die wirksamsten Waffen des 20. Jahrhunderts (2011) (D) (Lyrik) [153]
1 S.
Frank P. Böhmert
Ein cooler Hund (C) (PH)
p.machinery Außer der Reihe, 2, 978-3-942533-21-8

Colin Böttger

Papas Welt als Hauch (2011) (D) [154]
6 S.
Hendrik Werner (Hrsg.)
Bremen 2041 (SF)
Weser-Kurier, 34, 978-3-938795-34-7

Dieter Bohn

Die letzte Grenze (2011) (D) [155]
21 S.
Stefan Holzhauer (Hrsg.)
Aethergarn (SF)
Steampunk-Chroniken, 1

Nadine Boos

Emotio (2011) (D) [156]
20 S.
Armin Rößler, Heidrun Jänchen (Hrsg.)
Emotio (SF)
Wurdack SF, 18, 978-3-938065-75-4

Kryophill (2011) (D) [157]
60 S.
Harald Giersche (Hrsg.)
Space Rocks (SF)
Begedia, 1, 978-3-9813946-1-0

Die Schöne, die Dunkle und der Zombie (2011) (D) [158]
3 S.
Klaus Bollhöfener (Hrsg.)
phantastisch! 43 (SF)
Havemann phantastisch!, 43

Manfred Borchard

Bericht an keine Akademie (2011) (D) [159]
10 S.
Jörg E. Weigand (Hrsg.)
Zwei Engel der Nacht (F)
Fabylon Allgemeine Reihe, 33, 978-3-927071-33-9

Frank Borsch

Sternenstaub (2011) (D) (Auszug) [160]
9 S.
Michael Marcus Thurner
Zielpunkt BASIS (SF)
Moewig Perry Rhodan, 2612

Nora Bossong

Die Zukunft ist eine Sphinx (2011) (D) [161]
6 S.
Hendrik Werner (Hrsg.)
Bremen 2041 (SF)
Weser-Kurier, 34, 978-3-938795-34-7

Anthony Boucher

Sie beißen (2011) (D) [162]
They Bite (1943) (US)
Ü: Elke Hosfeld
18 S.
  Frank Festa (Hrsg.)
  Kannibalen (HO)
  Festa Horror, 1532, 978-3-86552-126-2

Jolanda Bouton

Die gute Fee (2011) (D) [163]
4 S.
  Uwe Post (Hrsg.)
  Golem 93 (SF)
  SFC Thunderbolt Golem, 93

Frederic Brake

Homeboy (2011) (D) [164]
30 S.
  Harald Giersche (Hrsg.)
  Space Rocks (SF)
  Begedia, 1, 978-3-9813946-1-0

New Jersey (2011) (D) [165]
28 S.
  Michael Haitel (Hrsg.)
  Seelensüchtig (SF)
  p.machinery AndroSF, 14, 978-3-942533-18-8

Pax vobiscum (2011) (D) [166]
13 S.
  Harald Giersche (Hrsg.)
  Prototypen und andere Unwägbarkeiten (SF)
  Begedia, 978-3-9813946-0-3

Anke Brandt

Salbeiduft (2011) (D) [167]
13 S.
  Erik Schreiber (Hrsg.)
  Geheimnisvolle Geschichten 2 (F)
  Saphir im Stahl, 3, 978-3-9813823-3-4

Martin Brinkmann

Gleichförmigkeit in Patrizierhäusern (2011) (D) [168]
6 S.
  Hendrik Werner (Hrsg.)
  Bremen 2041 (SF)
  Weser-Kurier, 34, 978-3-938795-34-7

Max Brooks

Abschluss mit beschränkter Haftung (2011) (D) [169]
Closure, Ltd. (2010) (US)
Ü: Firouzeh Akhavan-Zandjani
8 S.
  Christopher Golden (Hrsg.)
  The New Dead (HO)
  Panini Allgemeine Reihe, 2253, 978-3-8332-2253-5

Melanie Brosowski

Die Hüterin der Zeit (2011) (D) [170]
3 S.
  Waltraud Gebert (Hrsg.)
  Götter in Langeweile (F)
  Wendepunkt, 14, 978-3-942688-14-7

Simone Brügging

Kindergarten (2011) (D) [171]
3 S.
  Waltraud Gebert (Hrsg.)
  Götter in Langeweile (F)
  Wendepunkt, 14, 978-3-942688-14-7

Lars Buchmann

Der Jahrmarkt der vergessenen Götter (2011) (D) [172]
12 S.
  Waltraud Gebert (Hrsg.)
  Götter in Langeweile (F)
  Wendepunkt, 14, 978-3-942688-14-7

Linda Budinger

Planet der Riesenfrösche (2011) (D) [173]
4 S.
  Alisha Bionda (Hrsg.)
  Der perfekte Friede (SF)
  p.machinery Dark Wor(l)ds, 1, 978-3-942533-05-8

Wellensang (2011) (D) [174]
11 S.
  Alisha Bionda (Hrsg.)
  Die Moorleichen (PH)
  EDFC Fantasia, 319

Barbara Büchner

Blaubarts Tochter (2011) (D) [175]
20 S.
  Alisha Bionda (Hrsg.)
  Die Moorleichen (PH)
  EDFC Fantasia, 319

Das Geheimnis (2009) (D) [176]
6 S.
  Alisha Bionda (Hrsg.)
  Der Dorn im Auge (PH)
  EDFC Fantasia, 314

Die Weihnachtsbraut (2011) (D) (Auszug) [177]
2 S.
  Rainer Schwippl (Hrsg.)
  SpecFlash 10 (SF)
  SciFi-World Medien SpecFlash, 10

Weihnachtseinkauf (2011) (D) [178]
14 S.
  Alisha Bionda
  Die Mitternachtsträne (F)
  EDFC Fantasia, 350

Die Weihnachtsnacht der Tiere (2011) (D) [179]
11 S.
  Alisha Bionda
  Die Mitternachtsträne (F)
  EDFC Fantasia, 350

Stefan Burban

Schwarze Stürme (2011) (D) [180]
44 S.
  Uwe Post (Hrsg.)
  2012 - T minus Null (SF)
  Begedia, 978-3-943795-17-2

Michael Buttler

Die Gelegenheit seines Lebens (2011) (D) [181]
17 S.
  Erik Schreiber (Hrsg.)
  Geheimnisvolle Geschichten 2 (F)
  Saphir im Stahl, 3, 978-3-9813823-3-4

Karina Cajo

Tagebuch einer Göttin (2011) (D) [182]
15 S.
  Armin Rößler, Heidrun Jänchen (Hrsg.)
  Emotio (SF)
  Wurdack SF, 18, 978-3-938065-75-4

Mike Carey

Dritter Frühling (2011) (D) [183]
Second Wind (2010) (US)
Ü: Firouzeh Akhavan-Zandjani
26 S.
  Christopher Golden (Hrsg.)
  The New Dead (HO)
  Panini Allgemeine Reihe, 2253, 978-3-8332-2253-5

Tanya Carpenter

(mit: Melanie Stone)
Ach du Fröhliche (2011) (D) [184]
18 S.
  Alisha Bionda (Hrsg.)
  Tot aber feurig (PH)
  EDFC Fantasia, 315

Desmodia (2009) (D) [185]
21 S.
  Alisha Bionda (Hrsg.)
  Der Dorn im Auge (PH)
  EDFC Fantasia, 314

(mit: Alisha Bionda, Melanie Stone)
Der Feuerwehrdrache (2011) (D) [186]
20 S.
  Alisha Bionda (Hrsg.)
  Tot aber feurig (PH)
  EDFC Fantasia, 315

Gefallener Engel (2009) (D) [187]
19 S.
  Alisha Bionda (Hrsg.)
  Die Tränen Luzifers (PH)
  EDFC Fantasia, 313

(mit: Alisha Bionda)
Geteiltes Leid wird Freundeseid (2011) (D) [188]
23 S.
  Alisha Bionda (Hrsg.)
  Tot aber feurig (PH)
  EDFC Fantasia, 315

(mit: Alisha Bionda)
Lisa (2011) (D) [189]
18 S.
  Alisha Bionda (Hrsg.)
  Tot aber feurig (PH)
  EDFC Fantasia, 315

(mit: Melanie Stone)
Middeath Crisis (2011) (D) [190]
20 S.
  Alisha Bionda (Hrsg.)
  Tot aber feurig (PH)
  EDFC Fantasia, 315

(mit: Melanie Stone)
Ein neuer Anstrich (2011) (D) [191]
20 S.
  Alisha Bionda (Hrsg.)
  Tot aber feurig (PH)
  EDFC Fantasia, 315

Rabenherz (2011) (D) [192]
18 S.
  Alisha Bionda (Hrsg.)
  Die Eisfrau (PH)
  EDFC Fantasia, 320

(mit: Melanie Stone)
Russische Polonaise (2011) (D) [193]
22 S.
  Alisha Bionda (Hrsg.)
  Tot aber feurig (PH)
  EDFC Fantasia, 315

(mit: Melanie Stone)
Schaschlikspieße und andere Katastrophen (2011) (D) [194]
18 S.
  Alisha Bionda (Hrsg.)
  Tot aber feurig (PH)
  EDFC Fantasia, 315

Septembermond (2011) (D) [195]
11 S.
  Bernd Walter (Hrsg.)
  Böse Hexen (PH)
  XUN TB, 6, 978-3-8423-7759-2

(mit: Melanie Stone)
Die Sternenmacherin (2011) (D) [196]
24 S.
  Alisha Bionda (Hrsg.)
  Der perfekte Friede (SF)
  p.machinery Dark Wor(l)ds, 1, 978-3-942533-05-8

Totem (2011) (D) [197]
15 S.
  Alisha Bionda (Hrsg.)
  Die Moorleichen (PH)
  EDFC Fantasia, 319

Totem (2011) (D) [198]
4 S.
  Michael Haitel (Hrsg.)
  AndroXine 5 (SF)
  SFCD AndroXine, 5

Die Tränen Luzifers (2008) (D) [199]
23 S.
  Alisha Bionda (Hrsg.)
  Die Tränen Luzifers (PH)
  EDFC Fantasia, 313

David Case

Der Kannibalenschmaus (2011) (D) [200]
The Cannibal Feast (1994) (US)
Ü: Michael Plogmann
11 S.
  Frank Festa (Hrsg.)
  Kannibalen (HO)
  Festa Horror, 1532, 978-3-86552-126-2

Johnny Cash

Der Räuber (2011) (D) (Lyrik) [201]
Highwayman (US)
Ü: Klaus-Michael Vent
1 S.
  Peter Emmerich (Hrsg.)
  Sumpfgeblubber 82 (SP)
  Fantasy Club Sumpfgeblubber, 82

Ted Chiang

Ausatmung (2011) (D) [202]
Exhalation (2008) (US)
Ü: molosovsky
19 S.
  Ted Chiang
  Die Hölle ist die Abwesenheit Gottes (C) (SF)
  Golkonda Allgemeine Reihe, 12, 978-3-942396-12-7

Geschichte deines Lebens (2011) (D) [203]
Story of Your Life (1998) (US)
Ü: molosovsky
58 S.
  Ted Chiang
  Die Hölle ist die Abwesenheit Gottes (C) (SF)
  Golkonda Allgemeine Reihe, 12, 978-3-942396-12-7

Die Hölle ist die Abwesenheit Gottes (2011) (D) [204]
Hell is the Absence of God (2001) (US)
Ü: molosovsky
34 S.
  Ted Chiang
  Die Hölle ist die Abwesenheit Gottes (C) (SF)
  Golkonda Allgemeine Reihe, 12, 978-3-942396-12-7

Der Kaufmann am Portal des Alchemisten (2011) (D) [205]
The Merchant and the Alchemist's Gate (2007) (US)
Ü: molosovsky
32 S.
  Ted Chiang
  Die Hölle ist die Abwesenheit Gottes (C) (SF)
  Golkonda Allgemeine Reihe, 12, 978-3-942396-12-7

Der Turmbau zu Babel (2011) (D) [206]
Tower of Babylon (1990) (US)
Ü: molosovsky
30 S.
  Ted Chiang
  Die Hölle ist die Abwesenheit Gottes (C) (SF)
  Golkonda Allgemeine Reihe, 12, 978-3-942396-12-7

John Connolly

Lazarus (2011) (D) [207]
Lazarus (2010) (E)
Ü: Firouzeh Akhavan-Zandjani
10 S.
  Christopher Golden (Hrsg.)
  The New Dead (HO)
  Panini Allgemeine Reihe, 2253, 978-3-8332-2253-5

Amy Craven

Der Bunkerbold (2011) (D) [208]
3 S.
  Ulrike Stegemann (Hrsg.)
  Elfenschrift 29 (F)
  Privatdruck Elfenschrift, 29

Bernard Craw

Prüfung (2011) (D) [209]
7 S.
  René Moreau, Olaf Kemmler, Heinz Wipperfürth (Hrsg.)
  Exodus 28 (SF)
  SF-Flohmarkt Exodus, 28

Tim Curran

Maden (2011) (D) [210]
Maggots (2008) (US)
Ü: Michael Plogmann
40 S.
  Frank Festa (Hrsg.)
  Kannibalen (HO)
  Festa Horror, 1532, 978-3-86552-126-2

Krzysztof T. Dabrowski

Das Drama eines Hellsehers (2011) (D) [211]
5 S.
  Bernd Walter (Hrsg.)
  Die Magnethaube (PH)
  XUN TB, 5, 978-3-8423-5215-5

Schäbiges Leben (2011) (D) [212]
<unbekannt / unknown> (PO)
Ü: Anna Siwik-Kucharczyk
31 S.
  Michael Haitel (Hrsg.)
  Schäbiges Leben (PH)
  EDFC Fantasia, 333

Christian Damerow

Beobachte dein Herz (2011) (D) [213]
9 S.
  Bernd Walter (Hrsg.)
  Tor zum Himmel (PH)
  XUN, 27

Die Magnethaube (2011) (D) [214]
7 S.
  Bernd Walter (Hrsg.)
  Die Magnethaube (PH)
  XUN TB, 5, 978-3-8423-5215-5

Clark Darlton

Exodus der Mutanten (1980) (D) (Roman) [215]
  Hubert Haensel (Hrsg.)
  Der Auserwählte (SF)
  Pabel - Moewig Perry Rhodan - Buch, 116, 978-3-8118-4102-4

Die Materiesenke (1980) (D) (Roman) [216]
   Hubert Haensel (Hrsg.)
   Die Sporenschiffe (SF)
   Pabel - Moewig Perry Rhodan - Buch, 114, 978-3-8118-4100-0

Planet der Gräber (1976) (D) (Roman) [217]
   Rainer Castor (Hrsg.)
   Das Erbe der Akonen (SF)
   Pabel - Moewig Atlan Buch, 38, 978-3-89064-075-4

Luana Da Silva

Spielball der Götter (2011) (D) [218]
7 S.
   Waltraud Gebert (Hrsg.)
   Götter in Langeweile (F)
   Wendepunkt, 14, 978-3-942688-14-7

Peter David

Endspiel (2000) (D) (Roman) [219]
End Game (1997) (US)
Ü: Bernhard Kempen
   Peter David
   Zweifrontenkrieg (C) (SF)
   Cross Cult New Frontier, 2, 978-3-942649-02-5

Ins Leere (2000) (D) (Roman) [220]
Into the Void (1997) (US)
Ü: Bernhard Kempen
143 S.
   Peter David
   Kartenhaus (C) (SF)
   Cross Cult New Frontier, 1, 978-3-942649-01-8

Kartenhaus (2000) (D) (Roman) [221]
House of Cards (1997) (US)
Ü: Bernhard Kempen
152 S.
   Peter David
   Kartenhaus (C) (SF)
   Cross Cult New Frontier, 1, 978-3-942649-01-8

Der Zweifrontenkrieg (2000) (D) (Roman) [222]
The Two-Front War (1997) (US)
Ü: Bernhard Kempen
   Peter David
   Zweifrontenkrieg (C) (SF)
   Cross Cult New Frontier, 2, 978-3-942649-02-5

Mary Janice Davidson

Gar nicht so feenhaft (2011) (D) [223]
Tall, Dark and Not So Faery (2009) (US)
Ü: Barbara Först
82 S.
   Mary Janice Davidson
   Zum Teufel mit Vampiren (HO)
   Egmont lyx, 8461, 978-3-8025-8461-9

Jagdsaison (2011) (D) [224]
Mating Season (2005) (US)
Ü: Barbara Först
78 S.
   Mary Janice Davidson
   Einfach königlich (AH)
   Egmont lyx, 8314, 978-3-8025-8314-8

Miguel De Torres

Die vergessene Stadt (2011) (D) [225]
69 S.
  Miguel De Torres, Wilfried A. Hary
  Die vergessene Stadt / Flucht ins Nirgendwo (C) (SF)
  Hary-Production Star Gate, 95

Kevin Dilmore

Schlechte Nachrichten (2011) (D) [226]
Hard News (2011) (US)
Ü: Susanne Picard
110 S.
  Dayton Ward, Kevin Dilmore, David Mack, Marco Palmieri (Hrsg.)
  Enthüllungen (SF)
  Cross Cult Star Trek Vanguard, 6, 978-3-941248-10-6

Kerstin Dirks

Der erste Kuss (2011) (D) [227]
9 S.
  Alisha Bionda (Hrsg.)
  Der Dorn im Auge (PH)
  EDFC Fantasia, 314

Roselinde Dombach

Götterkind (2011) (D) [228]
10 S.
  Waltraud Gebert (Hrsg.)
  Götter in Langeweile (F)
  Wendepunkt, 14, 978-3-942688-14-7

Liane (2011) (D) [229]
3 S.
  Ulrike Stegemann (Hrsg.)
  Elfenschrift 31 (F)
  Privatdruck Elfenschrift, 31

Andreas Dresen

BioMec (2011) (D) [230]
4 S.
  Bernd Walter (Hrsg.)
  Tor zum Himmel (PH)
  XUN, 27

Lillys Zukunft (2011) (D) [231]
19 S.
  Stefan Holzhauer (Hrsg.)
  Aethergarn (SF)
  Steampunk-Chroniken, 1

Hans Dunkelberg

Geschichtsstunde auf der Venus (2011) (D) [232]
3 S.
  Michael Haitel (Hrsg.)
  Andromeda Nachrichten 232 (SP)
  SFCD Andromeda Nachr., 232

Leviathan. Kind regards (2011) (D) [233]
3 S.
  Michael Haitel (Hrsg.)
  Andromeda Nachrichten 234 (SP)
  SFCD Andromeda Nachr., 234

Die Rätsel der Menschheit (2011) (D) [234]
4 S.
  Michael Haitel (Hrsg.)
  Andromeda Nachrichten 233 (SP)
  SFCD Andromeda Nachr., 233

Unverhofftes Wiedersehen (2011) (D) [235]
9 S.
  Michael Haitel (Hrsg.)
  Andromeda Nachrichten 235 (SP)
  SFCD Andromeda Nachr., 235

Henning Duve

Metamorphosis (2011) (D) [236]
4 S.
  Peter Emmerich (Hrsg.)
  Vom Auftauchen und Wirken der Substanz von Mhjin, Teil 2.01
  - Yddia (SP)
  Fantasy Club

Emilia Dux

Flieg, Goliath (2011) (D) [237]
13 S.
  Lucas Edel (Hrsg.)
  Uhrwerk Venedig (F)
  Ulrich Burger, 11, 978-3-943378-01-6

Marc-Alastor E.-E.

Der Dorn im Auge (2011) (D) [238]
19 S.
  Alisha Bionda (Hrsg.)
  Der Dorn im Auge (PH)
  EDFC Fantasia, 314

Der Dorn im Auge (2011) (D) (Auszug) [239]
1 S.
  Rainer Schwippl (Hrsg.)
  SpecFlash 8 (SF)
  SciFi-World Medien SpecFlash, 8

Erster Gang (2011) (D) (Auszug) [240]
3 S.
  Rainer Schwippl (Hrsg.)
  SpecFlash 8 (SF)
  SciFi-World Medien SpecFlash, 8

Die Vernunft im Blute (2011) (D) (Auszug) [241]
3 S.
  Rainer Schwippl (Hrsg.)
  SpecFlash 8 (SF)
  SciFi-World Medien SpecFlash, 8

Holger Eckhardt

Das letzte Taxi (2011) (D) [242]
8 S.
  *Ronald M. Hahn, Frank Hebben, Olaf G. Hilscher, Michael K. Iwoleit
  (Hrsg.)*
  Nova 18 (SF)
  Nova Nova, 18

Lucas Edel

Der Schlüssel (2011) (D) [243]
12 S.
  Lucas Edel (Hrsg.)
  Uhrwerk Venedig (F)
  Ulrich Burger, 11, 978-3-943378-01-6

Der Tag der Zikade (2011) (D) [244]
14 S.
  Harald Giersche (Hrsg.)
  Prototypen und andere Unwägbarkeiten (SF)
  Begedia, 978-3-9813946-0-3

Simone Edelberg

Kaninchen (2009) (D) [245]
1 S.
  Helge Lange (Hrsg.)
  Fur Fiction 3 (F)
  Projekte 188 Edition Solar-X, 1638, 978-3-86237-638-4

Wenn es dunkel wird (2009) (D) [246]
2 S.
  Helge Lange (Hrsg.)
  Fur Fiction 3 (F)
  Projekte 188 Edition Solar-X, 1638, 978-3-86237-638-4

Wikipedia ist nicht perfekt (2009) (D) [247]
1 S.
  Helge Lange (Hrsg.)
  Fur Fiction 3 (F)
  Projekte 188 Edition Solar-X, 1638, 978-3-86237-638-4

Gregor Eder

Terrain (2011) (D) [248]
10 S.
  Maria Weise (Hrsg.)
  Es wird einmal (SF)
  net Allgemeine Reihe, 47, 978-3-942229-47-0

Helmut Ehls

Sieben von neun Glocken (2011) (D) [249]
20 S.
  Jörg E. Weigand (Hrsg.)
  Zwei Engel der Nacht (F)
  Fabylon Allgemeine Reihe, 33, 978-3-927071-33-9

Thomas Elbel

Asylon (2011) (D) (Auszug) [250]
2 S.
  Klaus Bollhöfener (Hrsg.)
  phantastisch! 43 (SF)
  Havemann phantastisch!, 43

Will Elliott

Hölle (2008) (D) (Roman) [251]
The Pilo Family Circus (2008) (US)
Ü: Birgit Reß-Bohusch
388 S.
  David Wellington, Will Elliott
  Dark Worlds (C) (F)
  Piper Fantasy TB, 6843, 978-3-492-26843-1

Harlan Ellison

Auf der Suche nach dem verlorenen Atlantis (2011) (D) [252]
She's a Young Thing and Cannot Leave Her Mother (1988) (US)
Ü: Michael Plogmann
26 S.
  Frank Festa (Hrsg.)
  Kannibalen (HO)
  Festa Horror, 1532, 978-3-86552-126-2

Peter Emmerich

Freiheit!? (2011) (D) [253]
1 S.
 Peter Emmerich (Hrsg.)
 Vom Auftauchen und Wirken der Substanz von Mhjin, Teil 2.01
 - Yddia (SP)
 Fantasy Club

Im Labyrinth (2011) (D) [254]
3 S.
 Peter Emmerich (Hrsg.)
 Vom Auftauchen und Wirken der Substanz von Mhjin, Teil 2.01
 - Yddia (SP)
 Fantasy Club

Ruf der Träume (2011) (D) [255]
4 S.
 Peter Emmerich (Hrsg.)
 Vom Auftauchen und Wirken der Substanz von Mhjin, Teil 2.01
 - Yddia (SP)
 Fantasy Club

(mit: Joachim Krönke)
THOTHAMON (2011) (D) [256]
8 S.
 Peter Emmerich (Hrsg.)
 Vom Auftauchen und Wirken der Substanz von Mhjin, Teil 2.01
 - Yddia (SP)
 Fantasy Club

Arno Endler

Der Deal (2012) (D) [257]
4 S.
 Christian Persson (Hrsg.)
 c't 2011 / 25 (SF)
 Heise c't, 201125

Erwachen (2011) (D) [258]
3 S.
 Christian Persson (Hrsg.)
 c't 2011 / 20 (SF)
 Heise c't, 201120

Fegefeuer (1) (2011) (D) [259]
3 S.
 Christian Persson (Hrsg.)
 c't 2011 / 4 (SF)
 Heise c't, 201104

Fegefeuer (2) (2011) (D) [260]
3 S.
 Christian Persson (Hrsg.)
 c't 2011 / 5 (SF)
 Heise c't, 201105

Fremde Augen (2011) (D) [261]
26 S.
 Armin Rößler, Heidrun Jänchen (Hrsg.)
 Emotio (SF)
 Wurdack SF, 18, 978-3-938065-75-4

Kritische Masse (1) (2011) (D) [262]
4 S.
 Christian Persson (Hrsg.)
 c't 2011 / 14 (SF)
 Heise c't, 201114

Kritische Masse (2) (2011) (D) [263]
4 S.
Christian Persson (Hrsg.)
c't 2011 / 15 (SF)
Heise c't, 201115

Tod eines Champions (2011) (D) [264]
4 S.
Christian Persson (Hrsg.)
c't 2011 / 9 (SF)
Heise c't, 201109

Vorstellungsgespräch (2011) (D) [265]
4 S.
Christian Persson (Hrsg.)
c't 2011 / 3 (SF)
Heise c't, 201103

Christian Endres

Das erste Orakel (2011) (D) [266]
8 S.
Harald Giersche (Hrsg.)
Prototypen und andere Unwägbarkeiten (SF)
Begedia, 978-3-9813946-0-3

Das Urteil (2011) (D) [267]
12 S.
Alisha Bionda (Hrsg.)
Odem des Todes (HO)
Voodoo Press Allgemeine Reihe, 6, 978-3-902802-06-4

Osman Engin

Städtetour am Meeresgrund (2011) (D) [268]
6 S.
Hendrik Werner (Hrsg.)
Bremen 2041 (SF)
Weser-Kurier, 34, 978-3-938795-34-7

Nicolaus Equiamicus

Die Rosenbrosche (2011) (D) [269]
12 S.
Alisha Bionda (Hrsg.)
Odem des Todes (HO)
Voodoo Press Allgemeine Reihe, 6, 978-3-902802-06-4

Klaus Erichsen

Der Kopf des Schmiedes (2011) (D) [270]
5 S.
Peter Emmerich (Hrsg.)
Vom Auftauchen und Wirken der Substanz von Mhjin, Teil 2.01 -
Yddia (SP)
Fantasy Club

Susanna Ernst

Geschenk eines Engels (2011) (D) [271]
17 S.
Alisha Bionda
Die Mitternachtsträne (F)
EDFC Fantasia, 350

Andreas Eschbach

Ein unbedeutender Mann (2011) (D) [272]
9 S.
Christian Montillon
Navigator Quistus (SF)
Moewig Perry Rhodan, 2614

r. evolver

Rollercoaster of Hate (2011) (D) [273]
8 S.
  Robert Draxler, Peter Hiess (Hrsg.)
  Super Pulp 1 (SF)
  evolver, 2, 978-3-9502558-2-9

H.G. Ewers

Kämpfer für Garbesch (1980) (D) (Roman) [274]
  Hubert Haensel (Hrsg.)
  Kämpfer für Garbesch (SF)
  Pabel - Moewig Perry Rhodan - Buch, 115, 978-3-8118-4101-7

Der verrückte Orbiter (1980) (D) (Roman) [275]
  Hubert Haensel (Hrsg.)
  Die Sporenschiffe (SF)
  Pabel - Moewig Perry Rhodan - Buch, 114, 978-3-8118-4100-0

Wächter der goldenen Stadt (1980) (D) (Roman) [276]
  Hubert Haensel (Hrsg.)
  Die Sporenschiffe (SF)
  Pabel - Moewig Perry Rhodan - Buch, 114, 978-3-8118-4100-0

Zweimal Mexon (2011) (D) (Roman) [277]
  Rainer Castor (Hrsg.)
  Hetzjagd im Blauen System (SF)
  Pabel - Moewig Atlan Buch, 39, 978-3-86889-160-7

Torsten Exter

Dunkle Drachen (2011) (D) [278]
6 S.
  Rainer Schwippl (Hrsg.)
  SpecFlash 9 (SF)
  SciFi-World Medien SpecFlash, 9

Matthias Falke

Die Geschichte der MORNING DOVE (2011) (D) [279]
6 S.
  René Moreau, Olaf Kemmler, Heinz Wipperfürth (Hrsg.)
  Exodus 28 (SF)
  SF-Flohmarkt Exodus, 28

Der Jahrmarkt am Ende der Zeit (2011) (D) [280]
22 S.
  Michael Haitel (Hrsg.)
  Brechende Seelen (SF)
  p.machinery AndroSF, 9, 978-3-942533-16-4

Die steinerne Bibliothek (2011) (D) [281]
40 S.
  Nina Horvath (Hrsg.)
  Schattenuhr (HO)
  Blitz Allgemeine Reihe, 324, 978-3-89840-324-5

Karl Farr

Aus einer anderen Welt (2011) (D) [282]
32 S.
  Michael Haitel (Hrsg.)
  Durch die Wand (PH)
  EDFC Fantasia, 334

Tödliches Virus (2011) (D) [283]
4 S.
  Maria Weise (Hrsg.)
  Es wird einmal (SF)
  net Allgemeine Reihe, 47, 978-3-942229-47-0

Ekaterina Feldmann

Shake it (2011) (D) [284]
6 S.
  Hendrik Werner (Hrsg.)
  Bremen 2041 (SF)
  Weser-Kurier, 34, 978-3-938795-34-7

Bettina Ferbus

Der Bermuda-Quadrant (2011) (D) [285]
24 S.
  Michael Haitel (Hrsg.)
  Anima Migratio (SF)
  p.machinery AndroSF, 11, 978-3-942533-17-1

Gute Geschäfte (2011) (D) [286]
4 S.
  Bernd Walter (Hrsg.)
  Tor zum Himmel (PH)
  XUN, 27

Claas I. Fied

Tertiär (2009) (D) [287]
33 S.
  Helge Lange (Hrsg.)
  Fur Fiction 3 (F)
  Projekte 188 Edition Solar-X, 1638, 978-3-86237-638-4

Christina Fischer

Die weißen Schwingen der Hölle (2011) (D) [288]
12 S.
  Waltraud Gebert (Hrsg.)
  Götter in Langeweile (F)
  Wendepunkt, 14, 978-3-942688-14-7

Andreas Flögel

Die fehlenden Köpfe (2011) (D) [289]
16 S.
  Alisha Bionda (Hrsg.)
  Odem des Todes (HO)
  Voodoo Press Allgemeine Reihe, 6, 978-3-902802-06-4

Bettina Forbrich

Ruf aus dem Nebel (2011) (D) [290]
5 S.
  Bartholomäus Figatowski (Hrsg.)
  Der Basilikumdrache (PH)
  Nicole Schmenk, 6, 978-3-943022-06-3

Karen Joy Fowler

Die Pelican-Bar (2011) (D) [291]
The Pelican Bar (2009) (US)
Ü: Marion Vrbicky
14 S.
  Hermann Ritter, Michael Scheuch (Hrsg.)
  Magira Jahrbuch zur Fantasy 2011 (F)
  Fantasy Club Books on Demand, 11, 978-3-935913-11-9

Sabine Frambach

Schicksal (2011) (D) [292]
9 S.
  Waltraud Gebert (Hrsg.)
  Götter in Langeweile (F)
  Wendepunkt, 14, 978-3-942688-14-7

H.G. Francis

Cosmoport (1974) (D) (Roman) [293]
   H.G. Francis
   Unruhe im Sonnensystem (C) (SF)
   Mohlberg Utopische Welten So., 23, 978-3-942079-49-5

Duell der Agenten (1976) (D) (Roman) [294]
   Rainer Castor (Hrsg.)
   Das Erbe der Akonen (SF)
   Pabel - Moewig Atlan Buch, 38, 978-3-89064-075-4

Krieg der Lenkhellen (1976) (D) (Roman) [295]
   H.G. Francis
   Unruhe im Sonnensystem (C) (SF)
   Mohlberg Utopische Welten So., 23, 978-3-942079-49-5

Das seltsame Genie (1980) (D) (Roman) [296]
   Hubert Haensel (Hrsg.)
   Kämpfer für Garbesch (SF)
   Pabel - Moewig Perry Rhodan - Buch, 115, 978-3-8118-4101-7

Die vollkommene Maske (1970) (D) (Roman) [297]
   H.G. Francis
   Unruhe im Sonnensystem (C) (SF)
   Mohlberg Utopische Welten So., 23, 978-3-942079-49-5

Wachfort SKARABÄUS (1980) (D) (Roman) [298]
   Hubert Haensel (Hrsg.)
   Kämpfer für Garbesch (SF)
   Pabel - Moewig Perry Rhodan - Buch, 115, 978-3-8118-4101-7

Benedikt Franke

Kontakt (2011) (D) [299]
16 S.
   Anonym (Hrsg.)
   Ruf der Sterne (SF)
   Twilight-Line, 85, 978-3-941122-85-7

Verena Freiwald

Brechende Seelen (2011) (D) [300]
88 S.
   Michael Haitel (Hrsg.)
   Brechende Seelen (SF)
   p.machinery AndroSF, 9, 978-3-942533-16-4

Gerd Frey

Handlungsreisende (2011) (D) [301]
10 S.
   Armin Rößler, Heidrun Jänchen (Hrsg.)
   Emotio (SF)
   Wurdack SF, 18, 978-3-938065-75-4

Brian Frost

Die Kristallfestung (2003) (D) (Roman) [302]
110 S.
   Brian Frost, Ronald M. Hahn, Claudia Kern (Hrsg.)
   Tauchfahrt ins Grauen (SF)
   Romantruhe SF, 22, 978-3-940812-44-5

Ruth M. Fuchs

Die Braut des Königs (2011) (D) [303]
11 S.
   Alisha Bionda
   Die Mitternachtsträne (F)
   EDFC Fantasia, 350

Die Eisfrau (2011) (D) [304]
14 S.
  Alisha Bionda (Hrsg.)
  Die Eisfrau (PH)
  EDFC Fantasia, 320

Ein ungeschliffener Diamant (2011) (D) [305]
15 S.
  Alisha Bionda (Hrsg.)
  Die Eisfrau (PH)
  EDFC Fantasia, 320

Was macht der Zwerg hier in der Unterwelt? (2011) (D) [306]
14 S.
  Waltraud Gebert (Hrsg.)
  Götter in Langeweile (F)
  Wendepunkt, 14, 978-3-942688-14-7

Alexander Gail

Das Geheimnis der neuen Welt (2011) (D) [307]
147 S.
  Axel Kruse, Alexander Gail
  Das Geheimnis der neuen Welt (C) (SF)
  Hary-Production Ad Astra TB, 11

Nachts auf dem Highway (2011) (D) [308]
8 S.
  Bernd Walter (Hrsg.)
  Böse Hexen (PH)
  XUN TB, 6, 978-3-8423-7759-2

Dirk Ganser

Das Leuchten in der Ferne (2011) (D) [309]
24 S.
  Harald Giersche (Hrsg.)
  Prototypen und andere Unwägbarkeiten (SF)
  Begedia, 978-3-9813946-0-3

Das Tor (2011) (D) [310]
45 S.
  Lucas Edel (Hrsg.)
  Uhrwerk Venedig (F)
  Ulrich Burger, 11, 978-3-943378-01-6

Uwe Gehrke

Als die Elfen das Fliegen lernen wollten (2011) (D) [311]
1 S.
  Peter Emmerich (Hrsg.)
  Sumpfgeblubber 00 (SP)
  Fantasy Club Sumpfgeblubber, 80

Die Anwerbung (2011) (D) [312]
3 S.
  Peter Emmerich (Hrsg.)
  Sumpfgeblubber 80 (SP)
  Fantasy Club Sumpfgeblubber, 80

Botschafter (2011) (D) [313]
1 S.
  Peter Emmerich (Hrsg.)
  Sumpfgeblubber 82 (SP)
  Fantasy Club Sumpfgeblubber, 82

(mit: Peter Emmerich, Christina Schwanitz)
Der Brief des Theokraten (2011) (D) [314]
4 S.
  Peter Emmerich (Hrsg.)
  Sumpfgeblubber 82 (SP)
  Fantasy Club Sumpfgeblubber, 82

Die dunkle Stadt der Liolin (2011) (D) (Lyrik) [315]
1 S.
  Peter Emmerich (Hrsg.)
  Sumpfgeblubber 88 (SP)
  Fantasy Club Sumpfgeblubber, 88

Das Ende eines Vertrages (2011) (D) [316]
3 S.
  Peter Emmerich (Hrsg.)
  Sumpfgeblubber 80 (SP)
  Fantasy Club Sumpfgeblubber, 80

Farben einer Stadt (2011) (D) (Lyrik) [317]
1 S.
  Peter Emmerich (Hrsg.)
  Sumpfgeblubber 88 (SP)
  Fantasy Club Sumpfgeblubber, 88

Eine fehlgeschlagene Brautwerbung (2011) (D) [318]
1 S.
  Peter Emmerich (Hrsg.)
  Sumpfgeblubber 91 (SP)
  Fantasy Club Sumpfgeblubber, 91

Die Flotte im Nichts (2011) (D) [319]
3 S.
  Peter Emmerich (Hrsg.)
  Vom Auftauchen und Wirken der Substanz von Mhjin, Teil 2.01
  - Yddia (SP)
  Fantasy Club

Der Gefangene (2011) (D) [320]
1 S.
  Peter Emmerich (Hrsg.)
  Sumpfgeblubber 80 (SP)
  Fantasy Club Sumpfgeblubber, 80

Die Gefangene im Turm (2011) (D) [321]
3 S.
  Peter Emmerich (Hrsg.)
  Vom Auftauchen und Wirken der Substanz von Mhjin, Teil 2.01
  - Yddia (SP)
  Fantasy Club

Der gewünschte Mord (2011) (D) [322]
1 S.
  Peter Emmerich (Hrsg.)
  Sumpfgeblubber 80 (SP)
  Fantasy Club Sumpfgeblubber, 80

Das glückliche Volk (2011) (D) [323]
1 S.
  Peter Emmerich (Hrsg.)
  Sumpfgeblubber 80 (SP)
  Fantasy Club Sumpfgeblubber, 80

Die gute Nachricht (2011) (D) [324]
1 S.
  Peter Emmerich (Hrsg.)
  Sumpfgeblubber 89 (SP)
  Fantasy Club Sumpfgeblubber, 89

Der halbe Elf (2011) (D) [325]
1 S.
Peter Emmerich (Hrsg.)
Sumpfgeblubber 81 (SP)
Fantasy Club Sumpfgeblubber, 81

In der Yddia (2011) (D) [326]
16 S.
Peter Emmerich (Hrsg.)
Vom Auftauchen und Wirken der Substanz von Mhjin, Teil 2.01
- Yddia (SP)
Fantasy Club

Kunde aus Titania (2011) (D) (Lyrik) [327]
1 S.
Peter Emmerich (Hrsg.)
Sumpfgeblubber 82 (SP)
Fantasy Club Sumpfgeblubber, 82

Die Legende von den Liolin (2011) (D) [328]
1 S.
Peter Emmerich (Hrsg.)
Vom Auftauchen und Wirken der Substanz von Mhjin, Teil 2.01
- Yddia (SP)
Fantasy Club

Lescani (2011) (D) [329]
15 S.
Peter Emmerich (Hrsg.)
Sumpfgeblubber 86 (SP)
Fantasy Club Sumpfgeblubber, 86

Liegt hier Syrhaven? (2011) (D) [330]
2 S.
Peter Emmerich (Hrsg.)
Sumpfgeblubber 85 (SP)
Fantasy Club Sumpfgeblubber, 85

Neues aus Syrhaven (2011) (D) [331]
6 S.
Peter Emmerich (Hrsg.)
Sumpfgeblubber 89 (SP)
Fantasy Club Sumpfgeblubber, 89

Orks richtig genießen (2011) (D) [332]
1 S.
Peter Emmerich (Hrsg.)
Sumpfgeblubber 91 (SP)
Fantasy Club Sumpfgeblubber, 91

Der Prinz, die Seuche und die Elfe (2011) (D) [333]
1 S.
Peter Emmerich (Hrsg.)
Sumpfgeblubber 92 (SP)
Fantasy Club Sumpfgeblubber, 92

Der Rächer (2011) (D) [334]
1 S.
Peter Emmerich (Hrsg.)
Vom Auftauchen und Wirken der Substanz von Mhjin, Teil 2.01
- Yddia (SP)
Fantasy Club

Rätselhafter Liolin (2011) (D) [335]
39 S.
  Peter Emmerich (Hrsg.)
  Vom Auftauchen und Wirken der Substanz von Mhjin, Teil 2.01
  - Yddia (SP)
  Fantasy Club

Spione (2011) (D) [336]
2 S.
  Peter Emmerich (Hrsg.)
  Sumpfgeblubber 84 (SP)
  Fantasy Club Sumpfgeblubber, 84

Die Spur der Dunklen Götter (2011) (D) [337]
9 S.
  Peter Emmerich (Hrsg.)
  Vom Auftauchen und Wirken der Substanz von Mhjin, Teil 2.01
  - Yddia (SP)
  Fantasy Club

Die Stadt, die niemals träumt (2011) (D) [338]
2 S.
  Peter Emmerich (Hrsg.)
  Sumpfgeblubber 84 (SP)
  Fantasy Club Sumpfgeblubber, 84

Das Steuerverbot (2011) (D) [339]
1 S.
  Peter Emmerich (Hrsg.)
  Sumpfgeblubber 80 (SP)
  Fantasy Club Sumpfgeblubber, 80

Der Streit um den Schuh (2011) (D) [340]
1 S.
  Peter Emmerich (Hrsg.)
  Sumpfgeblubber 80 (SP)
  Fantasy Club Sumpfgeblubber, 80

Tödliche Briefe (2011) (D) [341]
1 S.
  Peter Emmerich (Hrsg.)
  Sumpfgeblubber 82 (SP)
  Fantasy Club Sumpfgeblubber, 82

Der Überlebende (2011) (D) [342]
1 S.
  Peter Emmerich (Hrsg.)
  Vom Auftauchen und Wirken der Substanz von Mhjin, Teil 2.01
  - Yddia (SP)
  Fantasy Club

Eine Verschwörung (2011) (D) [343]
1 S.
  Peter Emmerich (Hrsg.)
  Sumpfgeblubber 80 (SP)
  Fantasy Club Sumpfgeblubber, 80

Die vortreffliche Rüstung (2011) (D) [344]
1 S.
  Peter Emmerich (Hrsg.)
  Sumpfgeblubber 80 (SP)
  Fantasy Club Sumpfgeblubber, 80

Eine Ware aus Aleija-Kish (2011) (D) [345]
1 S.
  Peter Emmerich (Hrsg.)
  Sumpfgeblubber 92 (SP)
  Fantasy Club Sumpfgeblubber, 92

Wie die Mythanen nach Magira kamen (2011) (D) [346]
1 S.
   Peter Emmerich (Hrsg.)
   Sumpfgeblubber 92 (SP)
   Fantasy Club Sumpfgeblubber, 92

Zwei Kaiser (2011) (D) [347]
1 S.
   Peter Emmerich (Hrsg.)
   Sumpfgeblubber 91 (SP)
   Fantasy Club Sumpfgeblubber, 91

Rose Gerdts-Schiffler

Das Seniorendorf (2011) (D) [348]
6 S.
   Hendrik Werner (Hrsg.)
   Bremen 2041 (SF)
   Weser-Kurier, 34, 978-3-938795-34-7

Frank G. Gerigk

Der Haitelist (2011) (D) [349]
2 S.
   Michael Haitel (Hrsg.)
   Andromeda Nachrichten 233 (SP)
   SFCD Andromeda Nachr., 233

Hygiene (2011) (D) [350]
3 S.
   Christian Persson (Hrsg.)
   c't 2011 / 8 (SF)
   Heise c't, 201108

Sasquatch (2011) (D) [351]
24 S.
   Jörg E. Weigand (Hrsg.)
   Zwei Engel der Nacht (F)
   Fabylon Allgemeine Reihe, 33, 978-3-927071-33-9

Dan Gerrit

Erinnerung (2011) (D) [352]
8 S.
   Rainer Schwippl (Hrsg.)
   SpecFlash 9 (SF)
   SciFi-World Medien SpecFlash, 9

Die letzte Zuflucht (2011) (D) [353]
11 S.
   Hans-Stephan Link (Hrsg.)
   Weltentor Science Fiction 2 (SF)
   Noel, 153, 978-3-942802-53-6

Die letzte Zuflucht (2011) (D) [354]
11 S.
   Hans-Stephan Link (Hrsg.)
   Weltentor Science Fiction 2 (SF)
   Noel, 156, 978-3-942802-56-7

Harald Giersche

Facultas Mortalis (2011) (D) (Roman) [355]
56 S.
   Harald Giersche
   Kowa: Im Auftrag Erdas (C) (SF)
   Begedia, 2, 978-3-9813946-2-7

Melinda und Jason (2011) (D) [356]
13 S.
  Dirk Van den Boom (Hrsg.)
  Nur drei Stunden (SF)
  Atlantis Ikarus Sonderband, 4, 978-3-941258-62-4

Die Reise (2011) (D) [357]
14 S.
  Harald Giersche (Hrsg.)
  Prototypen und andere Unwägbarkeiten (SF)
  Begedia, 978-3-9813946-0-3

Venidico (2011) (D) (Roman) [358]
52 S.
  Harald Giersche
  Kowa: Im Auftrag Erdas (C) (SF)
  Begedia, 2, 978-3-9813946-2-7

Greg F. Gifune

Schnee-Engel (2011) (D) [359]
Snow Angels (1999) (US)
Ü: Elke Hosfeld
30 S.
  Frank Festa (Hrsg.)
  Kannibalen (HO)
  Festa Horror, 1532, 978-3-86552-126-2

Donald F. Glut

Das Imperium schlägt zurück (2011) (D) (Roman) [360]
The Empire Strikes Back (1980) (US)
Ü: Tony Westermayr, Marc Winter
195 S.
  George Lucas, Donald F. Glut, James Kahn (Hrsg.)
  Star Wars Episode IV - VI (SF)
  Blanvalet Fantasy, 26805, 978-3-442-26805-4

Stefan Goebels

Serpentine (2011) (D) [361]
24 S.
  Michael Haitel (Hrsg.)
  Seelensüchtig (SF)
  p.machinery AndroSF, 14, 978-3-942533-18-8

Sharerazade (2011) (D) [362]
8 S.
  Hans-Stephan Link (Hrsg.)
  Weltentor Science Fiction 2 (SF)
  Noel, 153, 978-3-942802-53-6

Sharerazade (2011) (D) [363]
8 S.
  Hans-Stephan Link (Hrsg.)
  Weltentor Science Fiction 2 (SF)
  Noel, 156, 978-3-942802-56-7

Katja Göddemeyer

Rendezvous am See (2011) (D) [364]
20 S.
  Jörg E. Weigand (Hrsg.)
  Zwei Engel der Nacht (F)
  Fabylon Allgemeine Reihe, 33, 978-3-927071-33-9

C.S. Goto

Isadors Prüfungen (2008) (D) [365]
The Trials of Isador (2008) (E)
Ü: Christian Jentzsch
34 S.
  C.S. Goto
  Dawn of War (C) (SF)
  Heyne SF & F, 52908, 978-3-453-52908-3

Kriegsbeute (2008) (D) [366]
Ascension (2005) (E)
Ü: Christian Jentzsch
380 S.
  C.S. Goto
  Dawn of War (C) (SF)
  Heyne SF & F, 52908, 978-3-453-52908-3

Kriegsstürme (2008) (D) [367]
Tempest (2006) (E)
Ü: Christian Jentzsch
365 S.
  C.S. Goto
  Dawn of War (C) (SF)
  Heyne SF & F, 52908, 978-3-453-52908-3

Kriegstrommeln (2008) (D) (Roman) [368]
Dawn of War (2004) (E)
Ü: Christian Jentzsch
362 S.
  C.S. Goto
  Dawn of War (C) (SF)
  Heyne SF & F, 52908, 978-3-453-52908-3

David Grashoff

Angst (2009) (D) [369]
26 S.
  Alisha Bionda (Hrsg.)
  Die Tränen Luzifers (PH)
  EDFC Fantasia, 313

Angst (2011) (D) (Auszug) [370]
5 S.
  Rainer Schwippl (Hrsg.)
  SpecFlash 10 (SF)
  SciFi-World Medien SpecFlash, 10

Carol Grayson

Der Grabschänder (2011) (D) (Auszug) [371]
5 S.
  Rainer Schwippl (Hrsg.)
  SpecFlash 8 (SF)
  SciFi-World Medien SpecFlash, 8

Seidendrachen (2011) (D) (Auszug) [372]
4 S.
  Rainer Schwippl (Hrsg.)
  SpecFlash 10 (SF)
  SciFi-World Medien SpecFlash, 10

Karsten Greve

Die Entschädigung (2011) (D) [373]
5 S.
  Ronald M. Hahn, Frank Hebben, Olaf G. Hilscher, Michael K. Iwoleit
  (Hrsg.)
  Nova 18 (SF)
  Nova Nova, 18

Die Reklamation (2011) (D) [374]
2 S.
   Christian Persson (Hrsg.)
   c't 2011 / 19 (SF)
   Heise c't, 201119

Corinna Griesbach

Feenglas (2011) (D) [375]
24 S.
   Michael Haitel (Hrsg.)
   Brechende Seelen (SF)
   p.machinery AndroSF, 9, 978-3-942533-16-4

Peter Griese

Mission der Flibustier (1980) (D) (Roman) [376]
   Hubert Haensel (Hrsg.)
   Kämpfer für Garbesch (SF)
   Pabel - Moewig Perry Rhodan - Buch, 115, 978-3-8118-4101-7

Franz Grieser

In der Napalmhölle über Hol-Menkol (2011) (D) [377]
10 S.
   Andreas Winterer
   Scott Bradley (C) (SF)
   evolver, 3, 978-3-9502558-3-6

Scott Bradley und der Maschinenflüsterer (2011) (D) [378]
11 S.
   Andreas Winterer
   Scott Bradley (C) (SF)
   evolver, 3, 978-3-9502558-3-6

Germar Grimsen

Vom Ausverkauf der Literatur (2011) (D) [379]
6 S.
   Hendrik Werner (Hrsg.)
   Bremen 2041 (SF)
   Weser-Kurier, 34, 978-3-938795-34-7

Nicole Gröbe

Sunny Bennings (2011) (D) [380]
31 S.
   Dieter König (Hrsg.)
   Paradoxon (SF)
   Sarturia SF, 2006, 978-3-940830-06-7

Wolfgang Groth

Heide 2 (2011) (D) [381]
11 S.
   Hans-Stephan Link (Hrsg.)
   Weltentor Science Fiction 2 (SF)
   Noel, 153, 978-3-942802-53-6

Heide 2 (2011) (D) [382]
11 S.
   Hans-Stephan Link (Hrsg.)
   Weltentor Science Fiction 2 (SF)
   Noel, 156, 978-3-942802-56-7

Andreas Gruber

All-Inclusive-Tours (2008) (D) [383]
3 S.
   Andreas Gruber
   Ghost Writer (C) (PH)
   Shayol Paria, 3007, 978-3-926126-96-2

Bianca Monroe (2007) (D) [384]
10 S.
Andreas Gruber
Ghost Writer (C) (PH)
Shayol Paria, 3007, 978-3-926126-96-2

Bruderherz (2003) (D) [385]
5 S.
Andreas Gruber
Ghost Writer (C) (PH)
Shayol Paria, 3007, 978-3-926126-96-2

Darf es ein bißchen mehr sein? (2002) (D) [386]
11 S.
Andreas Gruber
Ghost Writer (C) (PH)
Shayol Paria, 3007, 978-3-926126-96-2

Fünf (2005) (D) [387]
8 S.
Andreas Gruber
Ghost Writer (C) (PH)
Shayol Paria, 3007, 978-3-926126-96-2

Gefallener Engel (2006) (D) [388]
3 S.
Andreas Gruber
Ghost Writer (C) (PH)
Shayol Paria, 3007, 978-3-926126-96-2

Ghost Writer (2002) (D) [389]
11 S.
Andreas Gruber
Ghost Writer (C) (PH)
Shayol Paria, 3007, 978-3-926126-96-2

Hier ist dein Geschenk (2003) (D) [390]
6 S.
Andreas Gruber
Ghost Writer (C) (PH)
Shayol Paria, 3007, 978-3-926126-96-2

Im Auftrag des Kardinals (2003) (D) [391]
11 S.
Andreas Gruber
Ghost Writer (C) (PH)
Shayol Paria, 3007, 978-3-926126-96-2

Die lebenden Bücher von Arkham (2006) (D) [392]
25 S.
Andreas Gruber
Ghost Writer (C) (PH)
Shayol Paria, 3007, 978-3-926126-96-2

Medusa (2004) (D) [393]
22 S.
Andreas Gruber
Ghost Writer (C) (PH)
Shayol Paria, 3007, 978-3-926126-96-2

Mesmeristische Experimente (2002) (D) [394]
17 S.
Andreas Gruber
Ghost Writer (C) (PH)
Shayol Paria, 3007, 978-3-926126-96-2

Nachts in der Bourbon Street (2002) (D) [395]
11 S.
   Andreas Gruber
   Ghost Writer (C) (PH)
   Shayol Paria, 3007, 978-3-926126-96-2

Der Puppenmacher von Leipzig (2011) (D) [396]
10 S.
   Andreas Gruber
   Ghost Writer (C) (PH)
   Shayol Paria, 3007, 978-3-926126-96-2

Rue de la Tonnellerie (2011) (D) [397]
28 S.
   Nina Horvath (Hrsg.)
   Schattenuhr (HO)
   Blitz Allgemeine Reihe, 324, 978-3-89840-324-5

Sonntagmorgen unter dem Viadukt (2006) (D) [398]
8 S.
   Andreas Gruber
   Ghost Writer (C) (PH)
   Shayol Paria, 3007, 978-3-926126-96-2

Souvenirs vom Sensenmann (2006) (D) [399]
7 S.
   Andreas Gruber
   Ghost Writer (C) (PH)
   Shayol Paria, 3007, 978-3-926126-96-2

Tief unten in Dudewater, Louisiana (2005) (D) [400]
16 S.
   Andreas Gruber
   Ghost Writer (C) (PH)
   Shayol Paria, 3007, 978-3-926126-96-2

Wir vom Sicherheitsdienst (2001) (D) [401]
6 S.
   Andreas Gruber
   Ghost Writer (C) (PH)
   Shayol Paria, 3007, 978-3-926126-96-2

www.spider.com (2001) (D) [402]
13 S.
   Andreas Gruber
   Ghost Writer (C) (PH)
   Shayol Paria, 3007, 978-3-926126-96-2

Zur Hölle mit Weihnachten (2003) (D) [403]
9 S.
   Andreas Gruber
   Ghost Writer (C) (PH)
   Shayol Paria, 3007, 978-3-926126-96-2

Axel M. Gruner

Die Pilze von Abaddon (2011) (D) [404]
32 S.
   Axel M. Gruner
   Planet der Verdammten (C) (F)
   lulu.com Books on Demand, 978-1-4457-1134-8

Planet der Verdammten (2011) (D) [405]
52 S.
   Axel M. Gruner
   Planet der Verdammten (C) (F)
   lulu.com Books on Demand, 978-1-4457-1134-8

Prolog (2011) (D) [406]
2 S.
Axel M. Gruner
Planet der Verdammten (C) (F)
lulu.com Books on Demand, 978-1-4457-1134-8

Der Stein vom Aldebaran (2011) (D) [407]
26 S.
Axel M. Gruner
Planet der Verdammten (C) (F)
lulu.com Books on Demand, 978-1-4457-1134-8

Xowostoron (2011) (D) [408]
52 S.
Axel M. Gruner
Planet der Verdammten (C) (F)
lulu.com Books on Demand, 978-1-4457-1134-8

Carl Grunert

Adam Perennius, der Zeitlose (1907) (D) [409]
15 S.
Carl Grunert
Im Königreich Nirgendwo (C) (SF)
Dieter von Reeken, 53, 978-3-940679-53-6

Der Ätherseelenmensch (1913) (D) [410]
7 S.
Carl Grunert
Im Königreich Nirgendwo (C) (SF)
Dieter von Reeken, 53, 978-3-940679-53-6

Auf den Schwingen des Weltäthers (1904) (D) [411]
23 S.
Carl Grunert
Im Königreich Nirgendwo (C) (SF)
Dieter von Reeken, 53, 978-3-940679-53-6

Aus meiner Welt (1911) (D) (Lyrik) [412]
36 S.
Carl Grunert
Im Königreich Nirgendwo (C) (SF)
Dieter von Reeken, 53, 978-3-940679-53-6

Ballon und Eiland (1908) (D) [413]
25 S.
Carl Grunert
Im Königreich Nirgendwo (C) (SF)
Dieter von Reeken, 53, 978-3-940679-53-6

Das Ei des Urvogels (1908) (D) [414]
10 S.
Carl Grunert
Im Königreich Nirgendwo (C) (SF)
Dieter von Reeken, 53, 978-3-940679-53-6

Das Ende der Erde? (1908) (D) [415]
18 S.
Carl Grunert
Im Königreich Nirgendwo (C) (SF)
Dieter von Reeken, 53, 978-3-940679-53-6

Feinde im Weltall? (1907) (D) [416]
14 S.
Carl Grunert
Im Königreich Nirgendwo (C) (SF)
Dieter von Reeken, 53, 978-3-940679-53-6

Die Fern-Ehe (1904) (D) [417]
7 S.
  Carl Grunert
  Im Königreich Nirgendwo (C) (SF)
  Dieter von Reeken, 53, 978-3-940679-53-6

Der Fremde (1907) (D) [418]
17 S.
  Carl Grunert
  Im Königreich Nirgendwo (C) (SF)
  Dieter von Reeken, 53, 978-3-940679-53-6

Das Gas X (1904) (D) [419]
12 S.
  Carl Grunert
  Im Königreich Nirgendwo (C) (SF)
  Dieter von Reeken, 53, 978-3-940679-53-6

Gefangener Sonnenschein (1904) (D) [420]
22 S.
  Carl Grunert
  Im Königreich Nirgendwo (C) (SF)
  Dieter von Reeken, 53, 978-3-940679-53-6

Gelöste Probleme (1914) (D) [421]
11 S.
  Carl Grunert
  Im Königreich Nirgendwo (C) (SF)
  Dieter von Reeken, 53, 978-3-940679-53-6

Das Geschenk des Oxygenius (1905) (D) [422]
26 S.
  Carl Grunert
  Im Königreich Nirgendwo (C) (SF)
  Dieter von Reeken, 53, 978-3-940679-53-6

Heimkehr (1908) (D) [423]
9 S.
  Carl Grunert
  Im Königreich Nirgendwo (C) (SF)
  Dieter von Reeken, 53, 978-3-940679-53-6

Im Fluge zum Frieden (1907) (D) [424]
12 S.
  Carl Grunert
  Im Königreich Nirgendwo (C) (SF)
  Dieter von Reeken, 53, 978-3-940679-53-6

Katalyse (1908) (D) [425]
13 S.
  Carl Grunert
  Im Königreich Nirgendwo (C) (SF)
  Dieter von Reeken, 53, 978-3-940679-53-6

Lieben und Leben (1910) (D) (Lyrik) [426]
32 S.
  Carl Grunert
  Im Königreich Nirgendwo (C) (SF)
  Dieter von Reeken, 53, 978-3-940679-53-6

Der Mann aus dem Monde (1908) (D) [427]
17 S.
  Carl Grunert
  Im Königreich Nirgendwo (C) (SF)
  Dieter von Reeken, 53, 978-3-940679-53-6

Der Marsspion (1908) (D) [428]
8 S.
  Carl Grunert
  Im Königreich Nirgendwo (C) (SF)
  Dieter von Reeken, 53, 978-3-940679-53-6

Die Maschine des Theodulos Energeios (1912) (D) [429]
9 S.
  Carl Grunert
  Im Königreich Nirgendwo (C) (SF)
  Dieter von Reeken, 53, 978-3-940679-53-6

Mr. Infrangibles Erfindung (1909) (D) [430]
8 S.
  Carl Grunert
  Im Königreich Nirgendwo (C) (SF)
  Dieter von Reeken, 53, 978-3-940679-53-6

Mr. Vivacius Style (1908) (D) [431]
10 S.
  Carl Grunert
  Im Königreich Nirgendwo (C) (SF)
  Dieter von Reeken, 53, 978-3-940679-53-6

Mysis (1908) (D) [432]
16 S.
  Carl Grunert
  Im Königreich Nirgendwo (C) (SF)
  Dieter von Reeken, 53, 978-3-940679-53-6

Nachlese (1909) (D) (Lyrik) [433]
16 S.
  Carl Grunert
  Im Königreich Nirgendwo (C) (SF)
  Dieter von Reeken, 53, 978-3-940679-53-6

Nitakerts Erwachen (1907) (D) [434]
12 S.
  Carl Grunert
  Im Königreich Nirgendwo (C) (SF)
  Dieter von Reeken, 53, 978-3-940679-53-6

Das Phonogramm von Pompeji (1909) (D) [435]
11 S.
  Carl Grunert
  Im Königreich Nirgendwo (C) (SF)
  Dieter von Reeken, 53, 978-3-940679-53-6

Pierre Maurignacs Abenteuer (1908) (D) [436]
24 S.
  Carl Grunert
  Im Königreich Nirgendwo (C) (SF)
  Dieter von Reeken, 53, 978-3-940679-53-6

Die Radiumbremse (1905) (D) [437]
12 S.
  Carl Grunert
  Im Königreich Nirgendwo (C) (SF)
  Dieter von Reeken, 53, 978-3-940679-53-6

Ein Rätsel der Lüfte (1905) (D) [438]
19 S.
  Carl Grunert
  Im Königreich Nirgendwo (C) (SF)
  Dieter von Reeken, 53, 978-3-940679-53-6

Scarlatina. Ein Fiebertraum (1904) (D) [439]
9 S.
  Carl Grunert
  Im Königreich Nirgendwo (C) (SF)
  Dieter von Reeken, 53, 978-3-940679-53-6

Schlichte Gedichte (1887) (D) (Lyrik) [440]
18 S.
  Carl Grunert
  Im Königreich Nirgendwo (C) (SF)
  Dieter von Reeken, 53, 978-3-940679-53-6

Der schreibende Affe (1911) (D) [441]
11 S.
  Carl Grunert
  Im Königreich Nirgendwo (C) (SF)
  Dieter von Reeken, 53, 978-3-940679-53-6

Unter den Papuas. Ein Ostermärchen (1904) (D) [442]
11 S.
  Carl Grunert
  Im Königreich Nirgendwo (C) (SF)
  Dieter von Reeken, 53, 978-3-940679-53-6

Das Untersee-Telephon-Amt (1904) (D) [443]
20 S.
  Carl Grunert
  Im Königreich Nirgendwo (C) (SF)
  Dieter von Reeken, 53, 978-3-940679-53-6

Ein verirrter Telephondraht (1908) (D) [444]
9 S.
  Carl Grunert
  Im Königreich Nirgendwo (C) (SF)
  Dieter von Reeken, 53, 978-3-940679-53-6

Was die Stunde sprach (1907) (D) (Lyrik) [445]
44 S.
  Carl Grunert
  Im Königreich Nirgendwo (C) (SF)
  Dieter von Reeken, 53, 978-3-940679-53-6

Das weiße Rätsel (1909) (D) [446]
20 S.
  Carl Grunert
  Im Königreich Nirgendwo (C) (SF)
  Dieter von Reeken, 53, 978-3-940679-53-6

Cathy Guderjahn

Die Begegnung (2011) (D) [447]
13 S.
  Dieter König (Hrsg.)
  Paradoxon (SF)
  Sarturia SF, 2006, 978-3-940830-06-7

Rainer Güllich

Wie das Salz in die Meere kam (2011) (D) [448]
7 S.
  Waltraud Gebert (Hrsg.)
  Götter in Langeweile (F)
  Wendepunkt, 14, 978-3-942688-14-7

Christian Günther

Einhundert Worte für Tod (2011) (D) [449]
14 S.
Armin Rößler, Heidrun Jänchen (Hrsg.)
Emotio (SF)
Wurdack SF, 18, 978-3-938065-75-4

Die Tage des Kraken (2011) (D) [450]
46 S.
Uwe Post (Hrsg.)
2012 - T minus Null (SF)
Begedia, 978-3-943795-17-2

Yuriks Schiff (2011) (D) [451]
18 S.
Harald Giersche (Hrsg.)
Space Rocks (SF)
Begedia, 1, 978-3-9813946-1-0

Mike Gundlach

Paradoxon (2011) (D) [452]
26 S.
Dieter König (Hrsg.)
Paradoxon (SF)
Sarturia SF, 2006, 978-3-940830-06-7

Andrea Gunschera

Schattenherz (2011) (D) [453]
29 S.
Alisha Bionda (Hrsg.)
Die Moorleichen (PH)
EDFC Fantasia, 319

Wiktor H. Guzinski

Time Warp (2011) (D) [454]
46 S.
Dieter König (Hrsg.)
Paradoxon (SF)
Sarturia SF, 2006, 978-3-940830-06-7

Reinhard Habeck

Rüsselmops der Außerirdische (2011) (D) (Comic) [455]
1 S.
Christian Montillon
Handelsstern im Visier (SF)
Moewig Perry Rhodan, 2580

Rüsselmops der Außerirdische (2011) (D) (Comic) [456]
1 S.
Frank Borsch
Der Okrivar und das Schicksal (SF)
Moewig Perry Rhodan, 2584

Rüsselmops der Außerirdische (2011) (D) (Comic) [457]
1 S.
Arndt Ellmer
Aufmarsch der Titanen (SF)
Moewig Perry Rhodan, 2588

Rüsselmops der Außerirdische (2011) (D) (Comic) [458]
1 S.
Christian Montillon
Requiemn für das Solsystem (SF)
Moewig Perry Rhodan, 2596

Rüsselmops der Außerirdische (2011) (D) (Comic) [459]
1 S.
   Hubert Haensel
   Konflikt der Androiden (SF)
   Moewig Perry Rhodan, 2608

Rüsselmops der Außerirdische (2011) (D) (Comic) [460]
1 S.
   Christian Montillon
   Fremde in der Harmonie (SF)
   Moewig Perry Rhodan, 2620

Rüsselmops der Außerirdische (2011) (D) (Comic) [461]
1 S.
   Arndt Ellmer
   Todesfalle Sektor Null (SF)
   Moewig Perry Rhodan, 2624

Ernst Diedrich Habel

World of Phantastic-War? (2011) (D) [462]
7 S.
   Hans-Stephan Link (Hrsg.)
   Weltentor Science Fiction 2 (SF)
   Noel, 153, 978-3-942802-53-6

World of Phantastic-War? (2011) (D) [463]
7 S.
   Hans-Stephan Link (Hrsg.)
   Weltentor Science Fiction 2 (SF)
   Noel, 156, 978-3-942802-56-7

Marie Haberland

Elfen und Trolle (2011) (D) [464]
3 S.
   Ulrike Stegemann (Hrsg.)
   Elfenschrift 32 (F)
   Privatdruck Elfenschrift, 32

Susanne Haberland

Alfie (2011) (D) [465]
10 S.
   Anonym (Hrsg.)
   Ruf der Sterne (SF)
   Twilight-Line, 85, 978-3-941122-85-7

Am Baldeneysee (2011) (D) [466]
12 S.
   Bartholomäus Figatowski (Hrsg.)
   Der Basilikumdrache (PH)
   Nicole Schmenk, 6, 978-3-943022-06-3

Der Duft von Evangeline (2011) (D) [467]
14 S.
   Waltraud Gebert (Hrsg.)
   Götter in Langeweile (F)
   Wendepunkt, 14, 978-3-942688-14-7

Regent's Park (2011) (D) [468]
3 S.
   Ulrike Stegemann (Hrsg.)
   Elfenschrift 31 (F)
   Privatdruck Elfenschrift, 31

Die Seereise des Hugh ap Einion (2011) (D) [469]
3 S.
Ulrike Stegemann (Hrsg.)
Elfenschrift 30 (F)
Privatdruck Elfenschrift, 30

Trinions Monde (2011) (D) [470]
16 S.
Bernd Walter (Hrsg.)
Mondgeschichten (PH)
XUN Anthologie, 2011, 978-3-8448-0175-0

Gisbert Haefs

Die Nacht gestalten (2011) (D) [471]
16 S.
Jörg E. Weigand (Hrsg.)
Zwei Engel der Nacht (F)
Fabylon Allgemeine Reihe, 33, 978-3-927071-33-9

Hubert Haensel

Botschaft aus Stein (2011) (D) (Auszug) [472]
1 S.
Thomas Höhl
Das Ende einer Ära (SF)
Bastei Sternenfaust, 172

Botschaft aus Stein (2011) (D) (Auszug) [473]
1 S.
Sascha Vennemann
Allein gegen alle (SF)
Bastei Maddrax, 304

Ronald M. Hahn

Vorstoß zum Kometen (2003) (D) (Roman) [474]
98 S.
Brian Frost, Ronald M. Hahn, Claudia Kern (Hrsg.)
Tauchfahrt ins Grauen (SF)
Romantruhe SF, 22, 978-3-940812-44-5

Simon Halo

1 x Dackel, 1 x Frosch (2011) (D) [475]
6 S.
Uwe Post (Hrsg.)
Golem 92 (SF)
SFC Thunderbolt Golem, 92

Edmond Hamilton

Kein Erdenmensch mehr (2011) (D) [476]
Earthmen No More (1951) (US)
Ü: Dirk Van den Boom
36 S.
Edmond Hamilton
Der Tod von Captain Future (C) (SF)
Golkonda Captain Future, 22, 978-3-942396-05-9

Mond der Unvergessenen (2011) (D) [477]
Moon of the Unforgotten (1951) (US)
Ü: Frauke Lengermann
36 S.
Edmond Hamilton
Der Tod von Captain Future (C) (SF)
Golkonda Captain Future, 22, 978-3-942396-05-9

Wiege der Schöpfung (2011) (D) [478]
Birthplace of Creation (1951) (US)
Ü: Frauke Lengermann
38 S.
  Edmond Hamilton
  Der Tod von Captain Future (C) (SF)
  Golkonda Captain Future, 22, 978-3-942396-05-9

Michaela F. Hammesfahr

Winterkinder (2011) (D) [479]
  Tanja Heitmann (Hrsg.)
  Stille Nacht (F)
  Rowohlt rororo, 21626, 978-3-499-21626-8

Heinrich Hannover

Geisterstunde im Ratskeller (2011) (D) [480]
6 S.
  Hendrik Werner (Hrsg.)
  Bremen 2041 (SF)
  Weser-Kurier, 34, 978-3-938795-34-7

Petra Hartmann

Auf den Schwingen der Elim (2011) (D) [481]
14 S.
  Alisha Bionda (Hrsg.)
  Die Eisfrau (PH)
  EDFC Fantasia, 320

Der Elfenzug (2011) (D) (Lyrik) [482]
2 S.
  Ulrike Stegemann (Hrsg.)
  Elfenschrift 30 (F)
  Privatdruck Elfenschrift, 30

Das Märchen von der verzauberten Straßenlaterne (2011) (D) [483]
10 S.
  Alisha Bionda (Hrsg.)
  Die Moorleichen (PH)
  EDFC Fantasia, 319

Pegasus (2011) (D) (Lyrik) [484]
2 S.
  Ulrike Stegemann (Hrsg.)
  Elfenschrift 29 (F)
  Privatdruck Elfenschrift, 29

Das Schiff mit den silbernen Segeln (2011) (D) [485]
2 S.
  Ulrike Stegemann (Hrsg.)
  Elfenschrift 32 (F)
  Privatdruck Elfenschrift, 32

Wilfried A. Hary

Flucht ins Nirgendwo (2011) (D) [486]
49 S.
  Miguel De Torres, Wilfried A. Hary
  Die vergessene Stadt / Flucht ins Nirgendwo (C) (SF)
  Hary-Production Star Gate, 95

Genesis (2011) (D) [487]
69 S.
  Wilfried A. Hary, W.A. Travers
  Genesis (C) (SF)
  Hary-Production Star Gate, 77

In der Falle (2011) (D) [488]
59 S.
  Wilfried A. Hary
  Sammler des Lebens / In der Falle (C) (SF)
  Hary-Production Star Gate, 93

Re-na-xerv (2011) (D) [489]
58 S.
  W.A. Travers, Wilfried A. Hary
  Die letzte Schlacht / Re-na-xerv (C) (SF)
  Hary-Production Star Gate, 91

Roboter unerwünscht (2011) (D) [490]
43 S.
  W. Kimball Kinnison, Wilfried A. Hary
  Mahlik-Salem / Roboter unerwünscht (C) (SF)
  Hary-Production Star Gate, 81

Sammler des Lebens (2011) (D) [491]
61 S.
  Wilfried A. Hary
  Sammler des Lebens / In der Falle (C) (SF)
  Hary-Production Star Gate, 93

Wiege der Erkenntnis (2011) (D) [492]
63 S.
  W. Kimball Kinnison, Wilfried A. Hary
  For-Pers Traum / Wiege der Erkenntnis (C) (SF)
  Hary-Production Star Gate, 75

Brita Haschke

Hinter der Leinwand (2011) (D) [493]
6 S.
  Bernd Walter (Hrsg.)
  Die Magnethaube (PH)
  XUN TB, 5, 978-3-8423-5215-5

Guy Hasson

Das Attentat (2011) (D) [494]
20 S.
  Ronald M. Hahn, Frank Hebben, Olaf G. Hilscher, Michael K. Iwoleit
  (Hrsg.)
  Nova 18 (SF)
  Nova Nova, 18

Frank W. Haubold

Am Ende der Reise (2011) (D) [495]
10 S.
  René Moreau, Olaf Kommler, Heinz Wipperfürth (Hrsg.)
  Exodus 28 (SF)
  SF-Flohmarkt Exodus, 28

Gute Hoffnung (2011) (D) [496]
20 S.
  Armin Rößler, Heidrun Jänchen (Hrsg.)
  Emotio (SF)
  Wurdack SF, 18, 978-3-938065-75-4

Das Paradies des Jägers (2011) (D) [497]
62 S.
  Harald Giersche (Hrsg.)
  Space Rocks (SF)
  Begedia, 1, 978-3-9813946-1-0

Der traurige Dichter (2003) (D) [498]
18 S.
    Alisha Bionda (Hrsg.)
    Der perfekte Friede (SF)
    p.machinery Dark Wor(l)ds, 1, 978-3-942533-05-8

Erik Hauser

Odem des Todes (2011) (D) [499]
60 S.
    Alisha Bionda (Hrsg.)
    Odem des Todes (HO)
    Voodoo Press Allgemeine Reihe, 6, 978-3-902802-06-4

Rick Hautala

Geisterreuse (2011) (D) [500]
Ghost Trap (2010) (US)
Ü: Firouzeh Akhavan-Zandjani
22 S.
    Christopher Golden (Hrsg.)
    The New Dead (HO)
    Panini Allgemeine Reihe, 2253, 978-3-8332-2253-5

Frank Hebben

Cyst (2011) (D) [501]
2 S.
    Christian Persson (Hrsg.)
    c't 2011 / 17 (SF)
    Heise c't, 201117

Tanja Heitmann

Eine Spur von Rot (2011) (D) [502]
    Tanja Heitmann (Hrsg.)
    Stille Nacht (F)
    Rowohlt rororo, 21626, 978-3-499-21626-8

Markus Heitz

Suboptimal (2) (2011) (D) [503]
36 S.
    Lena Falkenhagen
    Undercover (SF)
    Heyne SF & F, 52717, 978-3-453-52717-1

Suboptimal (3) (2011) (D) [504]
38 S.
    Thomas Finn
    Mind Control (SF)
    Heyne SF & F, 52816, 978-3-453-52816-1

Verdammt (2011) (D) [505]
60 S.
    Nicole Schuhmacher
    Zero Gravity (SF)
    Heyne SF & F, 52804, 978-3-453-52804-8

Florian Heller

Das Ende der Party (2011) (D) [506]
7 S.
    Ronald M. Hahn, Frank Hebben, Olaf G. Hilscher, Michael K. Iwoleit
    (Hrsg.)
    Nova 18 (SF)
    Nova Nova, 18

Nulldimensional (2011) (D) [507]
6 S.
   Uwe Post (Hrsg.)
   Golem 93 (SF)
   SFC Thunderbolt Golem, 93

Jürgen Henk

Dehumanized (2011) (D) [508]
7 S.
   Uwe Post (Hrsg.)
   Golem 92 (SF)
   SFC Thunderbolt Golem, 92

Bernhard Hennen

Farodin (2011) (D) [509]
36 S.
   Bernhard Hennen
   Die Elfen (F)
   Heyne Allgemeine Reihe, 26725, 978-3-453-26725-1

Dennis Herbrich

Existenz (2009) (D) [510]
2 S.
   Helge Lange (Hrsg.)
   Fur Fiction 3 (F)
   Projekte 188 Edition Solar-X, 1638, 978-3-86237-638-4

Ilona Herbrig

Die schönste Geißel (2011) (D) [511]
6 S.
   Waltraud Gebert (Hrsg.)
   Götter in Langeweile (F)
   Wendepunkt, 14, 978-3-942688-14-7

Daniela Herbst

Götterspiele (2011) (D) [512]
17 S.
   Waltraud Gebert (Hrsg.)
   Götter in Langeweile (F)
   Wendepunkt, 14, 978-3-942688-14-7

Werner Hermann

Du bist nicht allein (2011) (D) [513]
6 S.
   Hans-Stephan Link (Hrsg.)
   Weltentor Science Fiction 2 (SF)
   Noel, 153, 978-3-942802-53-6

Du bist nicht allein (2011) (D) [514]
6 S.
   Hans-Stephan Link (Hrsg.)
   Weltentor Science Fiction 2 (SF)
   Noel, 156, 978-3-942802-56-7

Josef Herzog

Ein wirklich schöner Garten (2011) (D) [515]
3 S.
   Ulrike Stegemann (Hrsg.)
   Elfenschrift 31 (F)
   Privatdruck Elfenschrift, 31

Dirk E. Hess

Hetzjagd im Blauen System (2011) (D) (Roman) [516]
  Rainer Castor (Hrsg.)
  Hetzjagd im Blauen System (SF)
  Pabel - Moewig Atlan Buch, 39, 978-3-86889-160-7

Land des Vergessens (2011) (D) (Roman) [517]
  Rainer Castor (Hrsg.)
  Hetzjagd im Blauen System (SF)
  Pabel - Moewig Atlan Buch, 39, 978-3-86889-160-7

Joe Hill

Twittern aus dem Zirkus der Toten (2011) (D) [518]
Twittering From the Circus of the Dead (2010) (US)
Ü: Firouzeh Akhavan-Zandjani
36 S.
  Christopher Golden (Hrsg.)
  The New Dead (HO)
  Panini Allgemeine Reihe, 2253, 978-3-8332-2253-5

Florian Hilleberg

Eine neue Heimat? (2011) (D) [519]
10 S.
  Alisha Bionda (Hrsg.)
  Der perfekte Friede (SF)
  p.machinery Dark Wor(l)ds, 1, 978-3-942533-05-8

Süße Liebe Wahnsinn (2011) (D) [520]
18 S.
  Alisha Bionda (Hrsg.)
  Odem des Todes (HO)
  Voodoo Press Allgemeine Reihe, 6, 978-3-902802-06-4

James P. Hiller

A Superluminal Transmission (2011) (D) [521]
8 S.
  Michael Haitel (Hrsg.)
  Der Engel auf der Nadelspitze (PH)
  EDFC Fantasia, 335

Achim Hiltrop

Gallaghers Schlacht (2007) (D) (Roman) [522]
  Achim Hiltrop
  Gallaghers Mission (C) (SF)
  Atlantis Edition Atlantis

Gallaghers Sieg (2008) (D) (Roman) [523]
  Achim Hiltrop
  Gallaghers Mission (C) (SF)
  Atlantis Edition Atlantis

Gallaghers Sturm (2007) (D) (Roman) [524]
  Achim Hiltrop
  Gallaghers Mission (C) (SF)
  Atlantis Edition Atlantis

Glück auf! (2011) (D) [525]
6 S.
  Bartholomäus Figatowski (Hrsg.)
  Der Basilikumdrache (PH)
  Nicole Schmenk, 6, 978-3-943022-06-3

Zollkontrolle (2011) (D) [526]
26 S.
  Harald Giersche (Hrsg.)
  Space Rocks (SF)
  Begedia, 1, 978-3-9813946-1-0

Marcus Hinterthür

Comic der Woche (2011) (D) (Comic) [527]
1 S.
Frank Borsch
Begegnung der Unsterblichen (SF)
Moewig Perry Rhodan, 2594

Matthias Hinz

Der Soldat mit dem goldenen Helm (2011) (D) [528]
5 S.
André Boyens (Hrsg.)
SOL 64 (SF)
PR Fanzentrale Sol, 64

Eine unbedeutende Randnotiz (2011) (D) [529]
3 S.
André Boyens (Hrsg.)
SOL 61 (SF)
PR Fanzentrale Sol, 61

Werner M. Höbart

Begegnung mit dem Tod (2011) (D) [530]
5 S.
Andreas Leder (Hrsg.)
Future Magic 70 (SF)
Privatdruck Future Magic, 70

Desirée Hoese

(mit: Frank Hoese)
Badeurlaub (1) (2011) (D) [531]
3 S.
Christian Persson (Hrsg.)
c't 2011 / 23 (SF)
Heise c't, 201123

(mit: Frank Hoese)
Badeurlaub (2) (2011) (D) [532]
4 S.
Christian Persson (Hrsg.)
c't 2011 / 24 (SF)
Heise c't, 201124

Dunkel sind die Kammern deiner Träume (2011) (D) [533]
18 S.
Alisha Bionda (Hrsg.)
Odem des Todes (HO)
Voodoo Press Allgemeine Reihe, 6, 978-3-902802-06-4

Fajo Hof

Die Seelenbrecherin (2011) (D) [534]
28 S.
Michael Haitel (Hrsg.)
Anima Migratio (SF)
p.machinery AndroSF, 11, 978-3-942533-17-1

Christian Hoffmann

Der Botschafter (2011) (D) [535]
2 S.
Klaus Bollhöfener (Hrsg.)
phantastisch! 43 (SF)
Havemann phantastisch!, 43

E.T.A. Hoffmann

Cyprians Erzählung (1821) (D) [536]
18 S.
  Frank Festa (Hrsg.)
  Kannibalen (HO)
  Festa Horror, 1532, 978-3-86552-126-2

Das Fräulein von Scuderi (2011) (D) (Roman) [537]
  E.T.A. Hoffmann
  Der Sandmann / Das Fräulein von Scuderi (C) (PH)
  Insel Klassik, 4509, 978-3-458-36209-8

Der Sandmann (1817) (D) (Roman) [538]
  E.T.A. Hoffmann
  Der Sandmann / Das Fräulein von Scuderi (C) (PH)
  Insel Klassik, 4509, 978-3-458-36209-8

Markolf Hoffmann

Am Strand (2011) (D) [539]
12 S.
  Markolf Hoffmann
  Das Flüstern zwischen den Zweigen (C) (F)
  Shayol Paria, 3008, 978-3-926126-98-6

Entenherz (2011) (D) [540]
5 S.
  Boris Koch, Christian von Aster, Markolf Hoffmann
  Rückkehr ins Stirnhirnhinterzimmer (C) (PH)
  UBooks, 9, 978-3-939239-09-3

Feenholz (2011) (D) [541]
26 S.
  Markolf Hoffmann
  Das Flüstern zwischen den Zweigen (C) (F)
  Shayol Paria, 3008, 978-3-926126-98-6

Der Fluch im Farn (2011) (D) [542]
21 S.
  Markolf Hoffmann
  Das Flüstern zwischen den Zweigen (C) (F)
  Shayol Paria, 3008, 978-3-926126-98-6

Das Flüstern zwischen den Zweigen (2011) (D) [543]
28 S.
  Markolf Hoffmann
  Das Flüstern zwischen den Zweigen (C) (F)
  Shayol Paria, 3008, 978-3-926126-98-6

Frank Zart - der Automatenwart (2011) (D) [544]
10 S.
  Boris Koch, Christian von Aster, Markolf Hoffmann
  Rückkehr ins Stirnhirnhinterzimmer (C) (PH)
  UBooks, 9, 978-3-939239-09-3

Grenzland (2011) (D) [545]
17 S.
  Markolf Hoffmann
  Das Flüstern zwischen den Zweigen (C) (F)
  Shayol Paria, 3008, 978-3-926126-98-6

Die Kerker von Abîme (2011) (D) [546]
22 S.
  Markolf Hoffmann
  Das Flüstern zwischen den Zweigen (C) (F)
  Shayol Paria, 3008, 978-3-926126-98-6

Lauschangriff (2011) (D) [547]
12 S.
  Boris Koch, Christian von Aster, Markolf Hoffmann
  Rückkehr ins Stirnhirnhinterzimmer (C) (PH)
  UBooks, 9, 978-3-939239-09-3

Der Mann aus dem Wald (2011) (D) [548]
30 S.
  Markolf Hoffmann
  Das Flüstern zwischen den Zweigen (C) (F)
  Shayol Paria, 3008, 978-3-926126-98-6

Meine Jagd (2011) (D) [549]
11 S.
  Markolf Hoffmann
  Das Flüstern zwischen den Zweigen (C) (F)
  Shayol Paria, 3008, 978-3-926126-98-6

Der Schrauber des Herrn Merz (2011) (D) [550]
13 S.
  Boris Koch, Christian von Aster, Markolf Hoffmann
  Rückkehr ins Stirnhirnhinterzimmer (C) (PH)
  UBooks, 9, 978-3-939239-09-3

Sülze (2011) (D) [551]
10 S.
  Boris Koch, Christian von Aster, Markolf Hoffmann
  Rückkehr ins Stirnhirnhinterzimmer (C) (PH)
  UBooks, 9, 978-3-939239-09-3

The King in Pain (2011) (D) [552]
13 S.
  Boris Koch, Christian von Aster, Markolf Hoffmann
  Rückkehr ins Stirnhirnhinterzimmer (C) (PH)
  UBooks, 9, 978-3-939239-09-3

Hans-Jürgen Hofmann

Vom Ahnden und Fahnden (2011) (D) [553]
6 S.
  Hendrik Werner (Hrsg.)
  Bremen 2041 (SF)
  Weser-Kurier, 34, 978-3-938795-34-7

Wolfgang E. Hohlbein

Engel der Nacht (2011) (D) [554]
32 S.
  Jörg E. Weigand (Hrsg.)
  Zwei Engel der Nacht (F)
  Fabylon Allgemeine Reihe, 33, 978-3-927071-33-9

Horrortrip ins Schattenland (2003) (D) (Roman) [555]
96 S.
  Wolfgang E. Hohlbein
  Schattenreiter (C) (HO)
  Bastei-Lübbe Fantasy, 20510, 978-3-404-20510-3

Im Turm der lebenden Toten (2003) (D) (Roman) [556]
95 S.
  Wolfgang E. Hohlbein
  Schattenchronik (C) (HO)
  Bastei-Lübbe Fantasy, 20511, 978-3-404-20511-0

Der Kristallschädel (2003) (D) (Roman) [557]
86 S.
  Wolfgang E. Hohlbein
  Schattenchronik (C) (HO)
  Bastei-Lübbe Fantasy, 20511, 978-3-404-20511-0

Der Magier von Maronar (2003) (D) (Roman) [558]
90 S.
Wolfgang E. Hohlbein
Schattenchronik (C) (HO)
Bastei-Lübbe Fantasy, 20511, 978-3-404-20511-0

Merlins böses Ich (2003) (D) (Roman) [559]
87 S.
Wolfgang E. Hohlbein
Schattenreiter (C) (HO)
Bastei-Lübbe Fantasy, 20510, 978-3-404-20510-3

Das Phantom der U-Bahn (2003) (D) (Roman) [560]
85 S.
Wolfgang E. Hohlbein
Schattenreiter (C) (HO)
Bastei-Lübbe Fantasy, 20510, 978-3-404-20510-3

Die Rache der Schattenreiter (2003) (D) (Roman) [561]
86 S.
Wolfgang E. Hohlbein
Schattenreiter (C) (HO)
Bastei-Lübbe Fantasy, 20510, 978-3-404-20510-3

Die Schatten-Chronik (2003) (D) (Roman) [562]
72 S.
Wolfgang E. Hohlbein
Schattenchronik (C) (HO)
Bastei-Lübbe Fantasy, 20511, 978-3-404-20511-0

Schattenreiter (2003) (D) (Roman) [563]
104 S.
Wolfgang E. Hohlbein
Schattenreiter (C) (HO)
Bastei-Lübbe Fantasy, 20510, 978-3-404-20510-3

Das Schwert des Bösen (2003) (D) (Roman) [564]
99 S.
Wolfgang E. Hohlbein
Schattenreiter (C) (HO)
Bastei-Lübbe Fantasy, 20510, 978-3-404-20510-3

Die Spinnen-Seuche (2003) (D) (Roman) [565]
92 S.
Wolfgang E. Hohlbein
Schattenchronik (C) (HO)
Bastei-Lübbe Fantasy, 20511, 978-3-404-20511-0

Das Stonehenge-Monster (2003) (D) (Roman) [566]
90 S.
Wolfgang E. Hohlbein
Schattenchronik (C) (HO)
Bastei-Lübbe Fantasy, 20511, 978-3-404-20511-0

Freder van Holk

Drei Messer (1937) (D) (Roman) [567]
32 S.
Freder van Holk
Jan Mayen 4 (C) (SF)
Dieter von Reeken, 48, 978-3-940679-48-2

Der gestohlene Platz (1937) (D) (Roman) [568]
30 S.
Freder van Holk
Jan Mayen 4 (C) (SF)
Dieter von Reeken, 48, 978-3-940679-48-2

Der grüne Drachen (1937) (D) (Roman) [569]
32 S.
Freder van Holk
Jan Mayen 4 (C) (SF)
Dieter von Reeken, 48, 978-3-940679-48-2

Jim, der Schläfer (1937) (D) (Roman) [570]
30 S.
Freder van Holk
Jan Mayen 5 (C) (SF)
Dieter von Reeken, 49, 978-3-940679-49-9

Kameraden der Zukunft (1937) (D) (Roman) [571]
32 S.
Freder van Holk
Jan Mayen 4 (C) (SF)
Dieter von Reeken, 48, 978-3-940679-48-2

Der künstliche Acker (1937) (D) (Roman) [572]
28 S.
Freder van Holk
Jan Mayen 5 (C) (SF)
Dieter von Reeken, 49, 978-3-940679-49-9

Das perlende Meer (1937) (D) (Roman) [573]
30 S.
Freder van Holk
Jan Mayen 5 (C) (SF)
Dieter von Reeken, 49, 978-3-940679-49-9

Die rettende Kraft (1937) (D) (Roman) [574]
30 S.
Freder van Holk
Jan Mayen 4 (C) (SF)
Dieter von Reeken, 48, 978-3-940679-48-2

Der Schatzsucher (1937) (D) (Roman) [575]
30 S.
Freder van Holk
Jan Mayen 5 (C) (SF)
Dieter von Reeken, 49, 978-3-940679-49-9

Das Schiff der Gläubigen (1937) (D) (Roman) [576]
29 S.
Freder van Holk
Jan Mayen 4 (C) (SF)
Dieter von Reeken, 48, 978-3-940679-48-2

Die Seuche (1937) (D) (Roman) [577]
30 S.
Freder van Holk
Jan Mayen 5 (C) (SF)
Dieter von Reeken, 49, 978-3-940679-49-9

Das stählerne Gehirn (1937) (D) (Roman) [578]
30 S.
Freder van Holk
Jan Mayen 4 (C) (SF)
Dieter von Reeken, 48, 978-3-940679-48-2

Die steinerne Ellipse (1937) (D) (Roman) [579]
30 S.
Freder van Holk
Jan Mayen 4 (C) (SF)
Dieter von Reeken, 48, 978-3-940679-48-2

Das sterbende Land (1937) (D) (Roman) [580]
30 S.
   Freder van Holk
   Jan Mayen 5 (C) (SF)
   Dieter von Reeken, 49, 978-3-940679-49-9

Sven Horre kehrt heim (1937) (D) (Roman) [581]
30 S.
   Freder van Holk
   Jan Mayen 5 (C) (SF)
   Dieter von Reeken, 49, 978-3-940679-49-9

Das unsichtbare Feuer (1937) (D) (Roman) [582]
30 S.
   Freder van Holk
   Jan Mayen 5 (C) (SF)
   Dieter von Reeken, 49, 978-3-940679-49-9

Das verlorene Wunder (1937) (D) (Roman) [583]
30 S.
   Freder van Holk
   Jan Mayen 5 (C) (SF)
   Dieter von Reeken, 49, 978-3-940679-49-9

Die wächsernen Wächter (1937) (D) (Roman) [584]
30 S.
   Freder van Holk
   Jan Mayen 4 (C) (SF)
   Dieter von Reeken, 48, 978-3-940679-48-2

Der weiße Hirsch (1937) (D) (Roman) [585]
32 S.
   Freder van Holk
   Jan Mayen 5 (C) (SF)
   Dieter von Reeken, 49, 978-3-940679-49-9

Zwischen den Gängen (1937) (D) (Roman) [586]
30 S.
   Freder van Holk
   Jan Mayen 4 (C) (SF)
   Dieter von Reeken, 48, 978-3-940679-48-2

Bernd Holzhauer

Androidenjäger (2011) (D) [587]
13 S.
   Hans-Stephan Link (Hrsg.)
   Weltentor Science Fiction 2 (SF)
   Noel, 153, 978-3-942802-53-6

Androidenjäger (2011) (D) [588]
13 S.
   Hans-Stephan Link (Hrsg.)
   Weltentor Science Fiction 2 (SF)
   Noel, 156, 978-3-942802-56-7

Der Gewinn (2011) (D) [589]
17 S.
   Waltraud Gebert (Hrsg.)
   Götter in Langeweile (F)
   Wendepunkt, 14, 978-3-942688-14-7

Stefan Holzhauer

Unternehmen Starlight (2011) (D) [590]
10 S.
   Peter Emmerich (Hrsg.)
   Sumpfgeblubber 88 (SP)
   Fantasy Club Sumpfgeblubber, 88

M.B. Homler

Der Zombie, der vom Himmel fiel (2011) (D) [591]
The Zombie Who Fell From the Sky (2010) (US)
Ü: Firouzeh Akhavan-Zandjani
28 S.
  Christopher Golden (Hrsg.)
  The New Dead (HO)
  Panini Allgemeine Reihe, 2253, 978-3-8332-2253-5

Ju Honisch

Innovationen (2011) (D) [592]
15 S.
  Erik Schreiber (Hrsg.)
  Geheimnisvolle Geschichten 2 (F)
  Saphir im Stahl, 3, 978-3-9813823-3-4

Claudia Hornung

Flammen über Kamchun (2011) (D) [593]
12 S.
  Alisha Bionda (Hrsg.)
  Die Eisfrau (PH)
  EDFC Fantasia, 320

Nina Horvath

Die Duftorgel (2011) (D) [594]
25 S.
  Harald Giersche (Hrsg.)
  Prototypen und andere Unwägbarkeiten (SF)
  Begedia, 978-3-9813946-0-3

Der unsichtbare Marionettenspieler (2011) (D) [595]
8 S.
  Dieter König (Hrsg.)
  Paradoxon (SF)
  Sarturia SF, 2006, 978-3-940830-06-7

Peter Hostermann

Allerlei Abschaum auf Dune (2011) (D) [596]
11 S.
  Andreas Winterer
  Scott Bradley (C) (SF)
  evolver, 3, 978-3-9502558-3-6

Bradley on the rocks (2011) (D) [597]
5 S.
  Andreas Winterer
  Scott Bradley (C) (SF)
  evolver, 3, 978-3-9502558-3-6

Der Kobayashi-Maru-Test (2011) (D) [598]
8 S.
  Andreas Winterer
  Scott Bradley (C) (SF)
  evolver, 3, 978-3-9502558-3-6

Bernd Hutschenreuther

Nackte Singularität (2011) (D) (Lyrik) [599]
1 S.
  Bernd Hutschenreuther, Holger Kunadt (Hrsg.)
  TERRAsse 26 (SF)
  Urania SFC TERRAsse TERRAsse, 26

Zensur (2011) (D) (Lyrik) [600]
1 S.
Bernd Hutschenreuther, Holger Kunadt (Hrsg.)
TERRAsse 26 (SF)
Urania SFC TERRAsse TERRAsse, 26

Chris Hyde

Jenseits von Alpha Centauri (2011) (D) (Auszug) [601]
2 S.
Klaus Bollhöfener (Hrsg.)
phantastisch! 43 (SF)
Havemann phantastisch!, 43

Bettina Ickelsheimer

Die offene Tür (2011) (D) [602]
11 S.
Maria Weise (Hrsg.)
Es wird einmal (SF)
net Allgemeine Reihe, 47, 978-3-942229-47-0

Volker Ilse

Sehnsucht (2011) (D) [603]
3 S.
Thomas Backus
Zombies - Sie werden Dich fressen! (C) (HO)
Persimplex Allgemeine Reihe, 20, 978-3-86440-020-9

Antje Ippensen

Quanten Qata (2011) (D) [604]
8 S.
René Moreau, Olaf Kemmler, Heinz Wipperfürth (Hrsg.)
Exodus 28 (SF)
SF-Flohmarkt Exodus, 28

Jörg Isenberg

Der Geschmack von elektrischen Zwiebeln (1) (2011) (D) [605]
4 S.
Christian Persson (Hrsg.)
c't 2011 / 21 (SF)
Heise c't, 201121

Der Geschmack von elektrischen Zwiebeln (2) (2011) (D) [606]
4 S.
Christian Persson (Hrsg.)
c't 2011 / 22 (SF)
Heise c't, 201122

Der Himmelspfeifer (2011) (D) [607]
16 S.
Alisha Bionda (Hrsg.)
Der perfekte Friede (SF)
p.machinery Dark Wor(l)ds, 1, 978-3-942533-05-8

Heidrun Jänchen

Gänseblümchen (2011) (D) [608]
13 S.
Ronald M. Hahn, Frank Hebben, Olaf G. Hilscher, Michael K. Iwoleit (Hrsg.)
Nova 18 (SF)
Nova Nova, 18

In der Freihandelszone (2011) (D) [609]
16 S.
Armin Rößler, Heidrun Jänchen (Hrsg.)
Emotio (SF)
Wurdack SF, 18, 978-3-938065-75-4

Island (2011) (D) [610]
2 S.
  Bernd Hutschenreuther, Holger Kunadt (Hrsg.)
  TERRAsse - Das Begleitheft zum PentaCon 2011 (SF)
  Urania SFC TERRAsse PentaCon, 2011

Die Isolierbox (2011) (D) [611]
12 S.
  Harald Giersche (Hrsg.)
  Prototypen und andere Unwägbarkeiten (SF)
  Begedia, 978-3-9813946-0-3

René Janßen

Spieltrieb (2011) (D) [612]
3 S.
  Bernd Walter (Hrsg.)
  Tor zum Himmel (PH)
  XUN, 27

Veränderung (2009) (D) [613]
4 S.
  Helge Lange (Hrsg.)
  Fur Fiction 3 (F)
  Projekte 188 Edition Solar-X, 1638, 978-3-86237-638-4

Birgit Jennerjahn-Hakenes

Es ist einmal - Tag der offenen Becken (2011) (D) [614]
5 S.
  Maria Weise (Hrsg.)
  Es wird einmal (SF)
  net Allgemeine Reihe, 47, 978-3-942229-47-0

Markus Jerg

Götterdämmerung (2011) (D) [615]
10 S.
  Waltraud Gebert (Hrsg.)
  Götter in Langeweile (F)
  Wendepunkt, 14, 978-3-942688-14-7

Wolfgang Jeschke

Dokumente über den Zustand des Landes vor der Verheerung (2011) (D)
[616]
28 S.
  Wolfgang Jeschke
  Orte der Erinnerung (C) (SF)
  Shayol SF, 1023, 978-3-926126-91-7

Nekromanteion (2011) (D) [617]
33 S.
  Wolfgang Jeschke
  Orte der Erinnerung (C) (SF)
  Shayol SF, 1023, 978-3-926126-91-7

Orte der Erinnerung (2011) (D) [618]
62 S.
  Wolfgang Jeschke
  Orte der Erinnerung (C) (SF)
  Shayol SF, 1023, 978-3-926126-91-7

Osiris Land (2011) (D) [619]
70 S.
  Wolfgang Jeschke
  Orte der Erinnerung (C) (SF)
  Shayol SF, 1023, 978-3-926126-91-7

Ein Ruf aus der Dunkelheit (2011) (D) [620]
5 S.
   Wolfgang Jeschke
   Orte der Erinnerung (C) (SF)
   Shayol SF, 1023, 978-3-926126-91-7

Schlechte Nachrichten aus dem Vatikan (2011) (D) [621]
17 S.
   Wolfgang Jeschke
   Orte der Erinnerung (C) (SF)
   Shayol SF, 1023, 978-3-926126-91-7

Die Sonne des Anaximandros (2011) (D) [622]
7 S.
   Wolfgang Jeschke
   Orte der Erinnerung (C) (SF)
   Shayol SF, 1023, 978-3-926126-91-7

The Mississippi Straightwater Society (2011) (D) [623]
7 S.
   Wolfgang Jeschke
   Orte der Erinnerung (C) (SF)
   Shayol SF, 1023, 978-3-926126-91-7

Wir kommen auf Sie zu, Mister Smith (2011) (D) [624]
5 S.
   Wolfgang Jeschke
   Orte der Erinnerung (C) (SF)
   Shayol SF, 1023, 978-3-926126-91-7

Yeti (2011) (D) [625]
10 S.
   Wolfgang Jeschke
   Orte der Erinnerung (C) (SF)
   Shayol SF, 1023, 978-3-926126-91-7

Petra E. Jörns

Zeitlos (2011) (D) [626]
9 S.
   Erik Schreiber (Hrsg.)
   Geheimnisvolle Geschichten 2 (F)
   Saphir im Stahl, 3, 978-3-9813823-3-4

Robert Barbour Johnson

Tief unten (2011) (D) [627]
Far Below (1939) (US)
Ü: Elke Hosfeld
21 S.
   Frank Festa (Hrsg.)
   Kannibalen (HO)
   Festa Horror, 1532, 978-3-86552-126-2

B.F. Joseph

Am Mandelbaumtor (2011) (D) [628]
10 S.
   B.F. Joseph
   Transmitter-Almanach (C) (SF)
   Edition 333

Der Aufhucker-Faktor (2011) (D) [629]
11 S.
   B.F. Joseph
   Transmitter-Almanach (C) (SF)
   Edition 333

Aufstieg (2011) (D) [630]
9 S.
B.F. Joseph
Transmitter-Almanach (C) (SF)
Edition 333

Cindy, die Metamorphe (2011) (D) [631]
10 S.
B.F. Joseph
Grimms Aliens (C) (SF)
Edition 333

Droidenjagd (2011) (D) [632]
14 S.
B.F. Joseph
Grimms Aliens (C) (SF)
Edition 333

Der Fall Drosselbart (2011) (D) [633]
14 S.
B.F. Joseph
Grimms Aliens (C) (SF)
Edition 333

Fang den Wind! (2011) (D) [634]
11 S.
B.F. Joseph
Transmitter-Almanach (C) (SF)
Edition 333

Flashback (Variopräsenz) (2011) (D) [635]
12 S.
B.F. Joseph
Transmitter-Almanach (C) (SF)
Edition 333

Das große Lager (2011) (D) [636]
11 S.
B.F. Joseph
Transmitter-Almanach (C) (SF)
Edition 333

Hüterin der Dunkelwolke (2011) (D) [637]
10 S.
B.F. Joseph
Grimms Aliens (C) (SF)
Edition 333

In die Falle gelockt! (2011) (D) [638]
12 S.
B.F. Joseph
Grimms Aliens (C) (SF)
Edition 333

Kanonenfutter (2011) (D) [639]
12 S.
B.F. Joseph
Transmitter-Almanach (C) (SF)
Edition 333

Der Konsul von Kröton oder Der eherne Hendrix (2011) (D) [640]
9 S.
B.F. Joseph
Grimms Aliens (C) (SF)
Edition 333

Laberjaun (2011) (D) [641]
12 S.
  B.F. Joseph
  Transmitter-Almanach (C) (SF)
  Edition 333

M@nsch (2011) (D) [642]
10 S.
  B.F. Joseph
  Transmitter-Almanach (C) (SF)
  Edition 333

Mission nach Djehennistan (2011) (D) [643]
11 S.
  B.F. Joseph
  Grimms Aliens (C) (SF)
  Edition 333

Nekro-Taxidi (2011) (D) [644]
10 S.
  B.F. Joseph
  Transmitter-Almanach (C) (SF)
  Edition 333

Opfergang (2011) (D) [645]
10 S.
  B.F. Joseph
  Transmitter-Almanach (C) (SF)
  Edition 333

Portara Naxos (2011) (D) [646]
10 S.
  B.F. Joseph
  Transmitter-Almanach (C) (SF)
  Edition 333

Der Probabilitäts-Induktor (2011) (D) [647]
11 S.
  B.F. Joseph
  Grimms Aliens (C) (SF)
  Edition 333

Rap unZell (2011) (D) [648]
9 S.
  B.F. Joseph
  Grimms Aliens (C) (SF)
  Edition 333

Raumfahrergarn (2011) (D) [649]
9 S.
  B.F. Joseph
  Grimms Aliens (C) (SF)
  Edition 333

Der Recke aus Erz (2011) (D) [650]
13 S.
  B.F. Joseph
  Grimms Aliens (C) (SF)
  Edition 333

Rückkoppelung (2011) (D) [651]
12 S.
  B.F. Joseph
  Transmitter-Almanach (C) (SF)
  Edition 333

Rump O'Stilts (2011) (D) [652]
12 S.
  B.F. Joseph
  Grimms Aliens (C) (SF)
  Edition 333

Schock (2011) (D) [653]
10 S.
  B.F. Joseph
  Transmitter-Almanach (C) (SF)
  Edition 333

Schöner neuer Mensch (2011) (D) [654]
11 S.
  B.F. Joseph
  Transmitter-Almanach (C) (SF)
  Edition 333

Seelenschwund (2011) (D) [655]
10 S.
  B.F. Joseph
  Transmitter-Almanach (C) (SF)
  Edition 333

Staff-Mutanten für Bremen (2011) (D) [656]
8 S.
  B.F. Joseph
  Grimms Aliens (C) (SF)
  Edition 333

Die Sterntaler (2011) (D) [657]
7 S.
  B.F. Joseph
  Grimms Aliens (C) (SF)
  Edition 333

Die Sucher (2011) (D) [658]
11 S.
  B.F. Joseph
  Grimms Aliens (C) (SF)
  Edition 333

Das süße Blei (2011) (D) [659]
4 S.
  B.F. Joseph
  Grimms Aliens (C) (SF)
  Edition 333

Der tapfere Programmierer (2011) (D) [660]
11 S.
  B.F. Joseph
  Grimms Aliens (C) (SF)
  Edition 333

Träume (2011) (D) [661]
10 S.
  B.F. Joseph
  Transmitter-Almanach (C) (SF)
  Edition 333

Universal Soldier (2011) (D) [662]
9 S.
  B.F. Joseph
  Transmitter-Almanach (C) (SF)
  Edition 333

Untreue, recycled (2011) (D) [663]
10 S.
B.F. Joseph
Transmitter-Almanach (C) (SF)
Edition 333

Unverwüstlich! (2011) (D) [664]
10 S.
B.F. Joseph
Transmitter-Almanach (C) (SF)
Edition 333

Vixen - die Ausgefuchste (2011) (D) [665]
12 S.
B.F. Joseph
Transmitter-Almanach (C) (SF)
Edition 333

Wer trägt bei Rosie schon das Pelzchen? (2011) (D) [666]
11 S.
B.F. Joseph
Grimms Aliens (C) (SF)
Edition 333

Wiederauferstehung (2011) (D) [667]
10 S.
B.F. Joseph
Transmitter-Almanach (C) (SF)
Edition 333

Wohin mit den Originalen? (2011) (D) [668]
11 S.
B.F. Joseph
Transmitter-Almanach (C) (SF)
Edition 333

Xeno (2011) (D) [669]
10 S.
B.F. Joseph
Transmitter-Almanach (C) (SF)
Edition 333

Y - die Transmmitter-Weiche (2011) (D) [670]
10 S.
B.F. Joseph
Transmitter-Almanach (C) (SF)
Edition 333

Der Zeitfresser (2011) (D) [671]
10 S.
B.F. Joseph
Grimms Aliens (C) (SF)
Edition 333

Die Zeitspindel (2011) (D) [672]
10 S.
B.F. Joseph
Grimms Aliens (C) (SF)
Edition 333

Zwanzig Prozent Abzug (2011) (D) [673]
10 S.
B.F. Joseph
Transmitter-Almanach (C) (SF)
Edition 333

James Kahn

Die Rückkehr der Jedi-Ritter (2011) (D) (Roman) [674]
Return of the Jedi (1983) (US)
Ü: Tony Westermayr, Marc Winter
204 S.
George Lucas, Donald F. Glut, James Kahn (Hrsg.)
Star Wars Episode IV - VI (SF)
Blanvalet Fantasy, 26805, 978-3-442-26805-4

Eva Kalvoda

Der bebende Riese (2011) (D) (Lyrik) [675]
1 S.
Andreas Leder (Hrsg.)
Future Magic 70 (SF)
Privatdruck Future Magic, 70

Karl-Otto Kaminski

Amor schießt wieder (2011) (D) [676]
3 S.
Waltraud Gebert (Hrsg.)
Götter in Langeweile (F)
Wendepunkt, 14, 978-3-942688-14-7

Werner Karl

500 Pfund Kartoffelsalat (2010) (D) [677]
7 S.
Werner Karl
Danger Zone (C) (SF)
tredition Allgemeine Reihe, 91, 978-3-8424-0091-7

Die Blase (1999) (D) [678]
12 S.
Werner Karl
Danger Zone (C) (SF)
tredition Allgemeine Reihe, 91, 978-3-8424-0091-7

Das goldene Licht des ewigen Lebens (2007) (D) [679]
15 S.
Werner Karl
Danger Zone (C) (SF)
tredition Allgemeine Reihe, 91, 978-3-8424-0091-7

Das Krokodil (2011) (D) [680]
10 S.
Hans-Stephan Link (Hrsg.)
Weltentor Science Fiction 2 (SF)
Noel, 153, 978-3-942802-53-6

Das Krokodil (2011) (D) [681]
13 S.
Werner Karl
Danger Zone (C) (SF)
tredition Allgemeine Reihe, 91, 978-3-8424-0091-7

Das Krokodil (2011) (D) [682]
10 S.
Hans-Stephan Link (Hrsg.)
Weltentor Science Fiction 2 (SF)
Noel, 156, 978-3-942802-56-7

Die Letzte Schlacht (2007) (D) [683]
13 S.
Werner Karl
Danger Zone (C) (SF)
tredition Allgemeine Reihe, 91, 978-3-8424-0091-7

Das Lied der Sirene (2011) (D) [684]
17 S.
  Werner Karl
  Danger Zone (C) (SF)
  tredition Allgemeine Reihe, 91, 978-3-8424-0091-7

Der perfekte Spion (2007) (D) [685]
14 S.
  Werner Karl
  Danger Zone (C) (SF)
  tredition Allgemeine Reihe, 91, 978-3-8424-0091-7

Spring! (2005) (D) [686]
36 S.
  Werner Karl
  Danger Zone (C) (SF)
  tredition Allgemeine Reihe, 91, 978-3-8424-0091-7

Die Tage der Bestien (1999) (D) [687]
11 S.
  Werner Karl
  Danger Zone (C) (SF)
  tredition Allgemeine Reihe, 91, 978-3-8424-0091-7

Das Testament (2006) (D) [688]
14 S.
  Werner Karl
  Danger Zone (C) (SF)
  tredition Allgemeine Reihe, 91, 978-3-8424-0091-7

Zerrissene Herzen (2000) (D) [689]
24 S.
  Werner Karl
  Danger Zone (C) (SF)
  tredition Allgemeine Reihe, 91, 978-3-8424-0091-7

Zurück auf Anfang (2010) (D) [690]
4 S.
  Werner Karl
  Danger Zone (C) (SF)
  tredition Allgemeine Reihe, 91, 978-3-8424-0091-7

Mo Kast

Goetter.Online (2011) (D) [691]
7 S.
  Waltraud Gebert (Hrsg.)
  Götter in Langeweile (F)
  Wendepunkt, 14, 978-3-942688-14-7

Markus Kastenholz

AFPEC (2011) (D) [692]
11 S.
  Bernd Walter (Hrsg.)
  Die Magnethaube (PH)
  XUN TB, 5, 978-3-8423-5215-5

Von Menschen und Wölfen (2011) (D) [693]
16 S.
  Jörg E. Weigand (Hrsg.)
  Zwei Engel der Nacht (F)
  Fabylon Allgemeine Reihe, 33, 978-3-927071-33-9

Corinna Kastner

Engel der Nacht (2011) (D) [694]
16 S.
Jörg E. Weigand (Hrsg.)
Zwei Engel der Nacht (F)
Fabylon Allgemeine Reihe, 33, 978-3-927071-33-9

Jörg Kastner

Verboten (2011) (D) [695]
12 S.
Jörg E. Weigand (Hrsg.)
Zwei Engel der Nacht (F)
Fabylon Allgemeine Reihe, 33, 978-3-927071-33-9

Brian Keene

Der Wind ruft Mary (2011) (D) [696]
The Wind Cries Mary (2010) (US)
Ü: Firouzeh Akhavan-Zandjani
6 S.
Christopher Golden (Hrsg.)
The New Dead (HO)
Panini Allgemeine Reihe, 2253, 978-3-8332-2253-5

Alexandra Keller

Die Jesaja-Mission (2011) (D) [697]
16 S.
Stefan Holzhauer (Hrsg.)
Aethergarn (SF)
Steampunk-Chroniken, 1

Olaf Kemmler

Der Kuss der Deltafloride (2011) (D) [698]
23 S.
*Ronald M. Hahn, Frank Hebben, Olaf G. Hilscher, Michael K. Iwoleit
(Hrsg.)*
Nova 18 (SF)
Nova Nova, 18

Das Tortensymbol (2011) (D) [699]
5 S.
Klaus Bollhöfener (Hrsg.)
phantastisch! 44 (SF)
Havemann phantastisch!, 44

Zu Gast bei Meister Pforr (2011) (D) [700]
62 S.
Nina Horvath (Hrsg.)
Schattenuhr (HO)
Blitz Allgemeine Reihe, 324, 978-3-89840-324-5

Claudia Kern

Im Netz der Lüge (2003) (D) (Roman) [701]
104 S.
Horst Pukallus, Claudia Kern, Stephanie Seidel (Hrsg.)
Die Geschöpfe der Fremden (SF)
Romantruhe SF, 21, 978-3-940812-43-8

Schatten der Vergangenheit (2003) (D) (Roman) [702]
105 S.
Brian Frost, Ronald M. Hahn, Claudia Kern (Hrsg.)
Tauchfahrt ins Grauen (SF)
Romantruhe SF, 22, 978-3-940812-44-5

Gabriele Ketterl

Kinder der Dunkelheit (2011) (D) [703]
28 S.
  Alisha Bionda
  Die Mitternachtsträne (F)
  EDFC Fantasia, 350

Schattenflieger (2011) (D) [704]
5 S.
  Nils Hirseland (Hrsg.)
  Terracom 137 (SF)
  PR Online Club Terracom, 137

Achmed A.W. Khammas

Licht (2011) (D) [705]
9 S.
  Achmed A.W. Khammas
  Zehn hoch dreiundzwanzig (C) (PH)
  Edition TES BunTES Abenteuer, 201107

Zehn hoch dreiundzwanzig (2011) (D) [706]
21 S.
  Achmed A.W. Khammas
  Zehn hoch dreiundzwanzig (C) (PH)
  Edition TES BunTES Abenteuer, 201107

Carola Kickers

Die Agentur (2011) (D) [707]
2 S.
  Rainer Schwippl (Hrsg.)
  SpecFlash 8 (SF)
  SciFi-World Medien SpecFlash, 8

Das Dracula-Syndrom (2011) (D) [708]
7 S.
  Nils Hirseland (Hrsg.)
  Terracom 134 (SF)
  PR Online Club Terracom, 134

Der Letzte seiner Art (2011) (D) [709]
3 S.
  Nils Hirseland (Hrsg.)
  Terracom 132 (SF)
  PR Online Club Terracom, 132

Die Logik der Bestie (2011) (D) [710]
4 S.
  Nils Hirseland (Hrsg.)
  Terracom 135 (SF)
  PR Online Club Terracom, 135

Die Logik der Bestie (2011) (D) [711]
4 S.
  Rainer Schwippl (Hrsg.)
  SpecFlash 10 (SF)
  SciFi-World Medien SpecFlash, 10

Sarkophag (2011) (D) [712]
2 S.
  Rainer Schwippl (Hrsg.)
  SpecFlash 9 (SF)
  SciFi-World Medien SpecFlash, 9

Spieglein, Spieglein (2011) (D) [713]
4 S.
  Rainer Schwippl (Hrsg.)
  SpecFlash 10 (SF)
  SciFi-World Medien SpecFlash, 10

Symbiosis (2011) (D) [714]
2 S.
  Rainer Schwippl (Hrsg.)
  SpecFlash 8 (SF)
  SciFi-World Medien SpecFlash, 8

Jutta Kieber

Das Knöllchen (2011) (D) [715]
5 S.
  Bartholomäus Figatowski (Hrsg.)
  Der Basilikumdrache (PH)
  Nicole Schmenk, 6, 978-3-943022-06-3

Walter Kiesenhofer

Die Begegnung (2011) (D) [716]
4 S.
  Adriana Wipperling (Hrsg.)
  Das Zeitschiff der Tannari (SF)
  Engelsdorfer Allgemeine Reihe, 2149, 978-3-86268-149-5

CYBER SCHOOL WEB 4000 (2011) (D) [717]
6 S.
  Adriana Wipperling (Hrsg.)
  Das Zeitschiff der Tannari (SF)
  Engelsdorfer Allgemeine Reihe, 2149, 978-3-86268-149-5

William King

Der Graue Jäger (2003) (D) (Roman) [718]
Grey Hunter (2002) (E)
Ü: Christian Jentzsch
335 S.
  William King
  Space Wolf (C) (SF)
  Heyne SF & F, 53390, 978-3-453-53390-5

Der graue Prophet (2005) (D) (Roman) [719]
Skavenslayer (1999) (E)
Ü: Dieter Schmidt
447 S.
  William King
  Trollslayer / Skavenslayer (C) (F)
  Piper Fantasy TB, 6803, 978-3-492-26803-5

Ragnars Mission (2003) (D) (Roman) [720]
Ragnar's Claw (2000) (E)
Ü: Christian Jentzsch
358 S.
  William King
  Space Wolf (C) (SF)
  Heyne SF & F, 53390, 978-3-453-53390-5

Schicksalsgefährten (2004) (D) (Roman) [721]
Trollslayer (1999) (E)
Ü: Dieter Schmidt
463 S.
  William King
  Trollslayer / Skavenslayer (C) (F)
  Piper Fantasy TB, 6803, 978-3-492-26803-5

Wolfskrieger (2002) (D) (Roman) [722]
Space Wolf (1999) (E)
Ü: Christian Jentzsch
358 S.
   William King
   Space Wolf (C) (SF)
   Heyne SF & F, 53390, 978-3-453-53390-5

W. Kimball Kinnison

For-Pers Traum (2011) (D) [723]
62 S.
   W. Kimball Kinnison, Wilfried A. Hary
   For-Pers Traum / Wiege der Erkenntnis (C) (SF)
   Hary-Production Star Gate, 75

Mahlik-Salem (2011) (D) [724]
87 S.
   W. Kimball Kinnison, Wilfried A. Hary
   Mahlik-Salem / Roboter unerwünscht (C) (SF)
   Hary-Production Star Gate, 81

Ira Kirstland

Lesergrafik (2011) (D) (Comic) [725]
1 S.
   André Boyens (Hrsg.)
   SOL 61 (SF)
   PR Fanzentrale Sol, 61

Lesergrafik (2011) (D) (Comic) [726]
1 S.
   André Boyens (Hrsg.)
   SOL 63 (SF)
   PR Fanzentrale Sol, 63

Kai G. Klein

Zur blauen Stunde (2011) (D) [727]
7 S.
   Bernd Walter (Hrsg.)
   Tor zum Himmel (PH)
   XUN, 27

Mark Klein

Konsequenzen (2011) (D) [728]
18 S.
   Rainer Schwippl (Hrsg.)
   SpecFlash 8 (SF)
   SciFi-World Medien SpecFlash, 8

Theodor Karl Klein

Nahrhafte Angst (2011) (D) (Roman) [729]
18 S.
   Theodor Karl Klein
   Paladin 174 (C) (PH)
   SFC Thunderbolt Paladin, 174

Sven Klöpping

Der abgerissene Arm (2011) (D) [730]
2 S.
   Nils Hirseland (Hrsg.)
   Terracom 132 (SF)
   PR Online Club Terracom, 132

Auszug (2011) (D) [731]
4 S.
  Nils Hirseland (Hrsg.)
  Terracom 133 (SF)
  PR Online Club Terracom, 133

Der Entwicklungsplanet (2011) (D) [732]
15 S.
  Harald Giersche (Hrsg.)
  Prototypen und andere Unwägbarkeiten (SF)
  Begedia, 978-3-9813946-0-3

E-Riders! (2011) (D) [733]
3 S.
  Rainer Schwippl (Hrsg.)
  SpecFlash 10 (SF)
  SciFi-World Medien SpecFlash, 10

Finanzkrise! (2011) (D) [734]
3 S.
  Nils Hirseland (Hrsg.)
  Terracom 137 (SF)
  PR Online Club Terracom, 137

Internetsucht! (2011) (D) [735]
3 S.
  Nils Hirseland (Hrsg.)
  Terracom 138 (SF)
  PR Online Club Terracom, 138

Mein Freund, der Arkologiker (2011) (D) [736]
29 S.
  Ronald M. Hahn, Frank Hebben, Olaf G. Hilscher, Michael K. Iwoleit (Hrsg.)
  Nova 18 (SF)
  Nova Nova, 18

Up (2011) (D) [737]
2 S.
  Rainer Schwippl (Hrsg.)
  SpecFlash 10 (SF)
  SciFi-World Medien SpecFlash, 10

Weihnachtswahnsinn! (2011) (D) [738]
2 S.
  Nils Hirseland (Hrsg.)
  Terracom 140 (SF)
  PR Online Club Terracom, 140

Hans Kneifel

Labyrinth der BASIS (2011) (D) [739]
  Alexander A. Huiskes
  Countdown (SF)
  Moewig Perry Rhodan Extra, 12

Der Wächter von Foppon (1976) (D) (Roman) [740]
  Rainer Castor (Hrsg.)
  Das Erbe der Akonen (SF)
  Pabel - Moewig Atlan Buch, 38, 978-3-89064-075-4

C.J. Knittel

Die Geister von Wega C (2011) (D) [741]
31 S.
  C.J. Knittel
  Utopia Terrana (C) (SF)
  p.machinery AndroSF, 15, 978-3-942533-23-2

Der Letzte seiner Art (2011) (D) [742]
18 S.
  C.J. Knittel
  Utopia Terrana (C) (SF)
  p.machinery AndroSF, 15, 978-3-942533-23-2

Reise ins Jahr 2000 (2011) (D) [743]
28 S.
  C.J. Knittel
  Utopia Terrana (C) (SF)
  p.machinery AndroSF, 15, 978-3-942533-23-2

Das Wort Hermes' (2011) (D) [744]
20 S.
  C.J. Knittel
  Utopia Terrana (C) (SF)
  p.machinery AndroSF, 15, 978-3-942533-23-2

Michael Knoke

Die Schattenuhr (2011) (D) [745]
68 S.
  Nina Horvath (Hrsg.)
  Schattenuhr (HO)
  Blitz Allgemeine Reihe, 324, 978-3-89840-324-5

Boris Koch

Die, die tote Herzen bricht (2009) (D) [746]
22 S.
  Alisha Bionda (Hrsg.)
  Der Dorn im Auge (PH)
  EDFC Fantasia, 314

Erwin, das Glückskind (2011) (D) [747]
8 S.
  Boris Koch, Christian von Aster, Markolf Hoffmann
  Rückkehr ins Stirnhirnhinterzimmer (C) (PH)
  UBooks, 9, 978-3-939239-09-3

Fünf Minuten Berufskunde (2011) (D) [748]
7 S.
  Boris Koch, Christian von Aster, Markolf Hoffmann
  Rückkehr ins Stirnhirnhinterzimmer (C) (PH)
  UBooks, 9, 978-3-939239-09-3

Grenzgänger (2011) (D) [749]
19 S.
  Boris Koch, Christian von Aster, Markolf Hoffmann
  Rückkehr ins Stirnhirnhinterzimmer (C) (PH)
  UBooks, 9, 978-3-939239-09-3

Ein Leben frei von Eifersucht (2011) (D) [750]
10 S.
  Boris Koch, Christian von Aster, Markolf Hoffmann
  Rückkehr ins Stirnhirnhinterzimmer (C) (PH)
  UBooks, 9, 978-3-939239-09-3

Mit Sonderangeboten in den Himmel (2011) (D) [751]
13 S.
  Boris Koch, Christian von Aster, Markolf Hoffmann
  Rückkehr ins Stirnhirnhinterzimmer (C) (PH)
  UBooks, 9, 978-3-939239-09-3

Rosinenterror (2011) (D) [752]
9 S.
  Boris Koch, Christian von Aster, Markolf Hoffmann
  Rückkehr ins Stirnhirnhinterzimmer (C) (PH)
  UBooks, 9, 978-3-939239-09-3

Linda Koeberl

Blutige Schatten (2011) (D) [753]
12 S.
Alisha Bionda (Hrsg.)
Die Moorleichen (PH)
EDFC Fantasia, 319

Wofür lebst du, wenn du unsterblich bist? (2011) (D) [754]
17 S.
Alisha Bionda (Hrsg.)
Die Moorleichen (PH)
EDFC Fantasia, 319

Michael Köckritz

Begegnungen (4) (2011) (D) [755]
13 S.
Rainer Schwippl (Hrsg.)
SpecFlash 8 (SF)
SciFi-World Medien SpecFlash, 8

Begegnungen (5) (2011) (D) [756]
27 S.
Rainer Schwippl (Hrsg.)
SpecFlash 9 (SF)
SciFi-World Medien SpecFlash, 9

Wulf Köhn

Ein Alien kehrt zurück (2011) (D) [757]
2 S.
Wulf Köhn
Unendliche Zukunft (C) (SF)
Hottenstein Allgemeine Reihe, 39, 978-3-935928-39-7

Annäherung (2011) (D) [758]
10 S.
Wulf Köhn
Unendliche Zukunft (C) (SF)
Hottenstein Allgemeine Reihe, 39, 978-3-935928-39-7

Anomalien (2011) (D) [759]
8 S.
Wulf Köhn
Unendliche Zukunft (C) (SF)
Hottenstein Allgemeine Reihe, 39, 978-3-935928-39-7

Arnold (2011) (D) [760]
17 S.
Wulf Köhn
Unendliche Zukunft (C) (3F)
Hottenstein Allgemeine Reihe, 39, 978-3-935928-39-7

Das dritte Experiment (2011) (D) [761]
8 S.
Wulf Köhn
Unendliche Zukunft (C) (SF)
Hottenstein Allgemeine Reihe, 39, 978-3-935928-39-7

Einigkeit macht stark (2011) (D) [762]
5 S.
Wulf Köhn
Unendliche Zukunft (C) (SF)
Hottenstein Allgemeine Reihe, 39, 978-3-935928-39-7

Ende der Sommerzeit (2011) (D) [763]
8 S.
   Wulf Köhn
   Unendliche Zukunft (C) (SF)
   Hottenstein Allgemeine Reihe, 39, 978-3-935928-39-7

Feierabend (2011) (D) [764]
4 S.
   Wulf Köhn
   Unendliche Zukunft (C) (SF)
   Hottenstein Allgemeine Reihe, 39, 978-3-935928-39-7

Gesundheit und ein langes Leben (2011) (D) [765]
9 S.
   Wulf Köhn
   Unendliche Zukunft (C) (SF)
   Hottenstein Allgemeine Reihe, 39, 978-3-935928-39-7

Der Intelligenzfaktor (2011) (D) [766]
9 S.
   Wulf Köhn
   Unendliche Zukunft (C) (SF)
   Hottenstein Allgemeine Reihe, 39, 978-3-935928-39-7

Made in Bavaria (2011) (D) [767]
15 S.
   Wulf Köhn
   Unendliche Zukunft (C) (SF)
   Hottenstein Allgemeine Reihe, 39, 978-3-935928-39-7

Der Mensch, das unbekannte Wesen (2011) (D) [768]
10 S.
   Wulf Köhn
   Unendliche Zukunft (C) (SF)
   Hottenstein Allgemeine Reihe, 39, 978-3-935928-39-7

Mittelschweres Wasser (2011) (D) [769]
16 S.
   Wulf Köhn
   Unendliche Zukunft (C) (SF)
   Hottenstein Allgemeine Reihe, 39, 978-3-935928-39-7

Nicht mit mir! (2011) (D) [770]
3 S.
   Wulf Köhn
   Unendliche Zukunft (C) (SF)
   Hottenstein Allgemeine Reihe, 39, 978-3-935928-39-7

Der perfekte Mensch (2011) (D) [771]
10 S.
   Wulf Köhn
   Unendliche Zukunft (C) (SF)
   Hottenstein Allgemeine Reihe, 39, 978-3-935928-39-7

Porters Erfindung (2011) (D) [772]
6 S.
   Wulf Köhn
   Unendliche Zukunft (C) (SF)
   Hottenstein Allgemeine Reihe, 39, 978-3-935928-39-7

Die Prüfung (2011) (D) [773]
24 S.
   Wulf Köhn
   Unendliche Zukunft (C) (SF)
   Hottenstein Allgemeine Reihe, 39, 978-3-935928-39-7

Resozialisierungsprogramm (2011) (D) [774]
17 S.
  Wulf Köhn
  Unendliche Zukunft (C) (SF)
  Hottenstein Allgemeine Reihe, 39, 978-3-935928-39-7

Die Sättigungsgrenze (2011) (D) [775]
3 S.
  Wulf Köhn
  Unendliche Zukunft (C) (SF)
  Hottenstein Allgemeine Reihe, 39, 978-3-935928-39-7

Toms Spielzeug (2011) (D) [776]
4 S.
  Wulf Köhn
  Unendliche Zukunft (C) (SF)
  Hottenstein Allgemeine Reihe, 39, 978-3-935928-39-7

Unendliche Zukunft (2011) (D) [777]
19 S.
  Wulf Köhn
  Unendliche Zukunft (C) (SF)
  Hottenstein Allgemeine Reihe, 39, 978-3-935928-39-7

Weichensteller (2011) (D) [778]
10 S.
  Wulf Köhn
  Unendliche Zukunft (C) (SF)
  Hottenstein Allgemeine Reihe, 39, 978-3-935928-39-7

Wer hat denn nun die Zeitmaschne erfunden? (2011) (D) [779]
11 S.
  Wulf Köhn
  Unendliche Zukunft (C) (SF)
  Hottenstein Allgemeine Reihe, 39, 978-3-935928-39-7

Wie der Flügelschlag eines Schmetterlings (2011) (D) [780]
7 S.
  Wulf Köhn
  Unendliche Zukunft (C) (SF)
  Hottenstein Allgemeine Reihe, 39, 978-3-935928-39-7

Dieter König
Entscheidung auf Tyra Aurelis (2011) (D) [781]
4 S.
  Dieter König (Hrsg.)
  Paradoxon (SF)
  Sarturia SF, 2006, 978-3-940830-06-7

Knud Kohr
Der beste Raucherhusten (2011) (D) [782]
6 S.
  Hendrik Werner (Hrsg.)
  Bremen 2041 (SF)
  Weser-Kurier, 34, 978-3-938795-34-7

Betty Kolodzy
Hollareidulljöh! (2011) (D) [783]
6 S.
  Hendrik Werner (Hrsg.)
  Bremen 2041 (SF)
  Weser-Kurier, 34, 978-3-938795-34-7

Markus K. Korb

Jenseits des Hauses Usher (2011) (D) [784]
16 S.
  Nina Horvath (Hrsg.)
  Schattenuhr (HO)
  Blitz Allgemeine Reihe, 324, 978-3-89840-324-5

Günter Kosack

Die Bestien von Yangonn (2011) (D) [785]
3 S.
  Jo Zybell
  Tod einer Königin (SF)
  Bastei Maddrax, 303

Franz Kovacs

Die erfolgreiche Behandlung des selbstmordgefährdeten adeligen
Unternehmersohnes Rudolf W. auf einer noblen Insel in der Nordsee
(2011) (D) [786]
6 S.
  Michael Haitel (Hrsg.)
  Der Engel auf der Nadelspitze (PH)
  EDFC Fantasia, 335

Heute ich - morgen du (2011) (D) [787]
3 S.
  Michael Haitel (Hrsg.)
  Der Engel auf der Nadelspitze (PH)
  EDFC Fantasia, 335

Im Sturmzentrum (2011) (D) [788]
4 S.
  Michael Haitel (Hrsg.)
  Der Engel auf der Nadelspitze (PH)
  EDFC Fantasia, 335

Helen B. Kraft

Die Sünderin (2011) (D) [789]
4 S.
  Uwe Post (Hrsg.)
  Golem 94 (SF)
  SFC Thunderbolt Golem, 94

Guido Krain

Geliebte des Winters (2009) (D) [790]
24 S.
  Alisha Bionda (Hrsg.)
  Der Dorn im Auge (PH)
  EDFC Fantasia, 314

Gestreifte Weihnachten (2011) (D) [791]
17 S.
  Alisha Bionda
  Die Mitternachtsträne (F)
  EDFC Fantasia, 350

Tommy Krappweis

Kampf dem Bampf (2011) (D) [792]
3 S.
  Bernd Hutschenreuther, Holger Kunadt (Hrsg.)
  TERRAsse - Das Begleitheft zum PentaCon 2011 (SF)
  Urania SFC TERRAsse PentaCon, 2011

Matthias Kringe

(mit: Michael Schönenbröcher)
Madduckx - Die dunkle Zukunft der Ente (2011) (D) (Comic) [793]
4 S.
Oliver Fröhlich
Unter Mutanten (SF)
Bastei Maddrax, 300

Rolf Krohn

Silberlicht (2011) (D) [794]
9 S.
René Moreau, Olaf Kemmler, Heinz Wipperfürth (Hrsg.)
Exodus 28 (SF)
SF-Flohmarkt Exodus, 28

Kevin Krüger

Im Ruhestand (2011) (D) [795]
9 S.
Waltraud Gebert (Hrsg.)
Götter in Langeweile (F)
Wendepunkt, 14, 978-3-942688-14-7

Keine Angst vor der Zukunft (2011) (D) [796]
11 S.
Hans-Stephan Link (Hrsg.)
Weltentor Science Fiction 2 (SF)
Noel, 153, 978-3-942802-53-6

Keine Angst vor der Zukunft (2011) (D) [797]
11 S.
Hans-Stephan Link (Hrsg.)
Weltentor Science Fiction 2 (SF)
Noel, 156, 978-3-942802-56-7

Hans Kruppa

Zukunftsmusik (2011) (D) [798]
6 S.
Hendrik Werner (Hrsg.)
Bremen 2041 (SF)
Weser-Kurier, 34, 978-3-938795-34-7

Karsten Kruschel

Grün im Sternzeichen des Rasenmähers (2011) (D) [799]
32 S.
Uwe Post (Hrsg.)
2012 - T minus Null (SF)
Begedia, 978-3-943795-17-2

Obst für Eingereiste (2011) (D) [800]
10 S.
Bernd Hutschenreuther, Holger Kunadt (Hrsg.)
TERRAsse 26 (SF)
Urania SFC TERRAsse TERRAsse, 26

Violets Verlies (2011) (D) [801]
24 S.
Armin Rößler, Heidrun Jänchen (Hrsg.)
Emotio (SF)
Wurdack SF, 18, 978-3-938065-75-4

Axel Kruse

9,81 m/sec2 (2011) (D) [802]
35 S.
Axel Kruse
Eine Sphäre - lichtjahreweit (C) (SF)
Hary-Production Ad Astra TB, 13

Artefakt (2011) (D) [803]
4 S.
  Axel Kruse
  Eine Sphäre - lichtjahreweit (C) (SF)
  Hary-Production Ad Astra TB, 13

Eine Autobahnraststätte (2011) (D) [804]
35 S.
  Axel Kruse
  Eine Sphäre - lichtjahreweit (C) (SF)
  Hary-Production Ad Astra TB, 13

Center (2011) (D) [805]
6 S.
  Axel Kruse
  Eine Sphäre - lichtjahreweit (C) (SF)
  Hary-Production Ad Astra TB, 13

Die Entscheidung (2011) (D) [806]
37 S.
  Axel Kruse, Alexander Gail
  Das Geheimnis der neuen Welt (C) (SF)
  Hary-Production Ad Astra TB, 11

Erinnerungen an das Paradies (2011) (D) [807]
7 S.
  Axel Kruse, Alexander Gail
  Das Geheimnis der neuen Welt (C) (SF)
  Hary-Production Ad Astra TB, 11

Erster Kontakt - und die Folgen (2011) (D) [808]
8 S.
  Axel Kruse, Alexander Gail
  Das Geheimnis der neuen Welt (C) (SF)
  Hary-Production Ad Astra TB, 11

Ein Exkurs in Lagerhaltung (2011) (D) [809]
5 S.
  Axel Kruse, Alexander Gail
  Das Geheimnis der neuen Welt (C) (SF)
  Hary-Production Ad Astra TB, 11

Die Geschichte eines alten Mannes (2011) (D) [810]
10 S.
  Axel Kruse
  Eine Sphäre - lichtjahreweit (C) (SF)
  Hary-Production Ad Astra TB, 13

Ghostwriter (2011) (D) [811]
5 S.
  Axel Kruse, Alexander Gail
  Das Geheimnis der neuen Welt (C) (SF)
  Hary-Production Ad Astra TB, 11

Halterhaftung (2011) (D) [812]
4 S.
  Axel Kruse
  Eine Sphäre - lichtjahreweit (C) (SF)
  Hary-Production Ad Astra TB, 13

Invasion - einmal anders (2011) (D) [813]
8 S.
  Axel Kruse, Alexander Gail
  Das Geheimnis der neuen Welt (C) (SF)
  Hary-Production Ad Astra TB, 11

Die Lösung (2011) (D) [814]
6 S.
Axel Kruse, Alexander Gail
Das Geheimnis der neuen Welt (C) (SF)
Hary-Production Ad Astra TB, 11

Pflegeversicherung (2011) (D) [815]
4 S.
Axel Kruse
Eine Sphäre - lichtjahreweit (C) (SF)
Hary-Production Ad Astra TB, 13

Der Satz des Pythagoras (2011) (D) [816]
7 S.
Axel Kruse
Eine Sphäre - lichtjahreweit (C) (SF)
Hary-Production Ad Astra TB, 13

Eine Schriftstellerin (2011) (D) [817]
24 S.
Axel Kruse
Eine Sphäre - lichtjahreweit (C) (SF)
Hary-Production Ad Astra TB, 13

Eine Sphäre, lichtjahreweit (2011) (D) [818]
102 S.
Axel Kruse
Eine Sphäre - lichtjahreweit (C) (SF)
Hary-Production Ad Astra TB, 13

Der Südländer (2011) (D) [819]
5 S.
Axel Kruse, Alexander Gail
Das Geheimnis der neuen Welt (C) (SF)
Hary-Production Ad Astra TB, 11

Terraforming (2011) (D) [820]
5 S.
Axel Kruse
Eine Sphäre - lichtjahreweit (C) (SF)
Hary-Production Ad Astra TB, 13

Variationen eines Themas (2011) (D) [821]
7 S.
Axel Kruse
Eine Sphäre - lichtjahreweit (C) (SF)
Hary-Production Ad Astra TB, 13

Was geht mich das an? (2011) (D) [822]
6 S.
Axel Kruse, Alexander Gail
Das Geheimnis der neuen Welt (C) (SF)
Hary-Production Ad Astra TB, 11

Zu Lebzeiten Legende (2011) (D) [823]
13 S.
Axel Kruse, Alexander Gail
Das Geheimnis der neuen Welt (C) (SF)
Hary-Production Ad Astra TB, 11

Kai Krzyzelewski

Die Streiter der flammenden Speere (2011) (D) [824]
12 S.
Rainer Schwippl (Hrsg.)
SpecFlash 8 (SF)
SciFi-World Medien SpecFlash, 8

Die Suche jenseits des Todes (2011) (D) [825]
20 S.
   Bernd Walter (Hrsg.)
   Die Magnethaube (PH)
   XUN TB, 5, 978-3-8423-5215-5

Ulrike Kuckero

Migranten vor Mahndorf (2011) (D) [826]
6 S.
   Hendrik Werner (Hrsg.)
   Bremen 2041 (SF)
   Weser-Kurier, 34, 978-3-938795-34-7

Anja Kümmel

Im Spaßghetto (2011) (D) [827]
6 S.
   Hendrik Werner (Hrsg.)
   Bremen 2041 (SF)
   Weser-Kurier, 34, 978-3-938795-34-7

Christian Künne

Energielevel (2011) (D) [828]
24 S.
   Michael Haitel (Hrsg.)
   Seelensüchtig (SF)
   p.machinery AndroSF, 14, 978-3-942533-18-8

Thorsten Küper

Handlungsreisende (2011) (D) [829]
17 S.
   Harald Giersche (Hrsg.)
   Prototypen und andere Unwägbarkeiten (SF)
   Begedia, 978-3-9813946-0-3

Haptisch (2011) (D) [830]
5 S.
   *Ronald M. Hahn, Frank Hebben, Olaf G. Hilscher, Michael K. Iwoleit
   (Hrsg.)*
   Nova 18 (SF)
   Nova Nova, 18

Holger Kuhn

Fortschritt (2011) (D) [831]
14 S.
   Erik Schreiber (Hrsg.)
   Geheimnisvolle Geschichten 2 (F)
   Saphir im Stahl, 3, 978-3-9813823-3-4

Volkmar Kuhnle

Drei Botschaften für die Elbenkönigin (2011) (D) [832]
3 S.
   Ulrike Stegemann (Hrsg.)
   Elfenschrift 30 (F)
   Privatdruck Elfenschrift, 30

Das Märchen von Einar und Birgitta (2011) (D) [833]
3 S.
   Ulrike Stegemann (Hrsg.)
   Elfenschrift 32 (F)
   Privatdruck Elfenschrift, 32

Volker J. Kurz

Tod eines Massenmörders (2011) (D) [834]
12 S.
Dirk Van den Boom (Hrsg.)
Nur drei Stunden (SF)
Atlantis Ikarus Sonderband, 4, 978-3-941258-62-4

Bertram Kuzzath

Doppelte Hochzeit (2011) (D) [835]
17 S.
Michael Haitel (Hrsg.)
Durch die Wand (PH)
EDFC Fantasia, 334

Marcel Labbé-Laurent

Regression (2011) (D) [836]
6 S.
Uwe Post (Hrsg.)
Golem 94 (SF)
SFC Thunderbolt Golem, 94

Olaf Lahayne

Avila (2011) (D) [837]
11 S.
Hans-Stephan Link (Hrsg.)
Weltentor Science Fiction 2 (SF)
Noel, 153, 978-3-942802-53-6

Avila (2011) (D) [838]
11 S.
Hans-Stephan Link (Hrsg.)
Weltentor Science Fiction 2 (SF)
Noel, 156, 978-3-942802-56-7

Hendrik Lambertus

Die Mondkorsaren (2011) (D) [839]
17 S.
Bernd Walter (Hrsg.)
Mondgeschichten (PH)
XUN Anthologie, 2011, 978-3-8448-0175-0

Uwe Lammers

Die Katze, die die Sonne stahl (2009) (D) [840]
15 S.
Helge Lange (Hrsg.)
Fur Fiction 3 (F)
Projekte 188 Edition Solar-X, 1638, 978-3-86237-638-4

Janine Lancker

Sperrwerk (2011) (D) [841]
6 S.
Hendrik Werner (Hrsg.)
Bremen 2041 (SF)
Weser-Kurier, 34, 978-3-938795-34-7

Helge Lange

Gestrandet in der Ewigkeit (2009) (D) [842]
22 S.
Helge Lange (Hrsg.)
Fur Fiction 3 (F)
Projekte 188 Edition Solar-X, 1638, 978-3-86237-638-4

Siegfried Langer

Schöpfungsgeschichte (2011) (D) [843]
6 S.
 Ronald M. Hahn, Frank Hebben, Olaf G. Hilscher, Michael K. Iwoleit
 (Hrsg.)
 Nova 18 (SF)
 Nova Nova, 18

Valentina-Elisabeth Langer

Folgenreiche Taten (2011) (D) [844]
14 S.
 Maria Weise (Hrsg.)
 Es wird einmal (SF)
 net Allgemeine Reihe, 47, 978-3-942229-47-0

Joe R. Lansdale

Rack 'n' Break (2011) (D) [845]
Shooting Pool (2010) (US)
Ü: Firouzeh Akhavan-Zandjani
16 S.
 Christopher Golden (Hrsg.)
 The New Dead (HO)
 Panini Allgemeine Reihe, 2253, 978-3-8332-2253-5

Aino Laos

Sweet Charity (2011) (D) [846]
<unbekannt / unknown> (E)
Ü: Christoph Marzi
13 S.
 Alisha Bionda
 Die Mitternachtsträne (F)
 EDFC Fantasia, 350

Rena Larf

Augenstirnchen (2011) (D) [847]
10 S.
 Alisha Bionda (Hrsg.)
 Die Moorleichen (PH)
 EDFC Fantasia, 319

Nur ein Augenblick (2011) (D) [848]
2 S.
 Ulrike Stegemann (Hrsg.)
 Elfenschrift 31 (F)
 Privatdruck Elfenschrift, 31

Frank Lauenroth

Goldene Zeiten (2011) (D) [849]
13 S.
 Harald Giersche (Hrsg.)
 Prototypen und andere Unwägbarkeiten (SF)
 Begedia, 978-3-9813946-0-3

K'tarr! (2011) (D) [850]
44 S.
 Uwe Post (Hrsg.)
 2012 - T minus Null (SF)
 Begedia, 978-3-943795-17-2

Diana Lazaru

Geschwister at Work (2011) (D) (Comic) [851]
4 S.
 André Linke, Léontine Mandela
 Der Botvirus (SF)
 Machtwort Allgemeine Reihe, 270, 978-3-86761-070-4

Tim Lebbon

Im Staub (2011) (D) [852]
In the Dust (2010) (US)
Ü: Firouzeh Akhavan-Zandjani
32 S.
   Christopher Golden (Hrsg.)
   The New Dead (HO)
   Panini Allgemeine Reihe, 2253, 978-3-8332-2253-5

Edward Lee

Madenmädchen im Gefängnis der toten Frauen (2011) (D) [853]
Grub Girl in the Prison of Dead Women (1998) (US)
Ü: Jan Dugon
19 S.
   Frank Festa (Hrsg.)
   Kannibalen (HO)
   Festa Horror, 1532, 978-3-86552-126-2

A.T. Legrand

Der Fluch des Mondes (2011) (D) [854]
11 S.
   Bernd Walter (Hrsg.)
   Mondgeschichten (PH)
   XUN Anthologie, 2011, 978-3-8448-0175-0

Thomas Leinweber

Flucht (2011) (D) [855]
3 S.
   Bernd Walter (Hrsg.)
   Tor zum Himmel (PH)
   XUN, 27

William Leisner

Den Frieden verlieren (2011) (D) (Auszug) [856]
Losing the Peace (2009) (US)
8 S.
   Heather Jarman
   Dieser Graue Geist (SF)
   Cross Cult Star Trek DS9, 6, 978-3-941248-56-4

Mark-Denis Leitner

Für 35 Euro die Nacht (2011) (D) [857]
3 S.
   Bernd Walter (Hrsg.)
   Tor zum Himmel (PH)
   XUN, 27

Sven Lenhardt

Jenus (2011) (D) [858]
6 S.
   Hans-Stephan Link (Hrsg.)
   Weltentor Science Fiction 2 (SF)
   Noel, 153, 978-3-942802-53-6

Jenus (2011) (D) [859]
6 S.
   Hans-Stephan Link (Hrsg.)
   Weltentor Science Fiction 2 (SF)
   Noel, 156, 978-3-942802-56-7

Kein Tropfen zuviel (2011) (D) [860]
25 S.
   Anonym (Hrsg.)
   Ruf der Sterne (SF)
   Twilight-Line, 85, 978-3-941122-85-7

Um deiner Selbst willen (2011) (D) [861]
26 S.
   Michael Haitel (Hrsg.)
   Seelensüchtig (SF)
   p.machinery AndroSF, 14, 978-3-942533-18-8

Katja Leonhardt

Am Boden (2011) (D) (Lyrik) [862]
1 S.
   Ulrike Stegemann (Hrsg.)
   Elfenschrift 31 (F)
   Privatdruck Elfenschrift, 31

Durchs Elfental (2011) (D) (Lyrik) [863]
1 S.
   Ulrike Stegemann (Hrsg.)
   Elfenschrift 30 (F)
   Privatdruck Elfenschrift, 30

Im Gras (2011) (D) (Lyrik) [864]
1 S.
   Ulrike Stegemann (Hrsg.)
   Elfenschrift 31 (F)
   Privatdruck Elfenschrift, 31

Nino Lepore

Eine Hand wäscht die andere (2011) (D) [865]
5 S.
   Hans-Stephan Link (Hrsg.)
   Weltentor Science Fiction 2 (SF)
   Noel, 153, 978-3-942802-53-6

Eine Hand wäscht die andere (2011) (D) [866]
5 S.
   Hans-Stephan Link (Hrsg.)
   Weltentor Science Fiction 2 (SF)
   Noel, 156, 978-3-942802-56-7

Alf Leue

Die Auserwählte (2011) (D) [867]
16 S.
   Alisha Bionda (Hrsg.)
   Die Eisfrau (PH)
   EDFC Fantasia, 320

Clive Staples Lewis

Die böse Macht (2011) (D) (Roman) [868]
That Hideous Strength (1945) (E)
   Clive Staples Lewis
   Jenseits des schweigenden Sterns / Perelandra / Die böse Macht (C)
   (SF)
   Brendow Allgemeine Reihe, 346, 978-3-86506-346-5

Jenseits des schweigenden Sterns (2011) (D) (Roman) [869]
Out of the Silent Planet (1938) (E)
   Clive Staples Lewis
   Jenseits des schweigenden Sterns / Perelandra / Die böse Macht (C)
   (SF)
   Brendow Allgemeine Reihe, 346, 978-3-86506-346-5

Perelandra (2011) (D) (Roman) [870]
Perelandra (1943) (E)
   Clive Staples Lewis
   Jenseits des schweigenden Sterns / Perelandra / Die böse Macht (C)
   (SF)
   Brendow Allgemeine Reihe, 346, 978-3-86506-346-5

Shana Liebl

Als die Welt neu laufen lernte (2011) (D) [871]
9 S.
Maria Weise (Hrsg.)
Es wird einmal (SF)
net Allgemeine Reihe, 47, 978-3-942229-47-0

Harry Michael Liedtke

Gothic Girl (2011) (D) [872]
10 S.
Hans-Stephan Link (Hrsg.)
Weltentor Science Fiction 2 (SF)
Noel, 153, 978-3-942802-53-6

Gothic Girl (2011) (D) [873]
10 S.
Hans-Stephan Link (Hrsg.)
Weltentor Science Fiction 2 (SF)
Noel, 156, 978-3-942802-56-7

Diandra Linnemann

Museumsreif (2011) (D) [874]
2 S.
Maria Weise (Hrsg.)
Es wird einmal (SF)
net Allgemeine Reihe, 47, 978-3-942229-47-0

David Liss

Maisie (2011) (D) [875]
What Maisie Knew (2010) (US)
Ü: Firouzeh Akhavan-Zandjani
40 S.
Christopher Golden (Hrsg.)
The New Dead (HO)
Panini Allgemeine Reihe, 2253, 978-3-8332-2253-5

Frederick S. List

Entführt (2011) (D) [876]
69 S.
Frederick S. List, W.A. Travers
Entführt / Krieg am Ebrox (C) (SF)
Hary-Production Star Gate, 79

Nicol Ljubic

Rilke? Du kennst Rilke nicht? (2011) (D) [877]
6 S.
Hendrik Werner (Hrsg.)
Bremen 2041 (SF)
Weser-Kurier, 34, 978-3-938795-34-7

Christoph Lode

Phoenixfeuer (2011) (D) (Auszug) [878]
9 S.
Christoph Lode
Die Stadt der Seelen (F)
Goldmann Allgemeine Reihe, 47174, 978-3-442-47174-4

Heinz Löbel

Zeiten (2011) (D) [879]
12 S.
Harald Giersche (Hrsg.)
Prototypen und andere Unwägbarkeiten (SF)
Begedia, 978-3-9813946-0-3

H.P. Lovecraft

Berge des Wahnsinns (2011) (D) [880]
At the Mountains of Madness (1936) (US)
Ü: A.F. Fischer
142 S.
  H.P. Lovecraft
  Chronik des Cthulhu-Mythos 2 (C) (HO)
  Festa Allgemeine Reihe, 145, 978-3-86552-145-3

Das Bild im Haus (2011) (D) [881]
The Picture in the House (1919) (US)
Ü: Andreas Diesel
15 S.
  Frank Festa (Hrsg.)
  Kannibalen (HO)
  Festa Horror, 1532, 978-3-86552-126-2

Dagon (2011) (D) [882]
Dagon (1923) (US)
Ü: Andreas Diesel, Frank Festa
12 S.
  H.P. Lovecraft
  Chronik des Cthulhu-Mythos 1 (C) (HO)
  Festa Allgemeine Reihe, 144, 978-3-86552-144-6

Das Ding auf der Schwelle (2011) (D) [883]
The Thing on the Doorstep (1937) (US)
Ü: Andreas Diesel, Frank Festa
38 S.
  H.P. Lovecraft
  Chronik des Cthulhu-Mythos 2 (C) (HO)
  Festa Allgemeine Reihe, 145, 978-3-86552-145-3

Der Fall Charles Dexter Ward (2011) (D) (Roman) [884]
The Case of Charles Dexter Ward (1941) (US)
Ü: Andreas Diesel, Felix F. Frey
176 S.
  H.P. Lovecraft
  Chronik des Cthulhu-Mythos 1 (C) (HO)
  Festa Allgemeine Reihe, 144, 978-3-86552-144-6

Die Farbe aus dem All (2011) (D) [885]
The Colour Out of Space (1927) (US)
Ü: Andreas Diesel
40 S.
  H.P. Lovecraft
  Chronik des Cthulhu-Mythos 1 (C) (HO)
  Festa Allgemeine Reihe, 144, 978-3-86552-144-6

Das Fest (2011) (D) [886]
The Festival (1925) (US)
Ü: A.F. Fischer
14 S.
  H.P. Lovecraft
  Chronik des Cthulhu-Mythos 1 (C) (HO)
  Festa Allgemeine Reihe, 144, 978-3-86552-144-6

Der Flüsterer im Dunkeln (2011) (D) (Roman) [887]
The Whisperer in Darkness (1931) (US)
Ü: Andreas Diesel, Frank Festa
90 S.
  H.P. Lovecraft
  Chronik des Cthulhu-Mythos 1 (C) (HO)
  Festa Allgemeine Reihe, 144, 978-3-86552-144-6

Geschichte des Necronomicons (2011) (D) [888]
A History of the Necronomicon (1938) (US)
Ü: Malte S. Sembten
10 S.
H.P. Lovecraft
Chronik des Cthulhu-Mythos 1 (C) (HO)
Festa Allgemeine Reihe, 144, 978-3-86552-144-6

Das Grauen von Dunwich (2011) (D) (Roman) [889]
The Dunwich Horror (1929) (US)
Ü: Andreas Diesel
60 S.
H.P. Lovecraft
Chronik des Cthulhu-Mythos 1 (C) (HO)
Festa Allgemeine Reihe, 144, 978-3-86552-144-6

Jäger der Finsternis (2011) (D) [890]
The Haunter of the Dark (1936) (US)
Ü: Andreas Diesel
35 S.
H.P. Lovecraft
Chronik des Cthulhu-Mythos 2 (C) (HO)
Festa Allgemeine Reihe, 145, 978-3-86552-145-3

Die Musik des Erich Zann (2011) (D) [891]
The Music of Erich Zann (1922) (US)
Ü: Andreas Diesel
14 S.
H.P. Lovecraft
Chronik des Cthulhu-Mythos 1 (C) (HO)
Festa Allgemeine Reihe, 144, 978-3-86552-144-6

Nyarlathotep (2011) (D) (Lyrik) [892]
Nyarlathotep (1920) (US)
Ü: Andreas Diesel, Felix F. Frey
6 S.
H.P. Lovecraft
Chronik des Cthulhu-Mythos 1 (C) (HO)
Festa Allgemeine Reihe, 144, 978-3-86552-144-6

Der Ruf des Cthulhu (2011) (D) [893]
The Call of Cthulhu (1928) (US)
Ü: Andreas Diesel, Frank Festa
44 S.
H.P. Lovecraft
Chronik des Cthulhu-Mythos 1 (C) (HO)
Festa Allgemeine Reihe, 144, 978-3-86552-144-6

Der Schatten aus der Zeit (2011) (D) [894]
The Shadow Out of Time (1936) (US)
Ü: Andreas Diesel
88 S.
H.P. Lovecraft
Chronik des Cthulhu-Mythos 2 (C) (HO)
Festa Allgemeine Reihe, 145, 978-3-86552-145-3

Der Schatten über Innsmouth (2011) (D) [895]
The Shadow Over Innsmouth (1936) (US)
Ü: Andreas Diesel
90 S.
H.P. Lovecraft
Chronik des Cthulhu-Mythos 2 (C) (HO)
Festa Allgemeine Reihe, 145, 978-3-86552-145-3

Stadt ohne Namen (2011) (D) [896]
The Nameless City (1921) (US)
Ü: A.F. Fischer
20 S.
  H.P. Lovecraft
  Chronik des Cthulhu-Mythos 1 (C) (HO)
  Festa Allgemeine Reihe, 144, 978-3-86552-144-6

Träume im Hexenhaus (2011) (D) [897]
The Dreams in the Witch House (1933) (US)
Ü: Andreas Diesel
50 S.
  H.P. Lovecraft
  Chronik des Cthulhu-Mythos 2 (C) (HO)
  Festa Allgemeine Reihe, 145, 978-3-86552-145-3

James Lovegrove

Steampunch (2011) (D) [898]
Steampunch (2008) (E)
20 S.
  Erik Schreiber (Hrsg.)
  Geheimnisvolle Geschichten 2 (F)
  Saphir im Stahl, 3, 978-3-9813823-3-4

George Lucas

Eine neue Hoffnung (2011) (D) (Roman) [899]
A New Hope (1976) (US)
Ü: Tony Westermayr
256 S.
  George Lucas, Donald F. Glut, James Kahn (Hrsg.)
  Star Wars Episode IV - VI (SF)
  Blanvalet Fantasy, 26805, 978-3-442-26805-4

Sabine Ludwigs

Machlath (2009) (D) [900]
12 S.
  Alisha Bionda (Hrsg.)
  Die Tränen Luzifers (PH)
  EDFC Fantasia, 313

Leo Lukas

Terranische Flottenhymne (2011) (D) (Lyrik) [901]
1 S.
  Peter Emmerich (Hrsg.)
  Sumpfgeblubber 90 (SP)
  Fantasy Club Sumpfgeblubber, 90

Jewgeni Lukin

Sujet (2011) (D) (Lyrik) [902]
<unbekannt / unknown> (RU)
Ü: Erik Simon
1 S.
  Bernd Hutschenreuther, Holger Kunadt (Hrsg.)
  TERRAsse - Das Begleitheft zum PentaCon 2011 (SF)
  Urania SFC TERRAsse PentaCon, 2011

Ljubow Lukina

(mit: Jewgeni Lukin)
Frag mal den Cäsar (2011) (D) [903]
<unbekannt / unknown> (RU)
Ü: Erik Simon
1 S.
  Bernd Hutschenreuther, Holger Kunadt (Hrsg.)
  TERRAsse - Das Begleitheft zum PentaCon 2011 (SF)
  Urania SFC TERRAsse PentaCon, 2011

(mit: Jewgeni Lukin)
Innerer Monolog (2011) (D) [904]
<unbekannt / unknown> (RU)
Ü: Erik Simon
1 S.
  Bernd Hutschenreuther, Holger Kunadt (Hrsg.)
  TERRAsse - Das Begleitheft zum PentaCon 2011 (SF)
  Urania SFC TERRAsse PentaCon, 2011

Jonathan Maberry

Familienbetrieb (2011) (D) [905]
Family Business (2010) (US)
Ü: Firouzeh Akhavan-Zandjani
66 S.
  Christopher Golden (Hrsg.)
  The New Dead (HO)
  Panini Allgemeine Reihe, 2253, 978-3-8332-2253-5

Dennis Maciuszek

Upload Complete (2011) (D) [906]
9 S.
  Maria Weise (Hrsg.)
  Es wird einmal (SF)
  net Allgemeine Reihe, 47, 978-3-942229-47-0

David Mack

Und die Sterne blicken herab (2011) (D) [907]
The Stars Look Down (2011) (US)
Ü: Stephanie Pannen
130 S.
  Dayton Ward, Kevin Dilmore, David Mack, Marco Palmieri (Hrsg.)
  Enthüllungen (SF)
  Cross Cult Star Trek Vanguard, 6, 978-3-941248-10-6

Ulrich Magin

Alltag im Leben der PR-Redaktion (2011) (D) (Comic) [908]
1 S.
  André Boyens (Hrsg.)
  SOL 62 (SF)
  PR Fanzentrale Sol, 62

Cartoon (2011) (D) (Comic) [909]
1 S.
  André Boyens (Hrsg.)
  SOL 64 (SF)
  PR Fanzentrale Sol, 64

Perry Rhodan-Fans privat (2011) (D) (Comic) [910]
1 S.
  Christian Montillon
  Handelsstern im Visier (SF)
  Moewig Perry Rhodan, 2580

Perry Rhodan-Fans privat (2011) (D) (Comic) [911]
1 S.
  Arndt Ellmer
  Aufmarsch der Titanen (SF)
  Moewig Perry Rhodan, 2588

Laila Mahfouz

Sachmets Erweckung (2011) (D) [912]
5 S.
  Waltraud Gebert (Hrsg.)
  Götter in Langeweile (F)
  Wendepunkt, 14, 978-3-942688-14-7

Kurt Mahr

Alarm auf Martappon (1980) (D) (Roman) [913]
  Hubert Haensel (Hrsg.)
  Kämpfer für Garbesch (SF)
  Pabel - Moewig Perry Rhodan - Buch, 115, 978-3-8118-4101-7

Die Gefangenen von Akon (2011) (D) (Roman) [914]
  Rainer Castor (Hrsg.)
  Hetzjagd im Blauen System (SF)
  Pabel - Moewig Atlan Buch, 39, 978-3-86889-160-7

Die Gruft des Beschützers (1979) (D) (Roman) [915]
  Hubert Haensel (Hrsg.)
  Der Loower und das Auge (SF)
  Pabel - Moewig Perry Rhodan - Buch, 113, 978-3-8118-4099-7

Helfer der Kosmokraten (2011) (D) (Roman) [916]
  Hubert Haensel (Hrsg.)
  Der Auserwählte (SF)
  Pabel - Moewig Perry Rhodan - Buch, 116, 978-3-8118-4102-4

Schwerkraft-Alarm (2011) (D) (Roman) [917]
  Hubert Haensel (Hrsg.)
  Der Auserwählte (SF)
  Pabel - Moewig Perry Rhodan - Buch, 116, 978-3-8118-4102-4

Die Stimme aus dem Nichts (1980) (D) (Roman) [918]
  Hubert Haensel (Hrsg.)
  Kämpfer für Garbesch (SF)
  Pabel - Moewig Perry Rhodan - Buch, 115, 978-3-8118-4101-7

Der Traumplanet (1979) (D) (Roman) [919]
  Hubert Haensel (Hrsg.)
  Der Loower und das Auge (SF)
  Pabel - Moewig Perry Rhodan - Buch, 113, 978-3-8118-4099-7

Rainer Mammen

Die Zeitmaschine (2011) (D) [920]
6 S.
  Hendrik Werner (Hrsg.)
  Bremen 2041 (SF)
  Weser-Kurier, 34, 978-3-938795-34-7

Ernst-Eberhard Manski

Nachhaltigkeitsübergang (2011) (D) [921]
40 S.
  Dieter König (Hrsg.)
  Paradoxon (SF)
  Sarturia SF, 2006, 978-3-940830-06-7

Zeitlupenwiederholung (2011) (D) [922]
24 S.
  Armin Rößler, Heidrun Jänchen (Hrsg.)
  Emotio (SF)
  Wurdack SF, 18, 978-3-938065-75-4

Elisabeth Marienhagen

Black Hole (2011) (D) [923]
4 S.
  Christian Persson (Hrsg.)
  c't 2011 / 13 (SF)
  Heise c't, 201113

Eva Markert

Die Muhme (2011) (D) [924]
16 S.
Alisha Bionda (Hrsg.)
Die Eisfrau (PH)
EDFC Fantasia, 320

Michael Marrak

Das Königreich der Tränen (2011) (D) [925]
137 S.
Uwe Post (Hrsg.)
2012 - T minus Null (SF)
Begedia, 978-3-943795-17-2

Michael A. Martin

Das höchste Maß an Hingabe (2011) (D) (Auszug) [926]
Last Full Measure (2010) (US)
Ü: Bernd Perplies
11 S.
Peter David
Die Waffe (SF)
Cross Cult New Frontier, 4, 978-3-942649-04-9

Andrä Martyna

Leben ohne Ende (2011) (D) [927]
8 S.
Alisha Bionda (Hrsg.)
Der perfekte Friede (SF)
p.machinery Dark Wor(l)ds, 1, 978-3-942533-05-8

David Marusek

Das Hochzeitsalbum (2011) (D) [928]
The Wedding Album (1999) (US)
Ü: Jasper Nicolaisen
64 S.
David Marusek
Wir waren außer uns vor Glück (C) (SF)
Golkonda Allgemeine Reihe, 3, 978-3-942396-03-5

Ein Junge in Cathyland (2011) (D) [929]
A Boy in Cathyland (2001) (US)
Ü: Jasper Nicolaisen
10 S.
David Marusek
Wir waren außer uns vor Glück (C) (SF)
Golkonda Allgemeine Reihe, 3, 978-3-942396-03-5

Kraut und Kohl, oder: Wie wir Amerika gesundschrumpften (2011) (D)
[930]
Cabbages and Kale, or: How We Downsized North America (1999) (US)
Ü: Jakob Schmidt
36 S.
David Marusek
Wir waren außer uns vor Glück (C) (SF)
Golkonda Allgemeine Reihe, 3, 978-3-942396-03-5

Wie wir uns kennenlernten (2011) (D) [931]
Getting to Know You (1997) (US)
Ü: Jakob Schmidt
33 S.
David Marusek
Wir waren außer uns vor Glück (C) (SF)
Golkonda Allgemeine Reihe, 3, 978-3-942396-03-5

Wir waren außer uns vor Glück (2011) (D) [932]
We Were Out of Our Minds With Joy (1995) (US)
Ü: Jakob Schmidt
70 S.
  David Marusek
  Wir waren außer uns vor Glück (C) (SF)
  Golkonda Allgemeine Reihe, 3, 978-3-942396-03-5

Christoph Marzi

Epiphany (2009) (D) [933]
20 S.
  Alisha Bionda (Hrsg.)
  Die Tränen Luzifers (PH)
  EDFC Fantasia, 313

Die Seekatze (2011) (D) [934]
9 S.
  Alisha Bionda (Hrsg.)
  Die Moorleichen (PH)
  EDFC Fantasia, 319

Graham Masterton

Eric, die Pastete (2011) (D) [935]
Eric the Pie (1991) (E)
Ü: Ben Sonntag
19 S.
  Frank Festa (Hrsg.)
  Kannibalen (HO)
  Festa Horror, 1532, 978-3-86552-126-2

Jakub Mateja

Guter Ausgangspunkt für einen Neuanfang (2011) (D) [936]
23 S.
  Anonym (Hrsg.)
  Ruf der Sterne (SF)
  Twilight-Line, 85, 978-3-941122-85-7

Carmen Matthes

Gefangen in der Dimension der Zukunft (2011) (D) [937]
4 S.
  Maria Weise (Hrsg.)
  Es wird einmal (SF)
  net Allgemeine Reihe, 47, 978-3-942229-47-0

Der Seelenkasten (2011) (D) [938]
24 S.
  Michael Haitel (Hrsg.)
  Brechende Seelen (SF)
  p.machinery AndroSF, 9, 978-3-942533-16-4

Silas Matthes

Das In-Game-System (2011) (D) [939]
5 S.
  Maria Weise (Hrsg.)
  Es wird einmal (SF)
  net Allgemeine Reihe, 47, 978-3-942229-47-0

Tensor McDyke

Menschen zu den Sternen (1) (1967) (D) (Roman) [940]
  Tensor McDyke
  Menschen zu den Sternen (C) (SF)
  Mohlberg Utopische Welten So., 25

Menschen zu den Sternen (2) (1967) (D) (Roman) [941]
   Tensor McDyke
   Menschen zu den Sternen (C) (SF)
   Mohlberg Utopische Welten So., 25

Brian McNaughton

Lord Glyphtards Geschichte (2011) (D) [942]
Lord Glyphtard's Tale (1995) (E)
Ü: Michael Weh
62 S.
   Frank Festa (Hrsg.)
   Kannibalen (HO)
   Festa Horror, 1532, 978-3-86552-126-2

Elisabeth Meister

Die Straßenschläferin (2011) (D) [943]
60 S.
   Michael Haitel (Hrsg.)
   Seelensüchtig (SF)
   p.machinery AndroSF, 14, 978-3-942533-18-8

Nora Melling

Raunächte (2011) (D) [944]
   Tanja Heitmann (Hrsg.)
   Stille Nacht (F)
   Rowohlt rororo, 21626, 978-3-499-21626-8

Harry Messerschmidt

Kontaktknilch (2011) (D) (Comic) [945]
1 S.
   Frank Borsch
   Der Okrivar und das Schicksal (SF)
   Moewig Perry Rhodan, 2584

Xunni (2011) (D) (Comic) [946]
1 S.
   Bernd Walter (Hrsg.)
   Tor zum Himmel (PH)
   XUN, 27

Christian Metzger

Zwischen zwei Welten (2011) (D) [947]
93 S.
   Michael Haitel (Hrsg.)
   Zwischen zwei Welten (PH)
   EDFC Fantasia, 332

Tanja Meurer

Ruf der Sterne (2011) (D) [948]
17 S.
   Stefan Holzhauer (Hrsg.)
   Aethergarn (SF)
   Steampunk-Chroniken, 1

Bernd Meyer

Es ist nicht leicht, kein Held zu sein (2011) (D) [949]
12 S.
   Stefan Holzhauer (Hrsg.)
   Aethergarn (SF)
   Steampunk-Chroniken, 1

Elke Meyer

Der Feind auf dem Sofa (2011) (D) [950]
12 S.
Alisha Bionda
Die Mitternachtsträne (F)
EDFC Fantasia, 350

Im Zwielicht (2011) (D) [951]
14 S.
Alisha Bionda (Hrsg.)
Die Moorleichen (PH)
EDFC Fantasia, 319

Gerald Meyer

Cut up! (2011) (D) [952]
2 S.
Bernd Walter (Hrsg.)
Tor zum Himmel (PH)
XUN, 27

Frauke Meyer-Gosau

Sludertanten im Eisverein (2011) (D) [953]
5 S.
Hendrik Werner (Hrsg.)
Bremen 2041 (SF)
Weser-Kurier, 34, 978-3-938795-34-7

Klaus Modick

Die zweite Karriere des Guido Westerwelle (2011) (D) [954]
6 S.
Hendrik Werner (Hrsg.)
Bremen 2041 (SF)
Weser-Kurier, 34, 978-3-938795-34-7

Armin Möhle

Himmelstanz (2011) (D) [955]
11 S.
Dirk Van den Boom (Hrsg.)
Nur drei Stunden (SF)
Atlantis Ikarus Sonderband, 4, 978-3-941258-62-4

Lucie Moenikes

Die Seelentrinkerin (2011) (D) [956]
38 S.
Michael Haitel (Hrsg.)
Brechende Seelen (SF)
p.machinery AndroSF, 9, 978-3-942533-16-4

Helmuth W. Mommers

Goodbye James! (2011) (D) [957]
8 S.
René Moreau, Olaf Kemmler, Heinz Wipperfürth (Hrsg.)
Exodus 28 (SF)
SF-Flohmarkt Exodus, 28

Christian Montillon

Die Folie (2011) (D) [958]
8 S.
Alisha Bionda (Hrsg.)
Der perfekte Friede (SF)
p.machinery Dark Wor(l)ds, 1, 978-3-942533-05-8

Susanne Montua

Im Schein des Mondes (2011) (D) [959]
7 S.
  Bernd Walter (Hrsg.)
  Mondgeschichten (PH)
  XUN Anthologie, 2011, 978-3-8448-0175-0

James A. Moore

Kinder und ihre Spielsachen (2011) (D) [960]
Kids and Their Toys (2010) (US)
Ü: Firouzeh Akhavan-Zandjani
20 S.
  Christopher Golden (Hrsg.)
  The New Dead (HO)
  Panini Allgemeine Reihe, 2253, 978-3-8332-2253-5

Dave T. Morgan

1642 (2011) (D) [961]
15 S.
  Alisha Bionda (Hrsg.)
  Die Moorleichen (PH)
  EDFC Fantasia, 319

Auf Messers Schneide (2011) (D) [962]
10 S.
  Alisha Bionda (Hrsg.)
  Odem des Todes (HO)
  Voodoo Press Allgemeine Reihe, 6, 978-3-902802-06-4

Mario Moritz

Kiri (2011) (D) [963]
10 S.
  Alisha Bionda (Hrsg.)
  Der perfekte Friede (SF)
  p.machinery Dark Wor(l)ds, 1, 978-3-942533-05-8

Holger Mossakowski

Archetyp (2011) (D) [964]
6 S.
  Waltraud Gebert (Hrsg.)
  Götter in Langeweile (F)
  Wendepunkt, 14, 978-3-942688-14-7

Chris Moun

Aka Hannibal (2011) (D) [965]
10 S.
  Bernd Walter (Hrsg.)
  Böse Hexen (PH)
  XUN TB, 6, 978-3-8423-7759-2

Derens Spiel (2011) (D) [966]
4 S.
  Klaus Bollhöfener (Hrsg.)
  phantastisch! 42 (SF)
  Havemann phantastisch!, 42

Stefanie Mühlsteph

Die Eisprinzessin (2011) (D) [967]
4 S.
  Judith Gor (Hrsg.)
  Phantast 4 (SF)
  Privatdruck Phantast, 4

Wilko Müller jr.

Eine Drachengeschichte (2011) (D) [968]
6 S.
   Hans-Stephan Link (Hrsg.)
   Weltentor Science Fiction 2 (SF)
   Noel, 153, 978-3-942802-53-6

Eine Drachengeschichte (2011) (D) [969]
6 S.
   Hans-Stephan Link (Hrsg.)
   Weltentor Science Fiction 2 (SF)
   Noel, 156, 978-3-942802-56-7

In Konjunktion (2011) (D) [970]
4 S.
   Bernd Hutschenreuther, Holger Kunadt (Hrsg.)
   TERRAsse 26 (SF)
   Urania SFC TERRAsse TERRAsse, 26

Schafskälte (2009) (D) [971]
2 S.
   Helge Lange (Hrsg.)
   Fur Fiction 3 (F)
   Projekte 188 Edition Solar-X, 1638, 978-3-86237-638-4

Nadine Muriel

Die Stechmücke (2009) (D) [972]
15 S.
   Helge Lange (Hrsg.)
   Fur Fiction 3 (F)
   Projekte 188 Edition Solar-X, 1638, 978-3-86237-638-4

Benjamin Nemeth

Der Kepkow-Apparat (2011) (D) [973]
14 S.
   Bartholomäus Figatowski (Hrsg.)
   Der Basilikumdrache (PH)
   Nicole Schmenk, 6, 978-3-943022-06-3

Viktor Nepomuk

Der Hampelmann (2011) (D) [974]
11 S.
   Hans-Stephan Link (Hrsg.)
   Weltentor Science Fiction 2 (SF)
   Noel, 153, 978-3-942802-53-6

Der Hampelmann (2011) (D) [975]
11 S.
   Hans-Stephan Link (Hrsg.)
   Weltentor Science Fiction 2 (SF)
   Noel, 156, 978-3-942802-56-7

Frank Neugebauer

Kinder der Raketenbauer (2011) (D) [976]
31 S.
   Anonym (Hrsg.)
   Ruf der Sterne (SF)
   Twilight-Line, 85, 978-3-941122-85-7

Rückreise (2011) (D) [977]
5 S.
   René Moreau, Olaf Kemmler, Heinz Wipperfürth (Hrsg.)
   Exodus 28 (SF)
   SF-Flohmarkt Exodus, 28

Holly Newstein

Delice (2011) (D) [978]
Delice (2010) (US)
Ü: Firouzeh Akhavan-Zandjani
12 S.
  Christopher Golden (Hrsg.)
  The New Dead (HO)
  Panini Allgemeine Reihe, 2253, 978-3-8332-2253-5

Jasper Nicolaisen

Der vorletzte Mensch auf Proteia (2011) (D) [979]
16 S.
  Armin Rößler, Heidrun Jänchen (Hrsg.)
  Emotio (SF)
  Wurdack SF, 18, 978-3-938065-75-4

Monika Niehaus

Diesseits von Eden (2011) (D) [980]
10 S.
  Jörg E. Weigand (Hrsg.)
  Zwei Engel der Nacht (F)
  Fabylon Allgemeine Reihe, 33, 978-3-927071-33-9

René Niemann

Suicide Show (2011) (D) [981]
6 S.
  Hendrik Werner (Hrsg.)
  Bremen 2041 (SF)
  Weser-Kurier, 34, 978-3-938795-34-7

Derek Nikitas

Dolly (2011) (D) [982]
My Dolly (2010) (US)
Ü: Firouzeh Akhavan-Zandjani
20 S.
  Christopher Golden (Hrsg.)
  The New Dead (HO)
  Panini Allgemeine Reihe, 2253, 978-3-8332-2253-5

Clemens Nissen

Gleisbau (2011) (D) [983]
17 S.
  Theodor Karl Klein (Hrsg.)
  Paladin 172 (PH)
  SFC Thunderbolt Paladin, 172

Die Zerstörung der Vielfalt (2011) (D) [984]
18 S.
  Theodor Karl Klein (Hrsg.)
  Paladin 175 (PH)
  SFC Thunderbolt Paladin, 175

Barbara Nitribitt

Im neuen Jahr wird alles anders (2011) (D) [985]
7 S.
  Erik Schreiber (Hrsg.)
  Geheimnisvolle Geschichten 2 (F)
  Saphir im Stahl, 3, 978-3-9813823-3-4

Ellen Norten

Der lange Marsch der Wolkenkratzer (2011) (D) [986]
2 S.
  Michael Haitel (Hrsg.)
  Andromeda Nachrichten 235 (SP)
  SFCD Andromeda Nachr., 235

Beatrice Nunold

Atopia (2011) (D) [987]
12 S.
  Michael Haitel (Hrsg.)
  Durch die Wand (PH)
  EDFC Fantasia, 334

Die Gedanken sind frei (2011) (D) [988]
6 S.
  Inge Ried, Beatrice Nunold, Detlef Welker
  ZeiTraum (C) (SF)
  Papierflieger, 146, 978-3-86948-146-3

Heimkehr der Sariden (2011) (D) [989]
24 S.
  Inge Ried, Beatrice Nunold, Detlef Welker
  ZeiTraum (C) (SF)
  Papierflieger, 146, 978-3-86948-146-3

Ptolemäus revisited (2011) (D) [990]
18 S.
  Inge Ried, Beatrice Nunold, Detlef Welker
  ZeiTraum (C) (SF)
  Papierflieger, 146, 978-3-86948-146-3

Und die Welt ist eine Scheibe (2011) (D) [991]
24 S.
  Michael Haitel (Hrsg.)
  Der Engel auf der Nadelspitze (PH)
  EDFC Fantasia, 335

Weltenwächter (2011) (D) [992]
10 S.
  Hans-Stephan Link (Hrsg.)
  Weltentor Science Fiction 2 (SF)
  Noel, 153, 978-3-942802-53-6

Weltenwächter (2011) (D) [993]
10 S.
  Hans-Stephan Link (Hrsg.)
  Weltentor Science Fiction 2 (SF)
  Noel, 156, 978-3-942802-56-7

Sean O'Connell

Die Jagd nach dem Kometentier (2011) (D) [994]
9 S.
  Stefan Holzhauer (Hrsg.)
  Aethergarn (SF)
  Steampunk-Chroniken, 1

Aileen O'Grian

Fluch unter dem Grabstein (2011) (D) [995]
6 S.
  Bernd Walter (Hrsg.)
  Die Magnethaube (PH)
  XUN TB, 5, 978-3-8423-5215-5

Stina vom Fischerhaus (2011) (D) [996]
8 S.
  Nils Hirseland (Hrsg.)
  Terracom 131 (SF)
  PR Online Club Terracom, 131

Der Zorn der Götter (2011) (D) [997]
18 S.
  Michael Haitel (Hrsg.)
  Durch die Wand (PH)
  EDFC Fantasia, 334

Jörg Olbrich

Die Dampfkanone (2011) (D) [998]
17 S.
  Erik Schreiber (Hrsg.)
  Geheimnisvolle Geschichten 2 (F)
  Saphir im Stahl, 3, 978-3-9813823-3-4

Thomas Orgel

(mit: Stephan Orgel)
Narrheiten (2011) (D) [999]
66 S.
  Lucas Edel (Hrsg.)
  Uhrwerk Venedig (F)
  Ulrich Burger, 11, 978-3-943378-01-6

Jan Osterloh

Nachtwanderung (2011) (D) [1000]
10 S.
  Jörg E. Weigand (Hrsg.)
  Zwei Engel der Nacht (F)
  Fabylon Allgemeine Reihe, 33, 978-3-927071-33-9

Thomas Ottmar

Guggu (2011) (D) [1001]
4 S.
  Christian Persson (Hrsg.)
  c't 2011 / 2 (SF)
  Heise c't, 201102

Marco Palmieri

Die letzten edlen Männer (2011) (D) [1002]
The Ruins of Noble Men (2011) (US)
Ü: Anika Klüver
116 S.
  Dayton Ward, Kevin Dilmore, David Mack, Marco Palmieri (Hrsg.)
  Enthüllungen (SF)
  Cross Cult Star Trek Vanguard, 6, 978-3-941248-10-6

Harvey Patton

Der Eiskerker (2011) (D) (Roman) [1003]
  Rainer Castor (Hrsg.)
  Hetzjagd im Blauen System (SF)
  Pabel - Moewig Atlan Buch, 39, 978-3-86889-160-7

Max Pechmann

Ärger mit Mimi (2011) (D) [1004]
13 S.
  Erik Schreiber (Hrsg.)
  Geheimnisvolle Geschichten 2 (F)
  Saphir im Stahl, 3, 978-3-9813823-3-4

Niklas Peinecke

300 PS intravenös (2011) (D) [1005]
6 S.
  Harald Giersche (Hrsg.)
  Prototypen und andere Unwägbarkeiten (SF)
  Begedia, 978-3-9813946-0-3

Filtersyndrom (1) (2011) (D) [1006]
3 S.
  Christian Persson (Hrsg.)
  c't 2011 / 26 (SF)
  Heise c't, 201126

Filtersyndrom (2) (2011) (D) [1007]
4 S.
  Christian Persson (Hrsg.)
  c't 2012 / 1 (SF)
  Heise c't, 201201

Nanne kommt auf den Hund (2011) (D) [1008]
12 S.
  Armin Rößler, Heidrun Jänchen (Hrsg.)
  Emotio (SF)
  Wurdack SF, 18, 978-3-938065-75-4

Upload untot (2011) (D) [1009]
20 S.
  Alisha Bionda (Hrsg.)
  Der perfekte Friede (SF)
  p.machinery Dark Wor(l)ds, 1, 978-3-942533-05-8

Michael Peinkofer

Das Gesetz der Orks (2008) (D) (Roman) [1010]
546 S.
  Michael Peinkofer
  Orks (C) (F)
  Piper Fantasy, 70239, 978-3-492-70239-3

Die Rückkehr der Orks (2006) (D) (Roman) [1011]
482 S.
  Michael Peinkofer
  Orks (C) (F)
  Piper Fantasy, 70239, 978-3-492-70239-3

Der Schwur der Orks (2007) (D) (Roman) [1012]
530 S.
  Michael Peinkofer
  Orks (C) (F)
  Piper Fantasy, 70239, 978-3-492-70239-3

Jürgen Petschull

Exklusives Altern (2011) (D) [1013]
6 S.
  Hendrik Werner (Hrsg.)
  Bremen 2041 (SF)
  Weser-Kurier, 34, 978-3-938795-34-7

Miriam Pharo

Der Junge (2011) (D) [1014]
12 S.
  Harald Giersche (Hrsg.)
  Prototypen und andere Unwägbarkeiten (SF)
  Begedia, 978-3-9813946-0-3

Schlangenfutter (2011) (D) (Auszug) [1015]
2 S.
  Nils Hirseland (Hrsg.)
  Terracom 131 (SF)
  PR Online Club Terracom, 131

Michael Pick

Anima Migratio (2011) (D) [1016]
32 S.
Michael Haitel (Hrsg.)
Anima Migratio (SF)
p.machinery AndroSF, 11, 978-3-942533-17-1

Alisha Pilenko

Auch eine Göttin braucht mal Pause (2011) (D) [1017]
13 S.
Waltraud Gebert (Hrsg.)
Götter in Langeweile (F)
Wendepunkt, 14, 978-3-942688-14-7

Daniel Plaßmann

Durch die Wand (2011) (D) [1018]
9 S.
Michael Haitel (Hrsg.)
Durch die Wand (PH)
EDFC Fantasia, 334

Bianca Plate

Im Kuriositätenkabinett (2009) (D) [1019]
10 S.
Helge Lange (Hrsg.)
Fur Fiction 3 (F)
Projekte 188 Edition Solar-X, 1638, 978-3-86237-638-4

Georg Plettenberg

Vazlav Mihalik korrumpiert und bestochen (2011) (D) [1020]
12 S.
Erik Schreiber (Hrsg.)
Geheimnisvolle Geschichten 2 (F)
Saphir im Stahl, 3, 978-3-9813823-3-4

Edgar Allan Poe

Arthur Gordon Pym, der Kannibale (2011) (D) (Auszug) [1021]
The Narrative of Arthur Gordon Pym (1838) (US)
Ü: Gisela Etzel, Frank Festa
12 S.
Frank Festa (Hrsg.)
Kannibalen (HO)
Festa Horror, 1532, 978-3-86552-126-2

Regina Pönnighaus

Ein Paar Flügel (2011) (D) [1022]
2 S.
Ulrike Stegemann (Hrsg.)
Elfenschrift 29 (F)
Privatdruck Elfenschrift, 29

Daniel Polansky

Der Herr der Unterstadt (2011) (D) (Auszug) [1023]
Low Town (2011) (US)
Ü: Michael Koseler
2 S.
Klaus Bollhöfener (Hrsg.)
phantastisch! 44 (SF)
Havemann phantastisch!, 44

Uwe Post

1984 : 16 (2011) (D) [1024]
1 S.
  Gerry Haynaly
  Verräter unter uns! (SF)
  Bastei Sternenfaust, 177

Abgek. Mehkaterrnok (2011) (D) [1025]
36 S.
  Harald Giersche (Hrsg.)
  Space Rocks (SF)
  Begedia, 1, 978-3-9813946-1-0

Einleitung (2011) (D) [1026]
4 S.
  Uwe Post (Hrsg.)
  2012 - T minus Null (SF)
  Begedia, 978-3-943795-17-2

Die Entkoffeinierung der hl. Antonia Klempner (2011) (D) [1027]
1 S.
  Klaus Bollhöfener (Hrsg.)
  phantastisch! 41 (SF)
  Havemann phantastisch!, 41

Petware (2011) (D) [1028]
4 S.
  Christian Persson (Hrsg.)
  c't 2011 / 18 (SF)
  Heise c't, 201118

Träumen Bossgegner (2011) (D) [1029]
11 S.
  Harald Giersche (Hrsg.)
  Prototypen und andere Unwägbarkeiten (SF)
  Begedia, 978-3-9813946-0-3

(mit: Uwe Hermann)
Der Valentino-Exploit (2011) (D) [1030]
28 S.
  Armin Rößler, Heidrun Jänchen (Hrsg.)
  Emotio (SF)
  Wurdack SF, 18, 978-3-938065-75-4

Walpar Tonnraffir: Wodka auf Eis und Io (2011) (D) [1031]
8 S.
  Bernd Hutschenreuther, Holger Kunadt (Hrsg.)
  TERRAsse - Das Begleitheft zum PentaCon 2011 (SF)
  Urania SFC TERRAsse PentaCon, 2011

Patrick Poti

Tor zum Himmel (2011) (D) [1032]
3 S.
  Bernd Walter (Hrsg.)
  Tor zum Himmel (PH)
  XUN, 27

Sören Prescher

Metzenger (2011) (D) [1033]
16 S.
  Alisha Bionda (Hrsg.)
  Odem des Todes (HO)
  Voodoo Press Allgemeine Reihe, 6, 978-3-902802-06-4

Horst Pukallus

Mimikri (2002) (D) (Roman) [1034]
98 S.
Horst Pukallus, Claudia Kern, Stephanie Seidel (Hrsg.)
Die Geschöpfe der Fremden (SF)
Romantruhe SF, 21, 978-3-940812-43-8

Michael Rapp

Imago (2011) (D) [1035]
4 S.
Christian Persson (Hrsg.)
c't 2011 / 16 (SF)
Heise c't, 201116

Lebenscode (2011) (D) [1036]
4 S.
Christian Persson (Hrsg.)
c't 2011 / 11 (SF)
Heise c't, 201111

Carlos Rasch

Angriff der Sühnlinge (2011) (D) [1037]
33 S.
Carlos Rasch
Stern von Gea (C) (SF)
Projekte 188, 1509, 978-3-86237-509-7

Fest am Dreiecks-See (2011) (D) [1038]
33 S.
Carlos Rasch
Stern von Gea (C) (SF)
Projekte 188, 1509, 978-3-86237-509-7

Floßfahrt nach Deltrix (2011) (D) [1039]
39 S.
Carlos Rasch
Stern von Gea (C) (SF)
Projekte 188, 1509, 978-3-86237-509-7

Listige Einladung (2011) (D) [1040]
27 S.
Carlos Rasch
Stern von Gea (C) (SF)
Projekte 188, 1509, 978-3-86237-509-7

Reiterin im Regensturm (2011) (D) [1041]
39 S.
Carlos Rasch
Stern von Gea (C) (SF)
Projekte 188, 1509, 978-3-86237-509-7

Trecks in den Wäldern von JUWELA (2011) (D) [1042]
38 S.
Carlos Rasch
Stern von Gea (C) (SF)
Projekte 188, 1509, 978-3-86237-509-7

Vogelreiter und Flussvolk (2011) (D) [1043]
33 S.
Carlos Rasch
Stern von Gea (C) (SF)
Projekte 188, 1509, 978-3-86237-509-7

Tanja Rast

Der Köder (2011) (D) [1044]
8 S.
Uwe Post (Hrsg.)
Golem 93 (SF)
SFC Thunderbolt Golem, 93

Die Sängerin (2011) (D) [1045]
7 S.
Uwe Post (Hrsg.)
Golem 92 (SF)
SFC Thunderbolt Golem, 92

Hans-Josef Rautenberg

132 (2011) (D) [1046]
3 S.
Hans-Josef Rautenberg
Shorts (C) (SF)
Re Di Roma, 336, 978-3-86870-336-8

Abschied (2011) (D) [1047]
3 S.
Hans-Josef Rautenberg
Shorts (C) (SF)
Re Di Roma, 336, 978-3-86870-336-8

Egoismus (2011) (D) [1048]
1 S.
Hans-Josef Rautenberg
Shorts (C) (SF)
Re Di Roma, 336, 978-3-86870-336-8

Ehrenwert (2011) (D) [1049]
2 S.
Hans-Josef Rautenberg
Shorts (C) (SF)
Re Di Roma, 336, 978-3-86870-336-8

Fehlerhaft (2011) (D) [1050]
2 S.
Hans-Josef Rautenberg
Shorts (C) (SF)
Re Di Roma, 336, 978-3-86870-336-8

Gespräch (2011) (D) [1051]
1 S.
Hans-Josef Rautenberg
Shorts (C) (SF)
Re Di Roma, 336, 978-3-86870-336-8

Gesteuert (2011) (D) [1052]
3 S.
Hans-Josef Rautenberg
Shorts (C) (SF)
Re Di Roma, 336, 978-3-86870-336-8

Hand (2011) (D) [1053]
1 S.
Hans-Josef Rautenberg
Shorts (C) (SF)
Re Di Roma, 336, 978-3-86870-336-8

Held (2011) (D) [1054]
2 S.
Hans-Josef Rautenberg
Shorts (C) (SF)
Re Di Roma, 336, 978-3-86870-336-8

Horror (2011) (D) [1055]
2 S.
Hans-Josef Rautenberg
Shorts (C) (SF)
Re Di Roma, 336, 978-3-86870-336-8

Hunger (2011) (D) [1056]
2 S.
Hans-Josef Rautenberg
Shorts (C) (SF)
Re Di Roma, 336, 978-3-86870-336-8

Jagd (2011) (D) [1057]
2 S.
Hans-Josef Rautenberg
Shorts (C) (SF)
Re Di Roma, 336, 978-3-86870-336-8

Kampf (2011) (D) [1058]
2 S.
Hans-Josef Rautenberg
Shorts (C) (SF)
Re Di Roma, 336, 978-3-86870-336-8

Kleinlich (2011) (D) [1059]
2 S.
Hans-Josef Rautenberg
Shorts (C) (SF)
Re Di Roma, 336, 978-3-86870-336-8

Kontaktarm (2011) (D) [1060]
2 S.
Hans-Josef Rautenberg
Shorts (C) (SF)
Re Di Roma, 336, 978-3-86870-336-8

Langeweile (2011) (D) [1061]
2 S.
Hans-Josef Rautenberg
Shorts (C) (SF)
Re Di Roma, 336, 978-3-86870-336-8

Leid (2011) (D) [1062]
2 S.
Hans-Josef Rautenberg
Shorts (C) (SF)
Re Di Roma, 336, 978-3-86870-336-8

Liebe (2011) (D) [1063]
3 S.
Hans-Josef Rautenberg
Shorts (C) (SF)
Re Di Roma, 336, 978-3-86870-336-8

Lockungen (2011) (D) [1064]
2 S.
Hans-Josef Rautenberg
Shorts (C) (SF)
Re Di Roma, 336, 978-3-86870-336-8

Macht (2011) (D) [1065]
3 S.
Hans-Josef Rautenberg
Shorts (C) (SF)
Re Di Roma, 336, 978-3-86870-336-8

Parallel (2011) (D) [1066]
3 S.
Hans-Josef Rautenberg
Shorts (C) (SF)
Re Di Roma, 336, 978-3-86870-336-8

Rache (2011) (D) [1067]
3 S.
Hans-Josef Rautenberg
Shorts (C) (SF)
Re Di Roma, 336, 978-3-86870-336-8

Realität (2011) (D) [1068]
3 S.
Hans-Josef Rautenberg
Shorts (C) (SF)
Re Di Roma, 336, 978-3-86870-336-8

Schuld (2011) (D) [1069]
4 S.
Hans-Josef Rautenberg
Shorts (C) (SF)
Re Di Roma, 336, 978-3-86870-336-8

Selbstbewußtsein (2011) (D) [1070]
1 S.
Hans-Josef Rautenberg
Shorts (C) (SF)
Re Di Roma, 336, 978-3-86870-336-8

Stille (2011) (D) [1071]
1 S.
Hans-Josef Rautenberg
Shorts (C) (SF)
Re Di Roma, 336, 978-3-86870-336-8

Ungewohnt (2011) (D) [1072]
3 S.
Hans-Josef Rautenberg
Shorts (C) (SF)
Re Di Roma, 336, 978-3-86870-336-8

Unsterblich (2011) (D) [1073]
2 S.
Hans-Josef Rautenberg
Shorts (C) (SF)
Re Di Roma, 336, 978-3-86870-336-8

Uwe Reber

My Girl (2011) (D) (Comic) [1074]
1 S.
Klaus Bollhöfener (Hrsg.)
phantastisch! 43 (SF)
Havemann phantastisch!, 43

Jutta Reichelt

Meine Jahre als Bürgermeisterin (2011) (D) [1075]
6 S.
Hendrik Werner (Hrsg.)
Bremen 2041 (SF)
Weser-Kurier, 34, 978-3-938795-34-7

Ulrich Reimer

Ishagawas Schande (2009) (D) [1076]
27 S.
  Helge Lange (Hrsg.)
  Fur Fiction 3 (F)
  Projekte 188 Edition Solar-X, 1638, 978-3-86237-638-4

Klaus Reitberger

Epilog (2011) (D) [1077]
5 S.
  Klaus Reitberger
  Utopien: Geschichten aus der Welt von morgen (C) (SF)
  epubli Allgemeine Reihe, 994, 978-3-8442-0994-5

Prolog (2011) (D) [1078]
4 S.
  Klaus Reitberger
  Utopien: Geschichten aus der Welt von morgen (C) (SF)
  epubli Allgemeine Reihe, 994, 978-3-8442-0994-5

Utopie I: Das Ende der Arbeit (2011) (D) [1079]
28 S.
  Klaus Reitberger
  Utopien: Geschichten aus der Welt von morgen (C) (SF)
  epubli Allgemeine Reihe, 994, 978-3-8442-0994-5

Utopie II: Das Ende der Realität (2011) (D) [1080]
24 S.
  Klaus Reitberger
  Utopien: Geschichten aus der Welt von morgen (C) (SF)
  epubli Allgemeine Reihe, 994, 978-3-8442-0994-5

Utopie III: Das Ende der Familie (2011) (D) [1081]
28 S.
  Klaus Reitberger
  Utopien: Geschichten aus der Welt von morgen (C) (SF)
  epubli Allgemeine Reihe, 994, 978-3-8442-0994-5

Utopie IV: Das Ende der Gefangenschaft (2011) (D) [1082]
28 S.
  Klaus Reitberger
  Utopien: Geschichten aus der Welt von morgen (C) (SF)
  epubli Allgemeine Reihe, 994, 978-3-8442-0994-5

Utopie IX: Das Ende der Einsamkeit (2011) (D) [1083]
26 S.
  Klaus Reitberger
  Utopien: Geschichten aus der Welt von morgen (C) (SF)
  epubli Allgemeine Reihe, 994, 978-3-8442-0994-5

Utopie V: Das Ende der Natur (2011) (D) [1084]
28 S.
  Klaus Reitberger
  Utopien: Geschichten aus der Welt von morgen (C) (SF)
  epubli Allgemeine Reihe, 994, 978-3-8442-0994-5

Utopie VI: Das Ende der Religion (2011) (D) [1085]
30 S.
  Klaus Reitberger
  Utopien: Geschichten aus der Welt von morgen (C) (SF)
  epubli Allgemeine Reihe, 994, 978-3-8442-0994-5

Utopie VII: Das Ende des Todes (2011) (D) [1086]
26 S.
  Klaus Reitberger
  Utopien: Geschichten aus der Welt von morgen (C) (SF)
  epubli Allgemeine Reihe, 994, 978-3-8442-0994-5

Utopie VIII: Das Ende der Menschheit (2011) (D) [1087]
24 S.
  Klaus Reitberger
  Utopien: Geschichten aus der Welt von morgen (C) (SF)
  epubli Allgemeine Reihe, 994, 978-3-8442-0994-5

Utopie X: Das Ende (2011) (D) [1088]
28 S.
  Klaus Reitberger
  Utopien: Geschichten aus der Welt von morgen (C) (SF)
  epubli Allgemeine Reihe, 994, 978-3-8442-0994-5

Hanne Rejzek

Als mich der Teufel liebte (2011) (D) [1089]
2 S.
  Uwe Post (Hrsg.)
  Golem 94 (SF)
  SFC Thunderbolt Golem, 94

Janine Renn

ANDROidoLOGIE (2011) (D) [1090]
13 S.
  Hans-Stephan Link (Hrsg.)
  Weltentor Science Fiction 2 (SF)
  Noel, 153, 978-3-942802-53-6

ANDROidoLOGIE (2011) (D) [1091]
13 S.
  Hans-Stephan Link (Hrsg.)
  Weltentor Science Fiction 2 (SF)
  Noel, 156, 978-3-942802-56-7

Christian C. Reul

Der letzte glorreich-glorische Kampf von Sir Käffin van de
Shokswährenuut (2011) (D) [1092]
106 S.
  Michael Haitel (Hrsg.)
  Schäbiges Leben (PH)
  EDFC Fantasia, 333

Inge Ried

Omas Auszug (2011) (D) [1093]
10 S.
  Inge Ried, Beatrice Nunold, Detlef Welker
  ZeiTraum (C) (SF)
  Papierflieger, 146, 978-3-86948-146-3

Kai Riedemann

Gib dem Affen Zucker (2011) (D) [1094]
4 S.
  Armin Rößler, Heidrun Jänchen (Hrsg.)
  Emotio (SF)
  Wurdack SF, 18, 978-3-938065-75-4

Helge Riewold

Cyberschlaf (2011) (D) [1095]
5 S.
  Christian Persson (Hrsg.)
  c't 2011 / 7 (SF)
  Heise c't, 201107

Ronny Rindler

Rachegötter (2011) (D) [1096]
3 S.
Klaus Bollhöfener (Hrsg.)
phantastisch! 42 (SF)
Havemann phantastisch!, 42

Moritz Rinke

Eisbären in der Weser (2011) (D) [1097]
6 S.
Hendrik Werner (Hrsg.)
Bremen 2041 (SF)
Weser-Kurier, 34, 978-3-938795-34-7

Hermann Ritter

Im Schatten des Pulverturms (2011) (D) [1098]
21 S.
Erik Schreiber (Hrsg.)
Geheimnisvolle Geschichten 2 (F)
Saphir im Stahl, 3, 978-3-9813823-3-4

Schlaget die Trommeln (2011) (D) (Lyrik) [1099]
1 S.
Peter Emmerich (Hrsg.)
Sumpfgeblubber 82 (SP)
Fantasy Club Sumpfgeblubber, 82

Bernd Robker

Todeskind (2011) (D) [1100]
6 S.
Peter Emmerich (Hrsg.)
Sumpfgeblubber 89 (SP)
Fantasy Club Sumpfgeblubber, 89

Carl Roeder

In Wilanders Ruh (2011) (D) [1101]
35 S.
Carl Roeder
Riskante Kontakte (C) (SF)
Libri Books on Demand, 5430, 978-3-8423-5430-2

Infrarot (2011) (D) [1102]
34 S.
Carl Roeder
Riskante Kontakte (C) (SF)
Libri Books on Demand, 5430, 978-3-8423-5430-2

Leben im Verborgenen (2011) (D) [1103]
64 S.
Carl Roeder
Riskante Kontakte (C) (SF)
Libri Books on Demand, 5430, 978-3-8423-5430-2

Rätselhafte Wahrnehmungen (2011) (D) [1104]
43 S.
Carl Roeder
Riskante Kontakte (C) (SF)
Libri Books on Demand, 5430, 978-3-8423-5430-2

Riskante Kontakte (2011) (D) [1105]
65 S.
Carl Roeder
Riskante Kontakte (C) (SF)
Libri Books on Demand, 5430, 978-3-8423-5430-2

Thetis (2011) (D) [1106]
40 S.
  Carl Roeder
  Riskante Kontakte (C) (SF)
  Libri Books on Demand, 5430, 978-3-8423-5430-2

Marie-Luis Rönisch

Elitass (2011) (D) [1107]
12 S.
  Maria Weise (Hrsg.)
  Es wird einmal (SF)
  net Allgemeine Reihe, 47, 978-3-942229-47-0

Armin Rößler

Die Straße (2011) (D) [1108]
38 S.
  Harald Giersche (Hrsg.)
  Space Rocks (SF)
  Begedia, 1, 978-3-9813946-1-0

Das Versprechen (2011) (D) [1109]
15 S.
  Armin Rößler, Heidrun Jänchen (Hrsg.)
  Emotio (SF)
  Wurdack SF, 18, 978-3-938065-75-4

Frank Roger

Der Geschichtenerzähler in der Höhle (2011) (D) [1110]
<unbekannt / unknown> (2003) (E)
Ü: Berit Neumann
12 S.
  Frank Roger
  Zeitfrakturen (C) (PH)
  Edition TES BunTES Abenteuer, 201104

Zeitfrakturen im Turm der Hoffnung (2011) (D) [1111]
<unbekannt / unknown> (2010) (E)
Ü: Gerd-Michael Rose
17 S.
  Frank Roger
  Zeitfrakturen (C) (PH)
  Edition TES BunTES Abenteuer, 201104

Gian Carlo Ronelli

Goweli (2011) (D) [1112]
2 S.
  Michael Haitel (Hrsg.)
  Andromeda Nachrichten 232 (SP)
  SFCD Andromeda Nachr., 232

Goweli (2011) (D) [1113]
13 S.
  Alisha Bionda (Hrsg.)
  Der Dorn im Auge (PH)
  EDFC Fantasia, 314

Michael G. Rosenberg

Liebe Gäste (2011) (D) [1114]
10 S.
  Uwe Anton
  Die Rebellen von Escalian (SF)
  Moewig Perry Rhodan, 2622

Frederieke Ruberg

Gelber Blitz (2011) (D) [1115]
15 S.
  Maria Weise (Hrsg.)
  Es wird einmal (SF)
  net Allgemeine Reihe, 47, 978-3-942229-47-0

Bernd Rümmelein

Der stille Tod (2011) (D) [1116]
26 S.
  Alisha Bionda (Hrsg.)
  Die Moorleichen (PH)
  EDFC Fantasia, 319

Martin Rump

Der Deal (2011) (D) [1117]
4 S.
  Klaus Bollhöfener (Hrsg.)
  phantastisch! 41 (SF)
  Havemann phantastisch!, 41

Hans-Jürgen Rusch

Das Prinzip Ghostshot (2011) (D) [1118]
6 S.
  Hendrik Werner (Hrsg.)
  Bremen 2041 (SF)
  Weser-Kurier, 34, 978-3-938795-34-7

Nicole Sälzle

Schlüssel zur Vergangenheit (2011) (D) [1119]
52 S.
  Michael Haitel (Hrsg.)
  Anima Migratio (SF)
  p.machinery AndroSF, 11, 978-3-942533-17-1

Sami Salamé

Drostes Deadlock (2011) (D) [1120]
2 S.
  Christian Persson (Hrsg.)
  c't 2011 / 10 (SF)
  Heise c't, 201110

Irene Salzmann

Nur drei Stunden (2011) (D) [1121]
21 S.
  Dirk Van den Boom (Hrsg.)
  Nur drei Stunden (SF)
  Atlantis Ikarus Sonderband, 4, 978-3-941258-62-4

Tedine Sanss

Apolloeleven (2011) (D) [1122]
16 S.
  Bernd Walter (Hrsg.)
  Mondgeschichten (PH)
  XUN Anthologie, 2011, 978-3-8448-0175-0

Beut, Holder, mir die zarte Wange dar (2011) (D) [1123]
10 S.
  Hans-Stephan Link (Hrsg.)
  Weltentor Science Fiction 2 (SF)
  Noel, 153, 978-3-942802-53-6

Beut, Holder, mir die zarte Wange dar (2011) (D) [1124]
10 S.
   Hans-Stephan Link (Hrsg.)
   Weltentor Science Fiction 2 (SF)
   Noel, 156, 978-3-942802-56-7

Das Herz, der Schlund und das Blut (2011) (D) [1125]
22 S.
   Stefan Holzhauer (Hrsg.)
   Aethergarn (SF)
   Steampunk-Chroniken, 1

Ramón Scapari

Der Bibliothekar (2011) (D) [1126]
3 S.
   Nils Hirseland (Hrsg.)
   Terracom 137 (SF)
   PR Online Club Terracom, 137

Philipp Schaab

Das Schamanenerbe (2011) (D) [1127]
14 S.
   Robert Draxler, Peter Hiess (Hrsg.)
   Super Pulp 1 (SF)
   evolver, 2, 978-3-9502558-2-9

Harald Schäfer

Der Heilige See (2011) (D) [1128]
3 S.
   Peter Emmerich (Hrsg.)
   Vom Auftauchen und Wirken der Substanz von Mhjin, Teil 2.01
   - Yddia (SP)
   Fantasy Club

(mit: Anja Teske)
Maraneiras Brief (2011) (D) [1129]
9 S.
   Peter Emmerich (Hrsg.)
   Vom Auftauchen und Wirken der Substanz von Mhjin, Teil 2.01 -
   Yddia (SP)
   Fantasy Club

Ranabar (2011) (D) [1130]
1 S.
   Peter Emmerich (Hrsg.)
   Vom Auftauchen und Wirken der Substanz von Mhjin, Teil 2.01 -
   Yddia (SP)
   Fantasy Club

Reise zur Westlichen Welt (2011) (D) [1131]
1 S.
   Peter Emmerich (Hrsg.)
   Vom Auftauchen und Wirken der Substanz von Mhjin, Teil 2.01 -
   Yddia (SP)
   Fantasy Club

Ruf in der Stille (2011) (D) [1132]
2 S.
   Peter Emmerich (Hrsg.)
   Vom Auftauchen und Wirken der Substanz von Mhjin, Teil 2.01 -
   Yddia (SP)
   Fantasy Club

Der Tempel am Ende des Seins (2011) (D) [1133]
2 S.
   Peter Emmerich (Hrsg.)
   Vom Auftauchen und Wirken der Substanz von Mhjin, Teil 2.01 -
   Yddia (SP)
   Fantasy Club

Die Übergabe (2011) (D) [1134]
1 S.
   Peter Emmerich (Hrsg.)
   Vom Auftauchen und Wirken der Substanz von Mhjin, Teil 2.01 -
   Yddia (SP)
   Fantasy Club

Wu-Shalin (2011) (D) [1135]
4 S.
   Peter Emmerich (Hrsg.)
   Vom Auftauchen und Wirken der Substanz von Mhjin, Teil 2.01 -
   Yddia (SP)
   Fantasy Club

Rüdiger Schäfer

Die Farbe des Hummers (2011) (D) [1136]
11 S.
   André Boyens (Hrsg.)
   SOL 61 (SF)
   PR Fanzentrale Sol, 61

Gabriele Scharf

Das Geburtstagsgeschenk (2011) (D) [1137]
14 S.
   Adriana Wipperling (Hrsg.)
   Das Zeitschiff der Tannari (SF)
   Engelsdorfer Allgemeine Reihe, 2149, 978-3-86268-149-5

Sonnensturm (2011) (D) [1138]
17 S.
   Adriana Wipperling (Hrsg.)
   Das Zeitschiff der Tannari (SF)
   Engelsdorfer Allgemeine Reihe, 2149, 978-3-86268-149-5

Gernot Schatzdorfer

Seelensüchtig (2011) (D) [1139]
42 S.
   Michael Haitel (Hrsg.)
   Seelensüchtig (SF)
   p.machinery AndroSF, 14, 978-3-942533-18-8

Roman Schaupp

Fahrt auf dem Styx (2011) (D) [1140]
5 S.
   Bernd Walter (Hrsg.)
   Böse Hexen (PH)
   XUN TB, 6, 978-3-8423-7759-2

Thomas Scheileke

Erfindungen, auf die man gern verzichten kann (2011) (D) (Comic)
[1141]
1 S.
   André Boyens (Hrsg.)
   SOL 61 (SF)
   PR Fanzentrale Sol, 61

Lesergrafik (2011) (D) (Comic) [1142]
1 S.
  André Boyens (Hrsg.)
  SOL 62 (SF)
  PR Fanzentrale Sol, 62

Lesergrafik (2011) (D) (Comic) [1143]
1 S.
  André Boyens (Hrsg.)
  SOL 64 (SF)
  PR Fanzentrale Sol, 64

Nina Schindler

Geldnöte in Schwachhausen (2011) (D) [1144]
6 S.
  Hendrik Werner (Hrsg.)
  Bremen 2041 (SF)
  Weser-Kurier, 34, 978-3-938795-34-7

Bianca Schläger

Elfchen (2011) (D) (Lyrik) [1145]
1 S.
  Ulrike Stegemann (Hrsg.)
  Elfenschrift 30 (F)
  Privatdruck Elfenschrift, 30

Regina Schleheck

Alfons (2011) (D) [1146]
4 S.
  Nils Hirseland (Hrsg.)
  Terracom 131 (SF)
  PR Online Club Terracom, 131

Der Basilikumdrache (2011) (D) [1147]
8 S.
  Bartholomäus Figatowski (Hrsg.)
  Der Basilikumdrache (PH)
  Nicole Schmenk, 6, 978-3-943022-06-3

Besuch am Heiligen Abend (2011) (D) [1148]
4 S.
  Nils Hirseland (Hrsg.)
  Terracom 140 (SF)
  PR Online Club Terracom, 140

Das Christkind auf dem Bayer-Kreuz (2011) (D) [1149]
5 S.
  Nils Hirseland (Hrsg.)
  Terracom 140 (SF)
  PR Online Club Terracom, 140

Kant ist Kacke (2011) (D) [1150]
9 S.
  Maria Weise (Hrsg.)
  Es wird einmal (SF)
  net Allgemeine Reihe, 47, 978-3-942229-47-0

Mann oh Manna oder Wie der liebe Herrgott uns einmal vom Sofa auf die
Straße gelockt hat (2011) (D) [1151]
5 S.
  Nils Hirseland (Hrsg.)
  Terracom 140 (SF)
  PR Online Club Terracom, 140

Roman Schleifer

DieElianer (3): Entscheidung (2011) (D) [1152]
8 S.
  Hubert Haensel
  Unter dem Stahlschirm (SF)
  Moewig Perry Rhodan, 2606

Die Elianer (1): Vergeltung (2011) (D) [1153]
9 S.
  Michael Marcus Thurner
  Der Tote und der Sterbende (SF)
  Moewig Perry Rhodan, 2590

Die Elianer (2): Versuchung (2011) (D) [1154]
8 S.
  Marc A. Herren
  Tod einer Superintelligenz (SF)
  Moewig Perry Rhodan, 2598

Antonia Schmalstieg

Die Wolfsfrau (2009) (D) [1155]
3 S.
  Helge Lange (Hrsg.)
  Fur Fiction 3 (F)
  Projekte 188 Edition Solar-X, 1638, 978-3-86237-638-4

Inka-Gabriela Schmidt

Eine vampirische Weihnacht (2011) (D) [1156]
3 S.
  Ulrike Stegemann (Hrsg.)
  Elfenschrift 32 (F)
  Privatdruck Elfenschrift, 32

Jörg Schmidt

Perry Rhodan-Weltcon-Ausblicke (2011) (D) (Comic) [1157]
1 S.
  Wim Vandemaan
  Der Fimbul-Impuls (SF)
  Moewig Perry Rhodan, 2607

Perry Rhodan-Weltcon-Ausblicke (2) (2011) (D) (Comic) [1158]
1 S.
  Michael Marcus Thurner
  Zielpunkt BASIS (SF)
  Moewig Perry Rhodan, 2612

Karla Schmidt

Auf dem Wind. Allein (2011) (D) [1159]
44 S.
  Harald Giersche (Hrsg.)
  Space Rocks (SF)
  Begedia, 1, 978-3-9813946-1-0

Lisbeth Schmidt

Nordmanntannen für den Mars (2011) (D) [1160]
11 S.
  Maria Weise (Hrsg.)
  Es wird einmal (SF)
  net Allgemeine Reihe, 47, 978-3-942229-47-0

Michael Schmidt

Schwarz wie Blut (2011) (D) [1161]
16 S.
  Alisha Bionda (Hrsg.)
  Odem des Todes (HO)
  Voodoo Press Allgemeine Reihe, 6, 978-3-902802-06-4

Renate Schmidt-V.

Tot oder lebendig im Gut Rocholz (2011) (D) [1162]
10 S.
  Bartholomäus Figatowski (Hrsg.)
  Der Basilikumdrache (PH)
  Nicole Schmenk, 6, 978-3-943022-06-3

Bernhard Schneider

Routine (2011) (D) [1163]
16 S.
  Armin Rößler, Heidrun Jänchen (Hrsg.)
  Emotio (SF)
  Wurdack SF, 18, 978-3-938065-75-4

Wolfgang Schömel

Maschinen lieben anders (2011) (D) [1164]
6 S.
  Hendrik Werner (Hrsg.)
  Bremen 2041 (SF)
  Weser-Kurier, 34, 978-3-938795-34-7

Jutta Schönberg

Die Mondanbeter (2011) (D) [1165]
14 S.
  Bernd Walter (Hrsg.)
  Mondgeschichten (PH)
  XUN Anthologie, 2011, 978-3-8448-0175-0

Rainer Schorm

Teufe (2011) (D) [1166]
17 S.
  Bartholomäus Figatowski (Hrsg.)
  Der Basilikumdrache (PH)
  Nicole Schmenk, 6, 978-3-943022-06-3

Tineidae (2011) (D) [1167]
26 S.
  Jörg E. Weigand (Hrsg.)
  Zwei Engel der Nacht (F)
  Fabylon Allgemeine Reihe, 33, 978-3-927071-33-9

Erik Schreiber

In weiser Voraussicht (2011) (D) [1168]
8 S.
  Dieter König (Hrsg.)
  Paradoxon (SF)
  Sarturia SF, 2006, 978-3-940830-06-7

Mit einem Lächeln (2011) (D) [1169]
10 S.
  Erik Schreiber (Hrsg.)
  Geheimnisvolle Geschichten 2 (F)
  Saphir im Stahl, 3, 978-3-9813823-3-4

Torben Schröder

Frühling in Polvod (2011) (D) [1170]
5 S.
  Hermann Ritter, Michael Scheuch (Hrsg.)
  Magira Jahrbuch zur Fantasy 2011 (F)
  Fantasy Club Books on Demand, 11, 978-3-935913-11-9

Lothar Schroth

(mit: Erik Simon)
Das Geschenk (2011) (D) (Comic) [1171]
5 S.
Bernd Hutschenreuther, Holger Kunadt (Hrsg.)
TERRAsse 26 (SF)
Urania SFC TERRAsse TERRAsse, 26

Andre Schuchardt

Das Geheimnis der Wälder (2011) (D) [1172]
4 S.
Michael Haitel (Hrsg.)
Der Engel auf der Nadelspitze (PH)
EDFC Fantasia, 335

Der geheimnisvolle Dieb (2011) (D) [1173]
4 S.
Michael Haitel (Hrsg.)
Durch die Wand (PH)
EDFC Fantasia, 334

Das Schlaflied (2011) (D) [1174]
25 S.
Michael Haitel (Hrsg.)
Der Engel auf der Nadelspitze (PH)
EDFC Fantasia, 335

Der unerwartete Fund (2011) (D) [1175]
4 S.
Michael Haitel (Hrsg.)
Durch die Wand (PH)
EDFC Fantasia, 334

Das Wunder von Saldan (2011) (D) [1176]
3 S.
Michael Haitel (Hrsg.)
Durch die Wand (PH)
EDFC Fantasia, 334

Fred H. Schütz

Drachenfeuer (2011) (D) [1177]
1 S.
Andreas Leder (Hrsg.)
Future Magic 70 (SF)
Privatdruck Future Magic, 70

Eva Schuster

Einer unter uns (2011) (D) [1178]
8 S.
Bernd Walter (Hrsg.)
Die Magnethaube (PH)
XUN TB, 5, 978-3-8423-5215-5

Michael Schuster

Der Alptraumerzählklub - Michaelas Erlebnis (2011) (D) [1179]
2 S.
Nils Hirseland (Hrsg.)
Terracom 132 (SF)
PR Online Club Terracom, 132

Gesa Schwartz

Das Herz in der Dunkelheit (2011) (D) [1180]
Tanja Heitmann (Hrsg.)
Stille Nacht (F)
Rowohlt rororo, 21626, 978-3-499-21626-8

Thorsten Schweikard

Stern von Theren-Gorr (2011) (D) [1181]
12 S.
  Alisha Bionda (Hrsg.)
  Der perfekte Friede (SF)
  p.machinery Dark Wor(l)ds, 1, 978-3-942533-05-8

Margret Schwekendiek

Gefühle regieren die Welt (2011) (D) [1182]
8 S.
  Alisha Bionda (Hrsg.)
  Der perfekte Friede (SF)
  p.machinery Dark Wor(l)ds, 1, 978-3-942533-05-8

Wintermädchen (2011) (D) [1183]
9 S.
  Alisha Bionda
  Die Mitternachtsträne (F)
  EDFC Fantasia, 350

Malin Schwerdtfeger

Die letzte Ente (2011) (D) [1184]
6 S.
  Hendrik Werner (Hrsg.)
  Bremen 2041 (SF)
  Weser-Kurier, 34, 978-3-938795-34-7

Gregor Sedlag

Familienaufstellung (2011) (D) (Comic) [1185]
2 S.
  Christian Montillon
  Fremde in der Harmonie (SF)
  Moewig Perry Rhodan, 2620

Juliane Seidel

Die Legende der Sonnenhörnchen (2011) (D) [1186]
14 S.
  Bernd Walter (Hrsg.)
  Böse Hexen (PH)
  XUN TB, 6, 978-3-8423-7759-2

Stephanie Seidel

Das Kollektiv (2003) (D) (Roman) [1187]
110 S.
  Horst Pukallus, Claudia Kern, Stephanie Seidel (Hrsg.)
  Die Geschöpfe der Fremden (SF)
  Romantruhe SF, 21, 978-3-940812-43-8

Gundula Sell

Der Grünspan (2011) (D) [1188]
15 S.
  René Moreau, Olaf Kemmler, Heinz Wipperfürth (Hrsg.)
  Exodus 28 (SF)
  SF-Flohmarkt Exodus, 28

Plmrrkah (2011) (D) [1189]
3 S.
  Bernd Hutschenreuther, Holger Kunadt (Hrsg.)
  TERRAsse - Das Begleitheft zum PentaCon 2011 (SF)
  Urania SFC TERRAsse PentaCon, 2011

Kâmuran Sezgin

Angst (2011) (D) [1190]
2 S.
Maria Weise (Hrsg.)
Es wird einmal (SF)
net Allgemeine Reihe, 47, 978-3-942229-47-0

Yasemin Sezgin

Futuristisch? (2011) (D) [1191]
2 S.
Maria Weise (Hrsg.)
Es wird einmal (SF)
net Allgemeine Reihe, 47, 978-3-942229-47-0

N.C. Shepard

Schlaf - oder warum Götter Pager verwenden (2011) (D) [1192]
8 S.
Waltraud Gebert (Hrsg.)
Götter in Langeweile (F)
Wendepunkt, 14, 978-3-942688-14-7

Fabienne Siegmund

Eisherz (2011) (D) [1193]
3 S.
Ulrike Stegemann (Hrsg.)
Elfenschrift 32 (F)
Privatdruck Elfenschrift, 32

Die Mitternachtsträne (2011) (D) [1194]
16 S.
Alisha Bionda
Die Mitternachtsträne (F)
EDFC Fantasia, 350

Pegasusnacht (2011) (D) [1195]
3 S.
Ulrike Stegemann (Hrsg.)
Elfenschrift 29 (F)
Privatdruck Elfenschrift, 29

Rabenfluch (2011) (D) [1196]
18 S.
Alisha Bionda (Hrsg.)
Die Eisfrau (PH)
EDFC Fantasia, 320

Das Teekabinett der Madame Mariella Mimosa (2011) (D) [1197]
15 S.
Alisha Bionda (Hrsg.)
Die Moorleichen (PH)
EDFC Fantasia, 319

Greldon Silverdragon

Wochenenden am Bodensee (2009) (D) [1198]
15 S.
Helge Lange (Hrsg.)
Fur Fiction 3 (F)
Projekte 188 Edition Solar-X, 1638, 978-3-86237-638-4

Erik Simon

Thalassa! Thalassa! - Die Niederschrift des Marcus Paulus (2011) (D) [1199]
4 S.
René Moreau, Olaf Kemmler, Heinz Wipperfürth (Hrsg.)
Exodus 28 (SF)
SF-Flohmarkt Exodus, 28

Hermann Sitz

Über den Regenbogen: Mond (2011) (D) [1200]
8 S.
  Uwe Post (Hrsg.)
  Golem 94 (SF)
  SFC Thunderbolt Golem, 94

Clark Ashton Smith

Die Abscheulichkeiten von Yondo (2011) (D) [1201]
The Abominations of Yondo (1926) (US)
Ü: Alexander Amberg
10 S.
  Clark Ashton Smith
  Die Stadt der singenden Flamme (C) (HO)
  Festa Bibliothek Schrecken, 24, 978-3-86552-083-8

Die Ankunft des weißen Wurms (2011) (D) [1202]
The Coming of the White Worm (1941) (US)
Ü: Andreas Diesel
21 S.
  Clark Ashton Smith
  Die Stadt der singenden Flamme (C) (HO)
  Festa Bibliothek Schrecken, 24, 978-3-86552-083-8

Die Auferweckung der Klapperschlange (2011) (D) [1203]
The Resurrection of the Rattlesnake (1931) (US)
8 S.
  Clark Ashton Smith
  Die Stadt der singenden Flamme (C) (HO)
  Festa Bibliothek Schrecken, 24, 978-3-86552-083-8

Aus den Grüften der Erinnerung (2011) (D) [1204]
From the Crypts of Memory (1917) (US)
5 S.
  Clark Ashton Smith
  Die Stadt der singenden Flamme (C) (HO)
  Festa Bibliothek Schrecken, 24, 978-3-86552-083-8

Der Eisdämon (2011) (D) [1205]
The Ice-Demon (1933) (US)
22 S.
  Clark Ashton Smith
  Die Stadt der singenden Flamme (C) (HO)
  Festa Bibliothek Schrecken, 24, 978-3-86552-083-8

Die Geschichte des Satampra Zeiros (2011) (D) [1206]
The Tale of Satampra Zeiros (1931) (US)
17 S.
  Clark Ashton Smith
  Die Stadt der singenden Flamme (C) (HO)
  Festa Bibliothek Schrecken, 24, 978-3-86552-083-8

Jenseits der singenden Flamme (2011) (D) [1207]
Beyond the Singing Flame (1931) (US)
Ü: Alexander Amberg
30 S.
  Clark Ashton Smith
  Die Stadt der singenden Flamme (C) (HO)
  Festa Bibliothek Schrecken, 24, 978-3-86552-083-8

Der malaische Kris (2011) (D) [1208]
The Malay Kris (1910) (US)
3 S.
  Clark Ashton Smith
  Die Stadt der singenden Flamme (C) (HO)
  Festa Bibliothek Schrecken, 24, 978-3-86552-083-8

Das Manuskript des Athammaus (2011) (D) [1209]
The Testament of Athammaus (1932) (US)
26 S.
Clark Ashton Smith
Die Stadt der singenden Flamme (C) (HO)
Festa Bibliothek Schrecken, 24, 978-3-86552-083-8

Die Muse von Hyperborea (2011) (D) [1210]
The Muse of Hyperborea (1934) (US)
1 S.
Clark Ashton Smith
Die Stadt der singenden Flamme (C) (HO)
Festa Bibliothek Schrecken, 24, 978-3-86552-083-8

Das neunte Skelett (2011) (D) [1211]
The Ninth Skeleton (1928) (US)
Ü: Alexander Amberg
6 S.
Clark Ashton Smith
Die Stadt der singenden Flamme (C) (HO)
Festa Bibliothek Schrecken, 24, 978-3-86552-083-8

Der Raub der 39 Keuschheitsgürtel (2011) (D) [1212]
The Theft of the Thirty-Nine Girdles (1958) (US)
15 S.
Clark Ashton Smith
Die Stadt der singenden Flamme (C) (HO)
Festa Bibliothek Schrecken, 24, 978-3-86552-083-8

Die Schrecken der Venus (2011) (D) [1213]
The Immeasureable Horror (1931) (US)
20 S.
Clark Ashton Smith
Die Stadt der singenden Flamme (C) (HO)
Festa Bibliothek Schrecken, 24, 978-3-86552-083-8

Die sieben Banngelübde (2011) (D) [1214]
The Seven Geases (1934) (US)
28 S.
Clark Ashton Smith
Die Stadt der singenden Flamme (C) (HO)
Festa Bibliothek Schrecken, 24, 978-3-86552-083-8

Die Stadt der singenden Flamme (2011) (D) [1215]
The City of the Singing Flame (1931) (US)
Ü: Alexander Amberg
24 S.
Clark Ashton Smith
Die Stadt der singenden Flamme (C) (HO)
Festa Bibliothek Schrecken, 24, 978-3-86552-083-8

Das Tor zum Saturn (2011) (D) [1216]
The Door to Saturn (1944) (US)
27 S.
Clark Ashton Smith
Die Stadt der singenden Flamme (C) (HO)
Festa Bibliothek Schrecken, 24, 978-3-86552-083-8

Ubbo-Sathla (2011) (D) [1217]
Ubbo-Sathla (1933) (US)
Ü: Andreas Diesel
10 S.
Clark Ashton Smith
Die Stadt der singenden Flamme (C) (HO)
Festa Bibliothek Schrecken, 24, 978-3-86552-083-8

Die weiße Seherin (2011) (D) [1218]
The White Sybil (1934) (US)
13 S.
Clark Ashton Smith
Die Stadt der singenden Flamme (C) (HO)
Festa Bibliothek Schrecken, 24, 978-3-86552-083-8

Das wunderliche Schicksal des Avoosl Wuthoqquan (2011) (D) [1219]
The Weird of Avoosl Wuthoqquan (1932) (US)
12 S.
Clark Ashton Smith
Die Stadt der singenden Flamme (C) (HO)
Festa Bibliothek Schrecken, 24, 978-3-86552-083-8

Cordwainer Smith

Allein im Anachron (2011) (D) [1220]
Himself in Anachron (1993) (US)
Ü: Ulrich Thiele
14 S.
Cordwainer Smith
Was aus den Menschen wurde (C) (SF)
Heyne SF & F, 52806, 978-3-453-52806-2

Alpha Ralpha Boulevard (2011) (D) [1221]
Alpha Ralpha Boulevard (1961) (US)
Ü: Thomas Ziegler
44 S.
Cordwainer Smith
Was aus den Menschen wurde (C) (SF)
Heyne SF & F, 52806, 978-3-453-52806-2

Als die Menschen fielen (2011) (D) [1222]
When the People Fell (1959) (US)
Ü: Thomas Ziegler
18 S.
Cordwainer Smith
Was aus den Menschen wurde (C) (SF)
Heyne SF & F, 52806, 978-3-453-52806-2

Die Ballade von der verlorenen K'mell (2011) (D) [1223]
The Ballad of Lost C'mell (1962) (US)
Ü: Thomas Ziegler
32 S.
Cordwainer Smith
Was aus den Menschen wurde (C) (SF)
Heyne SF & F, 52806, 978-3-453-52806-2

Das brennende Gehirn (2011) (D) [1224]
The Burning of the Brain (1958) (US)
Ü: Thomas Ziegler
16 S.
Cordwainer Smith
Was aus den Menschen wurde (C) (SF)
Heyne SF & F, 52806, 978-3-453-52806-2

Der Colonel kehrte aus dem Nimmernichts zurück (2011) (D) [1225]
The Colonel Came Back From the Nothing-At-All (1979) (US)
Ü: Thomas Ziegler
16 S.
Cordwainer Smith
Was aus den Menschen wurde (C) (SF)
Heyne SF & F, 52806, 978-3-453-52806-2

Denk blau, zähl bis zwei (2011) (D) [1226]
Think Blue, Count Two (1963) (US)
Ü: Thomas Ziegler
44 S.
   Cordwainer Smith
   Was aus den Menschen wurde (C) (SF)
   Heyne SF & F, 52806, 978-3-453-52806-2

Golden war das Schiff - oh, so golden! (2011) (D) [1227]
Golden the Ship Was - Oh! Oh! Oh! (1959) (US)
Ü: Thomas Ziegler
14 S.
   Cordwainer Smith
   Was aus den Menschen wurde (C) (SF)
   Heyne SF & F, 52806, 978-3-453-52806-2

Gustibles Planet (2011) (D) [1228]
From Gustible's Planet (1962) (US)
Ü: Thomas Ziegler
12 S.
   Cordwainer Smith
   Was aus den Menschen wurde (C) (SF)
   Heyne SF & F, 52806, 978-3-453-52806-2

Hinab zu einer sonnenlosen See (2011) (D) [1229]
Down to a Sunless Sea (1975) (US)
Ü: Thomas Ziegler
42 S.
   Cordwainer Smith
   Was aus den Menschen wurde (C) (SF)
   Heyne SF & F, 52806, 978-3-453-52806-2

Die klainen Katsen von Mutter Hudson (2011) (D) [1230]
Mother Hitton's Littul Kittons (1961) (US)
Ü: Thomas Ziegler
34 S.
   Cordwainer Smith
   Was aus den Menschen wurde (C) (SF)
   Heyne SF & F, 52806, 978-3-453-52806-2

Die Königin des Nachmittags (2011) (D) [1231]
The Queen of the Afternoon (1978) (US)
Ü: Thomas Ziegler
40 S.
   Cordwainer Smith
   Was aus den Menschen wurde (C) (SF)
   Heyne SF & F, 52806, 978-3-453-52806-2

Krieg Nr. 81-Q (2011) (D) [1232]
War No. 81-Q (1928) (US)
Ü: Ulrich Thiele
18 S.
   Cordwainer Smith
   Was aus den Menschen wurde (C) (SF)
   Heyne SF & F, 52806, 978-3-453-52806-2

Die Lady, die mit der Seele segelte (2011) (D) [1233]
The Lady Who Sailed the Soul (1960) (US)
Ü: Thomas Ziegler
38 S.
   Cordwainer Smith
   Was aus den Menschen wurde (C) (SF)
   Heyne SF & F, 52806, 978-3-453-52806-2

Modell Elf (2011) (D) [1234]
Mark Elf (1957) (US)
Ü: Thomas Ziegler
22 S.
    Cordwainer Smith
    Was aus den Menschen wurde (C) (SF)
    Heyne SF & F, 52806, 978-3-453-52806-2

Nein, nein, nicht Rogow! (2011) (D) [1235]
No, no, not Rogov! (1959) (US)
Ü: Thomas Ziegler
28 S.
    Cordwainer Smith
    Was aus den Menschen wurde (C) (SF)
    Heyne SF & F, 52806, 978-3-453-52806-2

Planet der Edelsteine (2011) (D) [1236]
On the Gem Planet (1963) (US)
Ü: Thomas Ziegler
40 S.
    Cordwainer Smith
    Was aus den Menschen wurde (C) (SF)
    Heyne SF & F, 52806, 978-3-453-52806-2

Planet der Stürme (2011) (D) [1237]
On the Storm Planet (1965) (US)
Ü: Thomas Ziegler
108 S.
    Cordwainer Smith
    Was aus den Menschen wurde (C) (SF)
    Heyne SF & F, 52806, 978-3-453-52806-2

Planet des Sandes (2011) (D) [1238]
On the Sand Planet (1965) (US)
Ü: Thomas Ziegler
42 S.
    Cordwainer Smith
    Was aus den Menschen wurde (C) (SF)
    Heyne SF & F, 52806, 978-3-453-52806-2

Ein Planet namens Shayol (2011) (D) [1239]
A Planet Named Shayol (1961) (US)
Ü: Thomas Ziegler
54 S.
    Cordwainer Smith
    Was aus den Menschen wurde (C) (SF)
    Heyne SF & F, 52806, 978-3-453-52806-2

Scanner leben vergebens (2011) (D) [1240]
Scanners Live in Vain (1950) (US)
Ü: Thomas Ziegler
54 S.
    Cordwainer Smith
    Was aus den Menschen wurde (C) (SF)
    Heyne SF & F, 52806, 978-3-453-52806-2

Das Spiel Ratte und Drache (2011) (D) [1241]
The Game of Rat and Dragon (1956) (US)
Ü: Thomas Ziegler
24 S.
    Cordwainer Smith
    Was aus den Menschen wurde (C) (SF)
    Heyne SF & F, 52806, 978-3-453-52806-2

Die tote Lady von Clowntown (2011) (D) [1242]
The Dead Lady of Clown Town (1964) (US)
Ü: Thomas Ziegler
112 S.
  Cordwainer Smith
  Was aus den Menschen wurde (C) (SF)
  Heyne SF & F, 52806, 978-3-453-52806-2

Das trunkene Schiff (2011) (D) [1243]
Drunkboat (1963) (US)
Ü: Thomas Ziegler
46 S.
  Cordwainer Smith
  Was aus den Menschen wurde (C) (SF)
  Heyne SF & F, 52806, 978-3-453-52806-2

Unter der alten Erde (2011) (D) [1244]
Under Old Earth (1966) (US)
Ü: Thomas Ziegler
62 S.
  Cordwainer Smith
  Was aus den Menschen wurde (C) (SF)
  Heyne SF & F, 52806, 978-3-453-52806-2

Verbrechen und Ruhm des Kommandanten Suzdal (2011) (D) [1245]
The Crime and the Glory of Commander Suzdal (1964) (US)
Ü: Thomas Ziegler
26 S.
  Cordwainer Smith
  Was aus den Menschen wurde (C) (SF)
  Heyne SF & F, 52806, 978-3-453-52806-2

Wanderer durch den Raum (2011) (D) [1246]
Three to a Given Star (1965) (US)
Ü: Thomas Ziegler
34 S.
  Cordwainer Smith
  Was aus den Menschen wurde (C) (SF)
  Heyne SF & F, 52806, 978-3-453-52806-2

Andrea Sondermann

In Mondnächten (2011) (D) [1247]
16 S.
  Bernd Walter (Hrsg.)
  Mondgeschichten (PH)
  XUN Anthologie, 2011, 978-3-8448-0175-0

Andrea Spille

When the music's over (2011) (D) [1248]
10 S.
  Waltraud Gebert (Hrsg.)
  Götter in Langeweile (F)
  Wendepunkt, 14, 978-3-942688-14-7

Mark Staats

Büroalltag (2009) (D) [1249]
17 S.
  Alisha Bionda (Hrsg.)
  Die Tränen Luzifers (PH)
  EDFC Fantasia, 313

Shopping (2009) (D) [1250]
15 S.
  Alisha Bionda (Hrsg.)
  Der Dorn im Auge (PH)
  EDFC Fantasia, 314

Susanne Stahr

Mein Freund Krümel (2011) (D) [1251]
1 S.
  Andreas Leder (Hrsg.)
  Future Magic 70 (SF)
  Privatdruck Future Magic, 70

Schokolade und Marshmallows (2011) (D) [1252]
2 S.
  Andreas Leder (Hrsg.)
  Future Magic 70 (SF)
  Privatdruck Future Magic, 70

Monika Starzengruber

Die Kraft des Mondes (2011) (D) [1253]
4 S.
  Bernd Walter (Hrsg.)
  Mondgeschichten (PH)
  XUN Anthologie, 2011, 978-3-8448-0175-0

Allen Steele

Der Tod von Captain Future (2011) (D) [1254]
The Death of Captain Future (1995) (US)
Ü: Frauke Lengermann
58 S.
  Edmond Hamilton
  Der Tod von Captain Future (C) (SF)
  Golkonda Captain Future, 22, 978-3-942396-05-9

Ulrike Stegemann

(mit: Michael Stegemann)
Ella Elfenfuß & das Sommerfest (2011) (D) (Comic) [1255]
2 S.
  Ulrike Stegemann (Hrsg.)
  Elfenschrift 30 (F)
  Privatdruck Elfenschrift, 30

Friederike Stein

Abgedreht (2011) (D) [1256]
5 S.
  Waltraud Gebert (Hrsg.)
  Götter in Langeweile (F)
  Wendepunkt, 14, 978-3-942688-14-7

Anett Steiner

PON - Planet ohne Namen (2011) (D) [1257]
24 S.
  Anonym (Hrsg.)
  Ruf der Sterne (SF)
  Twilight-Line, 85, 978-3-941122-85-7

Björn Steinert

Tenaka (2009) (D) [1258]
15 S.
  Helge Lange (Hrsg.)
  Fur Fiction 3 (F)
  Projekte 188 Edition Solar-X, 1638, 978-3-86237-638-4

C.M. Stenfield

O Aliens, fürchtet die Frauen! (2011) (D) [1259]
2 S.
  Bernd Hutschenreuther, Holger Kunadt (Hrsg.)
  TERRAsse 26 (SF)
  Urania SFC TERRAsse TERRAsse, 26

Viele ferne fremde Welten (2011) (D) [1260]
2 S.
Bernd Hutschenreuther, Holger Kunadt (Hrsg.)
TERRAsse 26 (SF)
Urania SFC TERRAsse TERRAsse, 26

Dieter Stiewi

Kanaaiten (2011) (D) [1261]
8 S.
Hans-Stephan Link (Hrsg.)
Weltentor Science Fiction 2 (SF)
Noel, 153, 978-3-942802-53-6

Kanaaiten (2011) (D) [1262]
8 S.
Hans-Stephan Link (Hrsg.)
Weltentor Science Fiction 2 (SF)
Noel, 156, 978-3-942802-56-7

Norbert Stöbe

Klondike (2011) (D) [1263]
8 S.
Ronald M. Hahn, Frank Hebben, Olaf G. Hilscher, Michael K. Iwoleit
(Hrsg.)
Nova 18 (SF)
Nova Nova, 18

Achim Stößer

Göthé (2011) (D) [1264]
8 S.
Alisha Bionda (Hrsg.)
Der perfekte Friede (SF)
p.machinery Dark Wor(l)ds, 1, 978-3-942533-05-8

Matthias Struck

Freitag, der Dreizehnte (2009) (D) [1265]
21 S.
Helge Lange (Hrsg.)
Fur Fiction 3 (F)
Projekte 188 Edition Solar-X, 1638, 978-3-86237-638-4

Arkadi Strugatzki

(mit: Boris Strugatzki)
Aus dem Leben des Nikita Woronzow (2011) (D) [1266]
<unbekannt / unknown> (RU)
Ü: Edda Werfel, Erik Simon
48 S.
Arkadi Strugatzki, Boris Strugatzki
Strugatzki 3 (C) (SF)
Heyne SF & F, 52685, 978-3-453-52685-3

(mit: Boris Strugatzki)
Die Last des Bösen (2011) (D) (Roman) [1267]
<unbekannt / unknown> (1989) (RU)
Ü: Kurt Baudisch, Erik Simon
250 S.
Arkadi Strugatzki, Boris Strugatzki
Strugatzki 3 (C) (SF)
Heyne SF & F, 52685, 978-3-453-52685-3

(mit: Boris Strugatzki)
Die Schnecke am Hang (2011) (D) (Roman) [1268]
Ulitka na sklone (1968) (RU)
Ü: Hans Földeak, Erik Simon
274 S.
   Arkadi Strugatzki, Boris Strugatzki
   Strugatzki 3 (C) (SF)
   Heyne SF & F, 52685, 978-3-453-52685-3

(mit: Boris Strugatzki)
Ein Teufel unter den Menschen (2011) (D) [1269]
<unbekannt / unknown> (1993) (RU)
Ü: Erik Simon
146 S.
   Arkadi Strugatzki, Boris Strugatzki
   Strugatzki 3 (C) (SF)
   Heyne SF & F, 52685, 978-3-453-52685-3

(mit: Boris Strugatzki)
Die zweite Invasion der Marsmenschen (2011) (D) (Roman) [1270]
Vtoròje prischèstwije marsiàn (1968) (RU)
Ü: Thomas Reschke, Erik Simon
104 S.
   Arkadi Strugatzki, Boris Strugatzki
   Strugatzki 3 (C) (SF)
   Heyne SF & F, 52685, 978-3-453-52685-3

Sarina Stützer

Der blaue Planet (2011) (D) [1271]
7 S.
   Waltraud Gebert (Hrsg.)
   Götter in Langeweile (F)
   Wendepunkt, 14, 978-3-942688-14-7

Andreas Suchanek

Die Schatten des Aethers (2011) (D) [1272]
17 S.
   Stefan Holzhauer (Hrsg.)
   Aethergarn (SF)
   Steampunk-Chroniken, 1

James Sullivan

Nuramon der Wanderer (2011) (D) [1273]
64 S.
   Bernhard Hennen
   Die Elfen (F)
   Heyne Allgemeine Reihe, 26725, 978-3-453-26725-1

Peter Suska-Zerbes

Hundert Jahre danach (2011) (D) [1274]
9 S.
   Maria Weise (Hrsg.)
   Es wird einmal (SF)
   net Allgemeine Reihe, 47, 978-3-942229-47-0

Marianne Sydow

Der Loower und das Auge (1980) (D) (Roman) [1275]
   Hubert Haensel (Hrsg.)
   Der Loower und das Auge (SF)
   Pabel - Moewig Perry Rhodan - Buch, 113, 978-3-8118-4099-7

Station der Killerpflanzen (1976) (D) (Roman) [1276]
   Rainer Castor (Hrsg.)
   Das Erbe der Akonen (SF)
   Pabel - Moewig Atlan Buch, 38, 978-3-89064-075-4

Das UFO-Serum (1980) (D) (Roman) [1277]
Hubert Haensel (Hrsg.)
Der Loower und das Auge (SF)
Pabel - Moewig Perry Rhodan - Buch, 113, 978-3-8118-4099-7

Die zweite Welle (1980) (D) (Roman) [1278]
Hubert Haensel (Hrsg.)
Kämpfer für Garbesch (SF)
Pabel - Moewig Perry Rhodan - Buch, 115, 978-3-8118-4101-7

Thomas Templ

Die Farbe der Naniten (2011) (D) [1279]
16 S.
Armin Rößler, Heidrun Jänchen (Hrsg.)
Emotio (SF)
Wurdack SF, 18, 978-3-938065-75-4

Tom A. Tenzer

Vom Ende der Welt (2011) (D) [1280]
10 S.
Hans-Stephan Link (Hrsg.)
Weltentor Science Fiction 2 (SF)
Noel, 153, 978-3-942802-53-6

Vom Ende der Welt (2011) (D) [1281]
10 S.
Hans-Stephan Link (Hrsg.)
Weltentor Science Fiction 2 (SF)
Noel, 156, 978-3-942802-56-7

Peter Terrid

Der Letzte der Mächtigen (1980) (D) (Roman) [1282]
Hubert Haensel (Hrsg.)
Die Sporenschiffe (SF)
Pabel - Moewig Perry Rhodan - Buch, 114, 978-3-8118-4100-0

Mutantenhölle Saruhl (1976) (D) (Roman) [1283]
Rainer Castor (Hrsg.)
Das Erbe der Akonen (SF)
Pabel - Moewig Atlan Buch, 38, 978-3-89064-075-4

Der Nachfolger (2011) (D) (Roman) [1284]
Hubert Haensel (Hrsg.)
Der Auserwählte (SF)
Pabel - Moewig Perry Rhodan - Buch, 116, 978-3-8118-4102-4

Peter Theodor

Das Auge Orkids (1966) (D) (Roman) [1285]
Peter Theodor
Invasoren aus dem All (C) (SF)
Mohlberg Utopische Welten So., 26

Ebene Drei ruft Darila (1967) (D) (Roman) [1286]
Peter Theodor
Invasoren aus dem All (C) (SF)
Mohlberg Utopische Welten So., 26

Großeinsatz MEROPE-Neun (1966) (D) (Roman) [1287]
Peter Theodor
Invasoren aus dem All (C) (SF)
Mohlberg Utopische Welten So., 26

Daniel Thevessen

Der Erbe der Lichtstädte (1) (2011) (D) [1288]
3 S.
  Stephanie Seidel
  Running Men Blues (SF)
  Bastei Maddrax, 293

Der Erbe der Lichtstädte (2) (2011) (D) [1289]
3 S.
  Manfred Weinland
  Der Keller (SF)
  Bastei Maddrax, 294

Merlin Thomas

Die Reklamation (2011) (D) [1290]
2 S.
  Uwe Post (Hrsg.)
  Golem 93 (SF)
  SFC Thunderbolt Golem, 93

Wunschkind (2011) (D) [1291]
7 S.
  Harald Giersche (Hrsg.)
  Prototypen und andere Unwägbarkeiten (SF)
  Begedia, 978-3-9813946-0-3

Bianka Thon

Warum immer ich? (2011) (D) [1292]
4 S.
  Hans-Stephan Link (Hrsg.)
  Weltentor Science Fiction 2 (SF)
  Noel, 153, 978-3-942802-53-6

Warum immer ich? (2011) (D) [1293]
4 S.
  Hans-Stephan Link (Hrsg.)
  Weltentor Science Fiction 2 (SF)
  Noel, 156, 978-3-942802-56-7

Michael Marcus Thurner

Der Killer von Terra (2011) (D) (Auszug) [1294]
9 S.
  Arndt Ellmer
  Countdown für Sol (SF)
  Moewig Perry Rhodan, 2616

Lavie Tidhar

Shira (2011) (D) [1295]
15 S.
  Ronald M. Hahn, Frank Hebben, Olaf G. Hilscher, Michael K. Iwoleit (Hrsg.)
  Nova 18 (SF)
  Nova Nova, 18

Andrea Tillmanns

Alle Töne von Rot (2011) (D) [1296]
2 S.
  Rainer Schwippl (Hrsg.)
  SpecFlash 8 (SF)
  SciFi-World Medien SpecFlash, 8

Die Frauen (2011) (D) [1297]
1 S.
  Ulrike Stegemann (Hrsg.)
  Elfenschrift 31 (F)
  Privatdruck Elfenschrift, 31

Sonne (2011) (D) [1298]
2 S.
  Bernd Walter (Hrsg.)
  Tor zum Himmel (PH)
  XUN, 27

Thomas Tippner

Chaos und Hoffnung (2011) (D) [1299]
10 S.
  Bernd Walter (Hrsg.)
  Tor zum Himmel (PH)
  XUN, 27

Manchmal (2011) (D) [1300]
13 S.
  Bernd Walter (Hrsg.)
  Böse Hexen (PH)
  XUN TB, 6, 978-3-8423-7759-2

James Tiptree jr.

Hinter dem toten Riff (2011) (D) [1301]
Beyond the Dead Reef (1983) (US)
Ü: Frank P. Böhmert
37 S.
  James Tiptree jr.
  Quintana Roo (C) (SF)
  Septime, 4, 978-3-902711-04-5

Der Junge, der auf Wasserskiern in die Ewigkeit fuhr (2011) (D)
[1302]
The Boy Who Waterskied To Forever (1982) (US)
Ü: Frank P. Böhmert
34 S.
  James Tiptree jr.
  Quintana Roo (C) (SF)
  Septime, 4, 978-3-902711-04-5

Kurze Vorbemerkung zu den Maya des Quintana Roo (2011) (D) [1303]
A Note About the Maya of the Quintana Roo (1986) (US)
Ü: Frank P. Böhmert
7 S.
  James Tiptree jr.
  Quintana Roo (C) (SF)
  Septime, 4, 978-3-902711-04-5

Was die See bei Lirios anspülte (2011) (D) [1304]
What Came Ashore at Lirios (1981) (US)
Ü: Frank P. Böhmert
58 S.
  James Tiptree jr.
  Quintana Roo (C) (SF)
  Septime, 4, 978-3-902711-04-5

Alf Tjörnsen

Captain Wilkins wird Pirat (1960) (D) (Roman) [1305]
  Alf Tjörnsen
  Gefahr von Transpluto (C) (SF)
  Mohlberg Utopische Welten So., 24

Heimkehr vom Transpluto (1960) (D) (Roman) [1306]
  Alf Tjörnsen
  Gefahr von Transpluto (C) (SF)
  Mohlberg Utopische Welten So., 24

Jenseits von Pluto (1960) (D) (Roman) [1307]
  Alf Tjörnsen
  Gefahr von Transpluto (C) (SF)
  Mohlberg Utopische Welten So., 24

Matthias Töpfer

Die Herrin der Ameisen (2011) (D) [1308]
54 S.
  Michael Haitel (Hrsg.)
  Anima Migratio (SF)
  p.machinery AndroSF, 11, 978-3-942533-17-1

J.R.R. Tolkien

Die Abenteuer des Tom Bombadil (2011) (D) [1309]
The Adventures of Tom Bombadil (1961) (E)
Ü: Ebba Margaretha von Freymann, Thelma von Freymann
82 S.
  J.R.R. Tolkien
  Geschichten aus dem Gefährlichen Königreich (C) (F)
  Klett-Cotta Hobbit-Presse, 93826, 978-3-608-93826-5

Bauer Giles von Ham (2011) (D) [1310]
Farmer Giles of Ham (1949) (E)
Ü: Angela Uthe-Spencker
70 S.
  J.R.R. Tolkien
  Geschichten aus dem Gefährlichen Königreich (C) (F)
  Klett-Cotta Hobbit-Presse, 93826, 978-3-608-93826-5

Blatt von Tüftler (2011) (D) [1311]
Leaf by Niggle (1964) (E)
Ü: Margaret Carroux
32 S.
  J.R.R. Tolkien
  Geschichten aus dem Gefährlichen Königreich (C) (F)
  Klett-Cotta Hobbit-Presse, 93826, 978-3-608-93826-5

Roverandom (2011) (D) [1312]
Roverandom (1998) (E)
Ü: Hans J. Schütz
100 S.
  J.R.R. Tolkien
  Geschichten aus dem Gefährlichen Königreich (C) (F)
  Klett-Cotta Hobbit-Presse, 93826, 978-3-608-93826-5

Der Schmied von Großholzingen (2011) (D) [1313]
Smith of Wootton Major (1967) (E)
Ü: Karl A. Klewer
40 S.
  J.R.R. Tolkien
  Geschichten aus dem Gefährlichen Königreich (C) (F)
  Klett-Cotta Hobbit-Presse, 93826, 978-3-608-93826-5

Jon Tom

Tokeh, he he (2011) (D) [1314]
17 S.
  Michael Haitel (Hrsg.)
  Durch die Wand (PH)
  EDFC Fantasia, 334

W.A. Travers

Bote der Götter (2011) (D) [1315]
57 S.
  W.A. Travers
  Marsch durch die Hölle / Bote der Götter (C) (SF)
  Hary-Production Star Gate, 89

Die Falle (2011) (D) [1316]
63 S.
  W.A. Travers
  Die Falle / Schach dem König (C) (SF)
  Hary-Production Star Gate, 87

Die Festung (2011) (D) [1317]
64 S.
  W.A. Travers
  Die Festung / Labyrinth des Todes (C) (SF)
  Hary-Production Star Gate, 85

Krieg am Ebrox (2011) (D) [1318]
61 S.
  Frederick S. List, W.A. Travers
  Entführt / Krieg am Ebrox (C) (SF)
  Hary-Production Star Gate, 79

Labyrinth des Todes (2011) (D) [1319]
62 S.
  W.A. Travers
  Die Festung / Labyrinth des Todes (C) (SF)
  Hary-Production Star Gate, 85

Die letzte Schlacht (2011) (D) [1320]
62 S.
  W.A. Travers, Wilfried A. Hary
  Die letzte Schlacht / Re-na-xerv (C) (SF)
  Hary-Production Star Gate, 91

Marsch durch die Hölle (2011) (D) [1321]
65 S.
  W.A. Travers
  Marsch durch die Hölle / Bote der Götter (C) (SF)
  Hary-Production Star Gate, 89

Schach dem König (2011) (D) [1322]
61 S.
  W.A. Travers
  Die Falle / Schach dem König (C) (SF)
  Hary-Production Star Gate, 87

Die vergessenen Götter (2011) (D) [1323]
60 S.
  Wilfried A. Hary, W.A. Travers
  Genesis (C) (SF)
  Hary-Production Star Gate, 77

Licia Troisi

Im Bann der Wächter (2011) (D) (Auszug) [1324]
<unbekannt / unknown> (I)
13 S.
  Licia Troisi
  Der Fluch der Assassinen (F)
  Heyne SF & F, 53362, 978-3-453-53362-2

Tochter des Blutes (2011) (D) (Auszug) [1325]
Figlia del Sangue (2009) (I)
Ü: Bruno Genzler
14 S.
  Licia Troisi
  Im Bann der Wächter (F)
  Heyne SF & F, 53366, 978-3-453-53366-0

Lars Urban

Ahnungsloses Geschmeiß! Talkrunde mit Figuren aus der
TORN-Serie (2011) (D) [1326]
3 S.
   Dennis Ehrhardt (Hrsg.)
   Mystery Press 2011/12 (SP)
   Zaubermond Mystery Press, 201112

Rüdiger Vaas

Ein Universum nebenan (2011) (D) [1327]
4 S.
   André Boyens (Hrsg.)
   SOL 62 (SF)
   PR Fanzentrale Sol, 62

Wim Vandemaan

Reisen mit den Bonfyres (2011) (D) [1328]
9 S.
   Leo Lukas
   Ein Kind der Funken (SF)
   Moewig Perry Rhodan, 2582

Dirk Van den Boom

Tentakelschatten (2007) (D) (Roman) [1329]
   Dirk Van den Boom
   Der erste Krieg (C) (SF)
   Atlantis Edition Atlantis

Tentakelsturm (2009) (D) (Roman) [1330]
   Dirk Van den Boom
   Der erste Krieg (C) (SF)
   Atlantis Edition Atlantis

Tentakeltraum (2008) (D) (Roman) [1331]
   Dirk Van den Boom
   Der erste Krieg (C) (SF)
   Atlantis Edition Atlantis

Die Überlebende (2011) (D) [1332]
15 S.
   Dirk Van den Boom (Hrsg.)
   Nur drei Stunden (SF)
   Atlantis Ikarus Sonderband, 4, 978-3-941258-62-4

Melanie Van Roosendaal

Die kleine Waldelfe (2011) (D) [1333]
2 S.
   Ulrike Stegemann (Hrsg.)
   Elfenschrift 30 (F)
   Privatdruck Elfenschrift, 30

Klaus-Michael Vent

Das Altersheim (2011) (D) [1334]
7 S.
   Peter Emmerich (Hrsg.)
   Sumpfgeblubber 89 (SP)
   Fantasy Club Sumpfgeblubber, 89

Faule Kunden (2011) (D) [1335]
10 S.
   Peter Emmerich (Hrsg.)
   Sumpfgeblubber 92 (SP)
   Fantasy Club Sumpfgeblubber, 92

Heftroman Helden (2011) (D) (Lyrik) [1336]
1 S.
  Peter Emmerich (Hrsg.)
  Sumpfgeblubber 89 (SP)
  Fantasy Club Sumpfgeblubber, 89

Der Mann aus Holz (2011) (D) [1337]
14 S.
  Peter Emmerich (Hrsg.)
  Sumpfgeblubber 83 (SP)
  Fantasy Club Sumpfgeblubber, 83

Vivian Vierkant

Weltraumaffen (2011) (D) [1338]
6 S.
  Hans-Stephan Link (Hrsg.)
  Weltentor Science Fiction 2 (SF)
  Noel, 153, 978-3-942802-53-6

Weltraumaffen (2011) (D) [1339]
6 S.
  Hans-Stephan Link (Hrsg.)
  Weltentor Science Fiction 2 (SF)
  Noel, 156, 978-3-942802-56-7

Ernst Vlcek

Heimkehr der Loower (2011) (D) (Roman) [1340]
  Hubert Haensel (Hrsg.)
  Der Auserwählte (SF)
  Pabel - Moewig Perry Rhodan - Buch, 116, 978-3-8118-4102-4

Kemoaucs Bestie (2011) (D) (Roman) [1341]
  Hubert Haensel (Hrsg.)
  Der Auserwählte (SF)
  Pabel - Moewig Perry Rhodan - Buch, 116, 978-3-8118-4102-4

Der Laser-Mann (1979) (D) (Roman) [1342]
  Hubert Haensel (Hrsg.)
  Der Loower und das Auge (SF)
  Pabel - Moewig Perry Rhodan - Buch, 113, 978-3-8118-4099-7

Die Phantom-Jagd (1979) (D) (Roman) [1343]
  Hubert Haensel (Hrsg.)
  Der Loower und das Auge (SF)
  Pabel - Moewig Perry Rhodan - Buch, 113, 978-3-8118-4099-7

Schwingen des Geistes (1980) (D) (Roman) [1344]
  Hubert Haensel (Hrsg.)
  Die Sporenschiffe (SF)
  Pabel - Moewig Perry Rhodan - Buch, 114, 978-3-8118-4100-0

Die Sporenschiffe (1980) (D) (Roman) [1345]
  Hubert Haensel (Hrsg.)
  Die Sporenschiffe (SF)
  Pabel - Moewig Perry Rhodan - Buch, 114, 978-3-8118-4100-0

Werner Vogel

Labor 4 (2011) (D) [1346]
3 S.
  Bernd Walter (Hrsg.)
  Böse Hexen (PH)
  XUN TB, 6, 978-3-8423-7759-2

Michael Vogt

(mit: Olaf Brill)
Ein seltsamer Tag (1) (2011) (D) (Comic) [1347]
2 S.
Klaus Bollhöfener (Hrsg.)
phantastisch! 44 (SF)
Havemann phantastisch!, 44

William Voltz

Der Auserwählte (2011) (D) (Roman) [1348]
Hubert Haensel (Hrsg.)
Der Auserwählte (SF)
Pabel - Moewig Perry Rhodan - Buch, 116, 978-3-8118-4102-4

Das Ende der Wächter (1980) (D) (Roman) [1349]
Hubert Haensel (Hrsg.)
Die Sporenschiffe (SF)
Pabel - Moewig Perry Rhodan - Buch, 114, 978-3-8118-4100-0

Der falsche Ritter (1980) (D) (Roman) [1350]
Hubert Haensel (Hrsg.)
Die Sporenschiffe (SF)
Pabel - Moewig Perry Rhodan - Buch, 114, 978-3-8118-4100-0

Die Höhlen der Ringwelt (1979) (D) (Roman) [1351]
Hubert Haensel (Hrsg.)
Der Loower und das Auge (SF)
Pabel - Moewig Perry Rhodan - Buch, 113, 978-3-8118-4099-7

Vincent Voss

101112 (2011) (D) [1352]
32 S.
Uwe Post (Hrsg.)
2012 - T minus Null (SF)
Begedia, 978-3-943795-17-2

Hanna Wachter

Vier mal X (2011) (D) [1353]
12 S.
Maria Weise (Hrsg.)
Es wird einmal (SF)
net Allgemeine Reihe, 47, 978-3-942229-47-0

Klaus-Peter Walter

Sherlock Holmes und Buffalo Bill (2011) (D) [1354]
70 S.
Klaus-Peter Walter
Sherlock Holmes und Old Shatterhand (C) (PH)
Blitz Allgemeine Reihe, 320, 978-3-89840-320-7

Sherlock Holmes und das indische Kraut (2011) (D) [1355]
10 S.
Klaus-Peter Walter
Sherlock Holmes und Old Shatterhand (C) (PH)
Blitz Allgemeine Reihe, 320, 978-3-89840-320-7

Sherlock Holmes und der diebische Weihnachtsmann (2007) (D) [1356]
29 S.
Klaus-Peter Walter
Sherlock Holmes und Old Shatterhand (C) (PH)
Blitz Allgemeine Reihe, 320, 978-3-89840-320-7

Sherlock Holmes und der Fall der Fair Lady (2011) (D) [1357]
70 S.
Klaus-Peter Walter
Sherlock Holmes und Old Shatterhand (C) (PH)
Blitz Allgemeine Reihe, 320, 978-3-89840-320-7

Sherlock Holmes und der stumme Klavierspieler (2009) (D) [1358]
14 S.
Klaus-Peter Walter
Sherlock Holmes und Old Shatterhand (C) (PH)
Blitz Allgemeine Reihe, 320, 978-3-89840-320-7

Sherlock Holmes und die verschwundene Witwe (2006) (D) [1359]
16 S.
Klaus-Peter Walter
Sherlock Holmes und Old Shatterhand (C) (PH)
Blitz Allgemeine Reihe, 320, 978-3-89840-320-7

Sherlock Holmes und die weiße Frau (2011) (D) [1360]
47 S.
Klaus-Peter Walter
Sherlock Holmes und Old Shatterhand (C) (PH)
Blitz Allgemeine Reihe, 320, 978-3-89840-320-7

Sherlock Holmes und Old Shatterhand (2005) (D) [1361]
11 S.
Klaus-Peter Walter
Sherlock Holmes und Old Shatterhand (C) (PH)
Blitz Allgemeine Reihe, 320, 978-3-89840-320-7

Dayton Ward

Beinahe Morgen (2011) (D) [1362]
Almost Tomorrow (2011) (US)
Ü: Christian Humberg
110 S.
Dayton Ward, Kevin Dilmore, David Mack, Marco Palmieri (Hrsg.)
Enthüllungen (SF)
Cross Cult Star Trek Vanguard, 6, 978-3-941248-10-6

J.R. Ward

Nachtseele (2011) (D) (Auszug) [1363]
Lover Unleashed II (2011) (US)
Ü: Corinna Vierkant
8 S.
J.R. Ward
Vampirschwur (F)
Heyne SF & F, 52872, 978-3-453-52872-7

Vampirsohn (2011) (D) (Auszug) [1364]
<unbekannt / unknown> (US)
8 S.
J.R. Ward
Mondschwur (F)
Heyne SF & F, 52772, 978-3-453-52772-0

Arndt Waßmann

Gefährdungsstufe unbekannt (2011) (D) [1365]
12 S.
Hans-Stephan Link (Hrsg.)
Weltentor Science Fiction 2 (SF)
Noel, 153, 978-3-942802-53-6

Gefährdungsstufe unbekannt (2011) (D) [1366]
12 S.
Hans-Stephan Link (Hrsg.)
Weltentor Science Fiction 2 (SF)
Noel, 156, 978-3-942802-56-7

Der Kristall (2011) (D) [1367]
42 S.
Michael Haitel (Hrsg.)
Brechende Seelen (SF)
p.machinery AndroSF, 9, 978-3-942533-16-4

Marcus Watolla

Was ich mache, wenn ich tot bin? (2011) (D) [1368]
4 S.
  Maria Weise (Hrsg.)
  Es wird einmal (SF)
  net Allgemeine Reihe, 47, 978-3-942229-47-0

Thomas Wawerka

Advent: Ankunft (2011) (D) [1369]
19 S.
  Thomas Wawerka
  Wie das Universum und ich Freunde wurden (C) (PH)
  Fabylon Allgemeine Reihe, 34, 978-3-927071-34-6

Der alte Mann und das Glück (2008) (D) [1370]
10 S.
  Thomas Wawerka
  Wie das Universum und ich Freunde wurden (C) (PH)
  Fabylon Allgemeine Reihe, 34, 978-3-927071-34-6

Animal Farm (2005) (D) [1371]
11 S.
  Thomas Wawerka
  Wie das Universum und ich Freunde wurden (C) (PH)
  Fabylon Allgemeine Reihe, 34, 978-3-927071-34-6

Auf der anderen Seite (2008) (D) [1372]
63 S.
  Thomas Wawerka
  Wie das Universum und ich Freunde wurden (C) (PH)
  Fabylon Allgemeine Reihe, 34, 978-3-927071-34-6

Auf der nächsten Stufe (2006) (D) [1373]
10 S.
  Thomas Wawerka
  Wie das Universum und ich Freunde wurden (C) (PH)
  Fabylon Allgemeine Reihe, 34, 978-3-927071-34-6

Begegnung auf Golgatha (2007) (D) [1374]
10 S.
  Thomas Wawerka
  Wie das Universum und ich Freunde wurden (C) (PH)
  Fabylon Allgemeine Reihe, 34, 978-3-927071-34-6

Gezählte Tage (2005) (D) [1375]
26 S.
  Thomas Wawerka
  Wie das Universum und ich Freunde wurden (C) (PH)
  Fabylon Allgemeine Reihe, 34, 978-3-927071-34-6

Die Göttin des Überflusses (2008) (D) [1376]
9 S.
  Thomas Wawerka
  Wie das Universum und ich Freunde wurden (C) (PH)
  Fabylon Allgemeine Reihe, 34, 978-3-927071-34-6

Hippokratisches Gleichnis (2004) (D) [1377]
18 S.
  Thomas Wawerka
  Wie das Universum und ich Freunde wurden (C) (PH)
  Fabylon Allgemeine Reihe, 34, 978-3-927071-34-6

Die Mutter des Abends (2006) (D) [1378]
22 S.
  Thomas Wawerka
  Wie das Universum und ich Freunde wurden (C) (PH)
  Fabylon Allgemeine Reihe, 34, 978-3-927071-34-6

Routinejob (2011) (D) [1379]
21 S.
Thomas Wawerka
Wie das Universum und ich Freunde wurden (C) (PH)
Fabylon Allgemeine Reihe, 34, 978-3-927071-34-6

Wie das Universum und ich Freunde wurden (2011) (D) [1380]
8 S.
Thomas Wawerka
Wie das Universum und ich Freunde wurden (C) (PH)
Fabylon Allgemeine Reihe, 34, 978-3-927071-34-6

Wir könnten Kolumbus fragen (2008) (D) [1381]
15 S.
Thomas Wawerka
Wie das Universum und ich Freunde wurden (C) (PH)
Fabylon Allgemeine Reihe, 34, 978-3-927071-34-6

Marco M. Weber

Stack Overflow (2011) (D) [1382]
4 S.
Christian Persson (Hrsg.)
c't 2011 / 12 (SF)
Heise c't, 201112

Petra Weddehage

Die Sklavin (2011) (D) [1383]
9 S.
Dirk Van den Boom (Hrsg.)
Nur drei Stunden (SF)
Atlantis Ikarus Sonderband, 4, 978-3-941258-62-4

Jörg E. Weigand

Der Gesang der schwarzen Kiefern (2011) (D) [1384]
6 S.
Jörg E. Weigand (Hrsg.)
Zwei Engel der Nacht (F)
Fabylon Allgemeine Reihe, 33, 978-3-927071-33-9

Nadeltanz (2011) (D) [1385]
5 S.
Bartholomäus Figatowski (Hrsg.)
Der Basilikumdrache (PH)
Nicole Schmenk, 6, 978-3-943022-06-3

Karla Weigand

Am Kanal (2011) (D) [1386]
10 S.
Bartholomäus Figatowski (Hrsg.)
Der Basilikumdrache (PH)
Nicole Schmenk, 6, 978-3-943022-06-3

Elisabeths letzte Reise (2011) (D) [1387]
10 S.
Jörg E. Weigand (Hrsg.)
Zwei Engel der Nacht (F)
Fabylon Allgemeine Reihe, 33, 978-3-927071-33-9

Maximilian Weigl

Tullas Traum (2011) (D) [1388]
14 S.
Erik Schreiber (Hrsg.)
Geheimnisvolle Geschichten 2 (F)
Saphir im Stahl, 3, 978-3-9813823-3-4

Detlef Welker

Kokontalius (2011) (D) [1389]
12 S.
  Inge Ried, Beatrice Nunold, Detlef Welker
  ZeiTraum (C) (SF)
  Papierflieger, 146, 978-3-86948-146-3

Raumphysik (2011) (D) [1390]
6 S.
  Inge Ried, Beatrice Nunold, Detlef Welker
  ZeiTraum (C) (SF)
  Papierflieger, 146, 978-3-86948-146-3

Traumflut (2011) (D) [1391]
12 S.
  Inge Ried, Beatrice Nunold, Detlef Welker
  ZeiTraum (C) (SF)
  Papierflieger, 146, 978-3-86948-146-3

Wolf Welling

Die Katze Schrödinger (2011) (D) [1392]
6 S.
  *Ronald M. Hahn, Frank Hebben, Olaf G. Hilscher, Michael K. Iwoleit
  (Hrsg.)*
  Nova 18 (SF)
  Nova Nova, 18

Venezia muore (2011) (D) [1393]
7 S.
  René Moreau, Olaf Kemmler, Heinz Wipperfürth (Hrsg.)
  Exodus 28 (SF)
  SF-Flohmarkt Exodus, 28

David Wellington

Die Geheimwaffe (2011) (D) [1394]
Weaponized (2010) (US)
Ü: Firouzeh Akhavan-Zandjani
32 S.
  Christopher Golden (Hrsg.)
  The New Dead (HO)
  Panini Allgemeine Reihe, 2253, 978-3-8332-2253-5

Der letzte Vampir (2007) (D) (Roman) [1395]
Thirteen Bullets (2006) (US)
Ü: Andreas Decker
380 S.
  David Wellington, Will Elliott
  Dark Worlds (C) (F)
  Piper Fantasy TB, 6843, 978-3-492-26843-1

BennY Werthe

Zweitausendundsechzehn (2011) (D) [1396]
3 S.
  Maria Weise (Hrsg.)
  Es wird einmal (SF)
  net Allgemeine Reihe, 47, 978-3-942229-47-0

Mikis Wesensbitter

Das rot-weiße Licht oder Sinkflug über Berlin-Treptow (2011) (D)
[1397]
12 S.
  Alisha Bionda (Hrsg.)
  Der perfekte Friede (SF)
  p.machinery Dark Wor(l)ds, 1, 978-3-942533-05-8

Silke Weß

Vigos Fluch (2011) (D) [1398]
5 S.
  Waltraud Gebert (Hrsg.)
  Götter in Langeweile (F)
  Wendepunkt, 14, 978-3-942688-14-7

Gunther Wiesneth

(mit: Christian Mößel)
Heiße Ware (2011) (D) [1399]
6 S.
  Peter Emmerich (Hrsg.)
  Sumpfgeblubber 85 (SP)
  Fantasy Club Sumpfgeblubber, 85

(mit: Christian Mößel)
Syrhaven - Die Stadt der Schatten (2011) (D) [1400]
1 S.
  Peter Emmerich (Hrsg.)
  Sumpfgeblubber 85 (SP)
  Fantasy Club Sumpfgeblubber, 85

Susanne Wilhelm

Die zwei Seiten der Medaille (2011) (D) [1401]
36 S.
  Lucas Edel (Hrsg.)
  Uhrwerk Venedig (F)
  Ulrich Burger, 11, 978-3-943378-01-6

Tom Wilhelm

Tränensplitter (2011) (D) [1402]
39 S.
  Lucas Edel (Hrsg.)
  Uhrwerk Venedig (F)
  Ulrich Burger, 11, 978-3-943378-01-6

Tad Williams

Die Sturmtür (2011) (D) [1403]
The Storm Door (2010) (US)
Ü: Firouzeh Akhavan-Zandjani
22 S.
  Christopher Golden (Hrsg.)
  The New Dead (HO)
  Panini Allgemeine Reihe, 2253, 978-3-8332-2253-5

Dieter Winkler

Familienbande (2011) (D) [1404]
16 S.
  Alisha Bionda (Hrsg.)
  Odem des Todes (HO)
  Voodoo Press Allgemeine Reihe, 6, 978-3-902802-06-4

Gudrun Winklhofer

Die Birkenelfe (2011) (D) [1405]
2 S.
  Ulrike Stegemann (Hrsg.)
  Elfenschrift 29 (F)
  Privatdruck Elfenschrift, 29

Elfenfest im Garten (2011) (D) [1406]
1 S.
  Ulrike Stegemann (Hrsg.)
  Elfenschrift 30 (F)
  Privatdruck Elfenschrift, 30

Andreas Winterer

Alte Schuld (2011) (D) [1407]
10 S.
   Andreas Winterer
   Scott Bradley (C) (SF)
   evolver, 3, 978-3-9502558-3-6

Angriffsziel: Todesstern (2011) (D) [1408]
10 S.
   Andreas Winterer
   Scott Bradley (C) (SF)
   evolver, 3, 978-3-9502558-3-6

Eroberer aus den Plejaden (2011) (D) [1409]
5 S.
   Andreas Winterer
   Scott Bradley (C) (SF)
   evolver, 3, 978-3-9502558-3-6

Der Krieg gegen den Terror (2011) (D) [1410]
13 S.
   Andreas Winterer
   Scott Bradley (C) (SF)
   evolver, 3, 978-3-9502558-3-6

Massaker der matschigen Androiden (2011) (D) [1411]
14 S.
   Andreas Winterer
   Scott Bradley (C) (SF)
   evolver, 3, 978-3-9502558-3-6

Die Mutanten des Untergrunds (2011) (D) [1412]
10 S.
   Andreas Winterer
   Scott Bradley (C) (SF)
   evolver, 3, 978-3-9502558-3-6

Natürliche Auslese (2011) (D) [1413]
11 S.
   Andreas Winterer
   Scott Bradley (C) (SF)
   evolver, 3, 978-3-9502558-3-6

Das Orakel von Enig M-A XXIII (2011) (D) [1414]
16 S.
   Andreas Winterer
   Scott Bradley (C) (SF)
   evolver, 3, 978-3-9502558-3-6

Schleimgeschöpfe auf Trijon Delta X-10 (2011) (D) [1415]
7 S.
   Andreas Winterer
   Scott Bradley (C) (SF)
   evolver, 3, 978-3-9502558-3-6

Schnitzeljagd (2011) (D) [1416]
15 S.
   Andreas Winterer
   Scott Bradley (C) (SF)
   evolver, 3, 978-3-9502558-3-6

Seminar für Eroberer und Imperatoren (2011) (D) [1417]
13 S.
   Andreas Winterer
   Scott Bradley (C) (SF)
   evolver, 3, 978-3-9502558-3-6

Die trunkene Bedrohung (2011) (D) [1418]
11 S.
  Andreas Winterer
  Scott Bradley (C) (SF)
  evolver, 3, 978-3-9502558-3-6

Urlaub auf Klendathu III (2011) (D) [1419]
5 S.
  Andreas Winterer
  Scott Bradley (C) (SF)
  evolver, 3, 978-3-9502558-3-6

Zwischenfall im Interstellar-Expreß (2011) (D) [1420]
13 S.
  Robert Draxler, Peter Hiess (Hrsg.)
  Super Pulp 1 (SF)
  evolver, 2, 978-3-9502558-2-9

Pia Winterwerber

Krähenspuren (2011) (D) [1421]
5 S.
  Jürgen Eglseer (Hrsg.)
  Phantast 3 (SF)
  Privatdruck Phantast, 3

Adriana Wipperling

Kindermund (2011) (D) [1422]
13 S.
  Adriana Wipperling (Hrsg.)
  Das Zeitschiff der Tannari (SF)
  Engelsdorfer Allgemeine Reihe, 2149, 978-3-86268-149-5

Metamorphose (2011) (D) [1423]
9 S.
  Adriana Wipperling (Hrsg.)
  Das Zeitschiff der Tannari (SF)
  Engelsdorfer Allgemeine Reihe, 2149, 978-3-86268-149-5

Anneliese Wipperling

Falsches Licht (2011) (D) [1424]
16 S.
  Adriana Wipperling (Hrsg.)
  Das Zeitschiff der Tannari (SF)
  Engelsdorfer Allgemeine Reihe, 2149, 978-3-86268-149-5

Mr. Presidents Hoimmelfahrt (2011) (D) [1425]
44 S.
  Adriana Wipperling (Hrsg.)
  Das Zeitschiff der Tannari (SF)
  Engelsdorfer Allgemeine Reihe, 2149, 978-3-86268-149-5

Torsten Wohlleben

Herr Kaufmann macht sich verdächtig (2011) (D) [1426]
6 S.
  Hendrik Werner (Hrsg.)
  Bremen 2041 (SF)
  Weser-Kurier, 34, 978-3-938795-34-7

Felix Woitkowski

Adisons Pforte (2011) (D) [1427]
18 S.
  Alisha Bionda (Hrsg.)
  Odem des Todes (HO)
  Voodoo Press Allgemeine Reihe, 6, 978-3-902802-06-4

Arthur Gordon Wolf

Die Geister der Vergangenheit (2011) (D) [1428]
18 S.
  Alisha Bionda (Hrsg.)
  Odem des Todes (HO)
  Voodoo Press Allgemeine Reihe, 6, 978-3-902802-06-4

Damian Wolfe

Der Handel (2011) (D) [1429]
14 S.
  Alisha Bionda (Hrsg.)
  Odem des Todes (HO)
  Voodoo Press Allgemeine Reihe, 6, 978-3-902802-06-4

Andreas Wolz

Den Tod falsch einsortiert (2011) (D) [1430]
19 S.
  Stefan Holzhauer (Hrsg.)
  Aethergarn (SF)
  Steampunk-Chroniken, 1

THomas Wüstemann

Gedanken an Schmetterlinge (2011) (D) [1431]
26 S.
  Stefan Holzhauer (Hrsg.)
  Aethergarn (SF)
  Steampunk-Chroniken, 1

Reni Zawrel

Aus der Tiefe (2011) (D) [1432]
35 S.
  Dieter König (Hrsg.)
  Paradoxon (SF)
  Sarturia SF, 2006, 978-3-940830-06-7

André Ziegenmeyer

Alfons und die Traumdiebe (2011) (D) [1433]
10 S.
  André Ziegenmeyer
  Sex, Drugs & Feenstaub (C) (F)
  periplaneta Ed. Drachenfliege, 68, 978-3-940767-68-4

Beschämte Götter (2011) (D) [1434]
6 S.
  André Ziegenmeyer
  Sex, Drugs & Feenstaub (C) (F)
  periplaneta Ed. Drachenfliege, 68, 978-3-940767-68-4

Gärten des Bösen (2011) (D) [1435]
8 S.
  André Ziegenmeyer
  Sex, Drugs & Feenstaub (C) (F)
  periplaneta Ed. Drachenfliege, 68, 978-3-940767-68-4

Gramwurz und Dämonenginster (2011) (D) [1436]
6 S.
  André Ziegenmeyer
  Sex, Drugs & Feenstaub (C) (F)
  periplaneta Ed. Drachenfliege, 68, 978-3-940767-68-4

Hüter des Waldes (2011) (D) [1437]
8 S.
  André Ziegenmeyer
  Sex, Drugs & Feenstaub (C) (F)
  periplaneta Ed. Drachenfliege, 68, 978-3-940767-68-4

Der letzte Wunsch des Kalifen (2011) (D) [1438]
8 S.
  André Ziegenmeyer
  Sex, Drugs & Feenstaub (C) (F)
  periplaneta Ed. Drachenfliege, 68, 978-3-940767-68-4

Ein Scheibchen Ruhm (2011) (D) [1439]
6 S.
  André Ziegenmeyer
  Sex, Drugs & Feenstaub (C) (F)
  periplaneta Ed. Drachenfliege, 68, 978-3-940767-68-4

Sex, Drugs & Feenstaub (2011) (D) [1440]
10 S.
  André Ziegenmeyer
  Sex, Drugs & Feenstaub (C) (F)
  periplaneta Ed. Drachenfliege, 68, 978-3-940767-68-4

Der Troll, der die Sterne begehrte (2011) (D) [1441]
8 S.
  André Ziegenmeyer
  Sex, Drugs & Feenstaub (C) (F)
  periplaneta Ed. Drachenfliege, 68, 978-3-940767-68-4

Unsterblich 2.0 (2011) (D) [1442]
8 S.
  André Ziegenmeyer
  Sex, Drugs & Feenstaub (C) (F)
  periplaneta Ed. Drachenfliege, 68, 978-3-940767-68-4

Die Zeitarbeiter (2011) (D) [1443]
8 S.
  André Ziegenmeyer
  Sex, Drugs & Feenstaub (C) (F)
  periplaneta Ed. Drachenfliege, 68, 978-3-940767-68-4

Uschi Zietsch

Dornröschen (2009) (D) [1444]
25 S.
  Alisha Bionda (Hrsg.)
  Der Dorn im Auge (PH)
  EDFC Fantasia, 314

Fyrgar - Volk des Feuers (2011) (D) (Auszug) [1445]
6 S.
  Rainer Schwippl (Hrsg.)
  SpecFlash 9 (SF)
  SciFi-World Medien SpecFlash, 9

Mein ist die Nacht (2011) (D) [1446]
10 S.
  Jörg E. Weigand (Hrsg.)
  Zwei Engel der Nacht (F)
  Fabylon Allgemeine Reihe, 33, 978-3-927071-33-9

Pandoras letzter Wille (2008) (D) [1447]
18 S.
  Alisha Bionda (Hrsg.)
  Die Tränen Luzifers (PH)
  EDFC Fantasia, 313

Der perfekte Friede (2011) (D) [1448]
16 S.
  Alisha Bionda (Hrsg.)
  Der perfekte Friede (SF)
  p.machinery Dark Wor(l)ds, 1, 978-3-942533-05-8

Die traurige Festung (2011) (D) (Auszug) [1449]
10 S.
 Rainer Schwippl (Hrsg.)
 SpecFlash 9 (SF)
 SciFi-World Medien SpecFlash, 9

Rüdiger Zuber

Sag den Sternen Lebewohl (2011) (D) [1450]
11 S.
 Hans-Stephan Link (Hrsg.)
 Weltentor Science Fiction 2 (SF)
 Noel, 153, 978-3-942802-53-6

Sag den Sternen Lebewohl (2011) (D) [1451]
11 S.
 Hans-Stephan Link (Hrsg.)
 Weltentor Science Fiction 2 (SF)
 Noel, 156, 978-3-942802-56-7

Andreas Zwengel

Böse Hexen (2011) (D) [1452]
7 S.
 Bernd Walter (Hrsg.)
 Böse Hexen (PH)
 XUN TB, 6, 978-3-8423-7759-2

Volldampf (2011) (D) [1453]
16 S.
 Erik Schreiber (Hrsg.)
 Geheimnisvolle Geschichten 2 (F)
 Saphir im Stahl, 3, 978-3-9813823-3-4

Sekundärliteratur

Gregory Bassham

(mit: Eric Bronson) (Hrsg.)
Der Herr der Ringe und die Philosophie (2011) (D) (SP) [1]
The Lord of the Rings and Philosophy (2003) (US)
Piper Allgemeine Reihe, 5941: 1. Aufl. (TB) (ND) (EA: 2009)
288 S., ISBN: 978-3-492-25941-5

Katharina Block

Sozialutopie (2011) (D) (SP) [2]
wvb, 602: 1. Aufl. (TB) (OA)
103 S., ISBN: 978-3-86573-602-4

Ralf Boldt

(Hrsg.)
Fiktion in Serie (2011) (D) (SP) [3]
SFCD Andromeda Magazin, 151: 1. Aufl. (A4) (OA)
132 S.
Serie: Andromeda Magazin, 151

Klaus Bollhöfener

(Hrsg.)
phantastisch! 44 - Weitere Rezensionen (2011) (D) (SP) [4]
Havemann phantastisch! - e, 44: 1. Aufl. (EP) (OA)
4 S.

Florian Breitsameter

(Hrsg.)
Fandom Observer 262 (2011) (D) (SP) [5]
Editorship S&M Fandom Observer, 262: 1. Aufl. (A4) (OZ)
34 S.
Serie: Fandom Observer, 262

(Hrsg.)
Fandom Observer 269 (2011) (D) (SP) [6]
Editorship S&M Fandom Observer, 269: 1. Aufl. (A4) (OZ)
34 S.
Serie: Fandom Observer, 269

Katharina Chrostek

Utopie und Dystopie bei Michel Houellebecq (2011) (D) (SP) [7]
Lang, 61447: 1. Aufl. (HC) (OA)
180 S., ISBN: 978-3-631-61447-1

Gregory Claeys

Ideale Welten: Die Geschichte der Utopie (2011) (D) (SP) [8]
<unbekannt / unknown> (E)
Theiss, 2461: 1. Aufl. (HC) (DE)
224 S., ISBN: 978-3-8062-2461-0

Detlef Claus

Asiatische Monster- und Science Fiction-Filme (2011) (D) (SP) [9]
Belleville, 4: 1. Aufl. (HC) (OA)
608 S., ISBN: 978-3-943157-04-8

Alexander Demandt

Ungeschehene Geschichte (2011) (D) (SP) [10]
Vandenhoek&Ruprecht, 30020: 1. Aufl. (TB) (ND) (EA: 2001)
190 S., ISBN: 978-3-525-30020-6

Sascha Dickel

Enhancement-Utopien (2011) (D) (SP) [11]
Nomos, 6364: 1. Aufl. (PB) (OA)
354 S., ISBN: 978-3-8329-6364-4

Dennis Ehrhardt

(Hrsg.)
Mystery Press 2011/03 (2011) (D) (SP) [12]
Zaubermond Mystery Press, 201103: 1. Aufl. (EP) (OA)
16 S.

(Hrsg.)
Mystery Press 2011/06 (2011) (D) (SP) [13]
Zaubermond Mystery Press, 201106: 1. Aufl. (EP) (OA)
8 S.

(Hrsg.)
Mystery Press 2011/09 (2011) (D) (SP) [14]
Zaubermond Mystery Press, 201109: 1. Aufl. (EP) (OA)
12 S.

(Hrsg.)
Mystery Press 2011/12 (2011) (D) (SP) [15]
Zaubermond Mystery Press, 201112: 1. Aufl. (EP) (OA)
16 S.

Rainer Eisfeld

Abschied von Weltraumopern (C) (2011) (D) (SP) [16]
Dieter von Reeken, 47: 2. Aufl. (TB) (OA)
160 S., ISBN: 978-3-940679-47-5

Peter Emmerich

(Hrsg.)
Sumpfgeblubber 80 (2011) (D) (SP) [17]
Fantasy Club Sumpfgeblubber, 80: 1. Aufl. (EP) (OA)
16 S.
Serie: Fanzine: Sumpfgeblubber, 80

(Hrsg.)
Sumpfgeblubber 81 (2011) (D) (SP) [18]
Fantasy Club Sumpfgeblubber, 81: 1. Aufl. (EP) (OA)
16 S.
Serie: Fanzine: Sumpfgeblubber, 81

(Hrsg.)
Sumpfgeblubber 82 (2011) (D) (SP) [19]
Fantasy Club Sumpfgeblubber, 82: 1. Aufl. (EP) (OA)
16 S.
Serie: Fanzine: Sumpfgeblubber, 82

(Hrsg.)
Sumpfgeblubber 83 (2011) (D) (SP) [20]
Fantasy Club Sumpfgeblubber, 83: 1. Aufl. (EP) (OA)
24 S.
Serie: Fanzine: Sumpfgeblubber, 83

(Hrsg.)
Sumpfgeblubber 84 (2011) (D) (SP) [21]
Fantasy Club Sumpfgeblubber, 84: 1. Aufl. (EP) (OA)
8 S.
Serie: Fanzine: Sumpfgeblubber, 84

(Hrsg.)
Sumpfgeblubber 85 (2011) (D) (SP) [22]
Fantasy Club Sumpfgeblubber, 85: 1. Aufl. (EP) (OA)
20 S.
Serie: Fanzine: Sumpfgeblubber, 85

(Hrsg.)
Sumpfgeblubber 86 (2011) (D) (SP) [23]
Fantasy Club Sumpfgeblubber, 86: 1. Aufl. (EP) (OA)
20 S.
Serie: Fanzine: Sumpfgeblubber, 86

(Hrsg.)
Sumpfgeblubber 87 (2011) (D) (SP) [24]
Fantasy Club Sumpfgeblubber, 87: 1. Aufl. (EP) (OA)
20 S.
Serie: Fanzine: Sumpfgeblubber, 87

(Hrsg.)
Sumpfgeblubber 88 (2011) (D) (SP) [25]
Fantasy Club Sumpfgeblubber, 88: 1. Aufl. (EP) (OA)
20 S.
Serie: Fanzine: Sumpfgeblubber, 88

(Hrsg.)
Sumpfgeblubber 89 (2011) (D) (SP) [26]
Fantasy Club Sumpfgeblubber, 89: 1. Aufl. (EP) (OA)
28 S.
Serie: Fanzine: Sumpfgeblubber, 89

(Hrsg.)
Sumpfgeblubber 90 (2011) (D) (SP) [27]
Fantasy Club Sumpfgeblubber, 90: 1. Aufl. (EP) (OA)
12 S.
Serie: Fanzine: Sumpfgeblubber, 90

(Hrsg.)
Sumpfgeblubber 91 (2011) (D) (SP) [28]
Fantasy Club Sumpfgeblubber, 91: 1. Aufl. (EP) (OA)
12 S.
Serie: Fanzine: Sumpfgeblubber, 91

(Hrsg.)
Sumpfgeblubber 92 (2011) (D) (SP) [29]
Fantasy Club Sumpfgeblubber, 92: 1. Aufl. (EP) (OA)
20 S.
Serie: Fanzine: Sumpfgeblubber, 92

(Hrsg.)
Vom Auftauchen und Wirken der Substanz von Mhjin, Teil 2.01
- Yddia (2011) (D) (SP) [30]
Fantasy Club: 1. Aufl. (EP) (OA)
184 S.

Heike Endter
Ökonomische Utopien und ihre Bilder in Science
Fiction-Filmen (2011) (D) (SP) [31]
Moderne Kunst, 119: 1. Aufl. (TB) (OA)
184 S., ISBN: 978-3-86984-119-9

Günther Freunek
(Hrsg.)
Fandom Observer 263 (2011) (D) (SP) [32]
Editorship S&M Fandom Observer, 263: 1. Aufl. (A4) (OZ)
28 S.
Serie: Fandom Observer, 263

(Hrsg.)
Fandom Observer 267 (2011) (D) (SP) [33]
Editorship S&M Fandom Observer, 267: 1. Aufl. (A4) (OZ)
26 S.
Serie: Fandom Observer, 267

Hans Frey

Alfred Bester (2011) (D) (SP) [34]
Shayol SF Personality, 22: 1. Aufl. (PB) (OA)
135 S., ISBN: 978-3-943279-00-9
Serie: SF Personality, 22

Der galaktische Voltaire - Die Welten des Isaac Asimov (2011) (D)
(SP) [35]
AVM, 86: 1. Aufl. (TB) (OA)
500 S., ISBN: 978-3-86924-086-2

Klaus N. Frick

(mit: Elke Rohwer) (Hrsg.)
Fünfzig Jahre Zukunft: WeltCon 2011 (2011) (D) (SP) [36]
Pabel-Moewig: 1. Aufl. (HC) (OA)
158 S.
Serie: Perry Rhodan

Olaf Funke

(Hrsg.)
Fandom Observer 261 (2011) (D) (SP) [37]
Editorship S&M Fandom Observer, 261: 1. Aufl. (A4) (OZ)
24 S.
Serie: Fandom Observer, 261

(Hrsg.)
Fandom Observer 265 (2011) (D) (SP) [38]
Editorship S&M Fandom Observer, 265: 1. Aufl. (A4) (OZ)
24 S.
Serie: Fandom Observer, 265

(Hrsg.)
Fandom Observer 268 (2011) (D) (SP) [39]
Editorship S&M Fandom Observer, 268: 1. Aufl. (A4) (OZ)
24 S.
Serie: Fandom Observer, 268

Heinz J. Galle

(mit: Dieter von Reeken)
Paul Alfred Müller (2011) (D) (SP) [40]
Dieter von Reeken, 50: 1. Aufl. (TB) (OA)
207 S., ISBN: 978-3-940679-50-5

Peter M. Gaschler

Das Phantastik-Filmjahr 2009 1 (2011) (D) (SP) [41]
EDFC Fantasia, 321: 1. Aufl. (EB) (OA)
214 S.
Serie: Fantasia, 321

Das Phantastik-Filmjahr 2009 2 (2011) (D) (SP) [42]
EDFC Fantasia, 322: 1. Aufl. (EB) (OA)
199 S.
Serie: Fantasia, 322

Das Phantastik-Filmjahr 2009 3 (2011) (D) (SP) [43]
EDFC Fantasia, 323: 1. Aufl. (EB) (OA)
194 S.
Serie: Fantasia, 323

Das Phantastik-Filmjahr 2009 4 (2011) (D) (SP) [44]
EDFC Fantasia, 324: 1. Aufl. (EB) (OA)
200 S.
Serie: Fantasia, 324

Das Phantastik-Filmjahr 2009 5 (2011) (D) (SP) [45]
EDFC Fantasia, 325: 1. Aufl. (EB) (OA)
188 S.
Serie: Fantasia, 325

Das Phantastik-Filmjahr 2009 6 (2011) (D) (SP) [46]
EDFC Fantasia, 326: 1. Aufl. (EB) (OA)
167 S.
Serie: Fantasia, 326

Das Phantastik-Filmjahr 2009 7 (2011) (D) (SP) [47]
EDFC Fantasia, 327: 1. Aufl. (EB) (OA)
228 S.
Serie: Fantasia, 327

Das Phantastik-Filmjahr 2009 8 (2011) (D) (SP) [48]
EDFC Fantasia, 328: 1. Aufl. (EB) (OA)
330 S.
Serie: Fantasia, 328

Klaus Geus
(Hrsg.)
Utopien, Zukunftsvorstellungen, Gedankenexperimente (2011) (D) (SP)
[49]
Lang Allgemeine Reihe, 60485: 1. Aufl. (HC) (OA)
253 S., ISBN: 978-3-631-60485-4

Michael Haitel
(Hrsg.)
Andromeda Nachrichten 232 (2011) (D) (SP) [50]
SFCD Andromeda Nachr., 232: 1. Aufl. (A4) (OA)
138 S.
Serie: Andromeda Nachrichten, 232

(Hrsg.)
Andromeda Nachrichten 233 (2011) (D) (SP) [51]
SFCD Andromeda Nachr., 233: 1. Aufl. (A4) (OA)
135 S.
Serie: Andromeda Nachrichten, 233

(Hrsg.)
Andromeda Nachrichten 234 (2011) (D) (SP) [52]
SFCD Andromeda Nachr., 234: 1. Aufl. (A4) (OA)
112 S.
Serie: Andromeda Nachrichten, 234

(Hrsg.)
Andromeda Nachrichten 235 (2011) (D) (SP) [53]
SFCD Andromeda Nachr., 235: 1. Aufl. (A4) (OA)
136 S.
Serie: Andromeda Nachrichten, 235

(Hrsg.)
Sternenlieder, Schattenlieder (2011) (D) (SP) [54]
SFCD Andromeda Magazin, 149: 1. Aufl. (A4) (OA)
74 S.
Serie: Andromeda Magazin, 149

Erich Herbst
(Hrsg.)
Ellerts Stammtisch Post 148 (2011) (D) (SP) [55]
PR Stammtisch Ellert Stammtisch Post, 148: 1. Aufl. (EP) (OA)
4 S.
Serie: Fanzine: Ellerts Stammtisch Post, 148

(Hrsg.)
Ellerts Stammtisch Post 149 (2011) (D) (SP) [56]
PR Stammtisch Ellert Stammtisch Post, 149: 1. Aufl. (EP) (OA)
2 S.
Serie: Fanzine: Ellerts Stammtisch Post, 149

(Hrsg.)
Ellerts Stammtisch Post 150 (2011) (D) (SP) [57]
PR Stammtisch Ellert Stammtisch Post, 150: 1. Aufl. (EP) (OA)
4 S.
Serie: Fanzine: Ellerts Stammtisch Post, 150

(Hrsg.)
Ellerts Stammtisch Post 151 (2011) (D) (SP) [58]
PR Stammtisch Ellert Stammtisch Post, 151: 1. Aufl. (EP) (OA)
5 S.
Serie: Fanzine: Ellerts Stammtisch Post, 151

(Hrsg.)
Ellerts Stammtisch Post 152 (2011) (D) (SP) [59]
PR Stammtisch Ellert Stammtisch Post, 152: 1. Aufl. (EP) (OA)
5 S.
Serie: Fanzine: Ellerts Stammtisch Post, 152

(Hrsg.)
Ellerts Stammtisch Post 153 (2011) (D) (SP) [60]
PR Stammtisch Ellert Stammtisch Post, 153: 1. Aufl. (EP) (OA)
4 S.
Serie: Fanzine: Ellerts Stammtisch Post, 153

(Hrsg.)
Ellerts Stammtisch Post 154 (2011) (D) (SP) [61]
PR Stammtisch Ellert Stammtisch Post, 154: 1. Aufl. (EP) (OA)
4 S.
Serie: Fanzine: Ellerts Stammtisch Post, 154

(Hrsg.)
Ellerts Stammtisch Post 155 (2011) (D) (SP) [62]
PR Stammtisch Ellert Stammtisch Post, 155: 1. Aufl. (EP) (OA)
5 S.
Serie: Fanzine: Ellerts Stammtisch Post, 155

(Hrsg.)
Ellerts Stammtisch Post 156 (2011) (D) (SP) [63]
PR Stammtisch Ellert Stammtisch Post, 156: 1. Aufl. (EP) (OA)
7 S.
Serie: Fanzine: Ellerts Stammtisch Post, 156

(Hrsg.)
Ellerts Stammtisch Post 157 (2011) (D) (SP) [64]
PR Stammtisch Ellert Stammtisch Post, 157: 1. Aufl. (EP) (OA)
8 S.
Serie: Fanzine: Ellerts Stammtisch Post, 157

(Hrsg.)
Ellerts Stammtisch Post 158 (2011) (D) (SP) [65]
PR Stammtisch Ellert Stammtisch Post, 158: 1. Aufl. (EP) (OA)
4 S.
Serie: Fanzine: Ellerts Stammtisch Post, 158

(Hrsg.)
Ellerts Stammtisch Post 159 (2011) (D) (SP) [66]
PR Stammtisch Ellert Stammtisch Post, 159: 1. Aufl. (EP) (OA)
6 S.
Serie: Fanzine: Ellerts Stammtisch Post, 159

(Hrsg.)
Raumschiff Rosengarten: Ansichten von Perry Rhodan WeltCon
2011 (2011) (D) (SP) [67]
PR Stammtisch Ellert Stammtisch Post Sond, 12: 1. Aufl. (EP) (OA)
30 S.
Serie: Fanzine: Ellerts Stammtisch Post S., 12

Thomas A. Herrig

Wo noch nie eine Frau zuvor gewesen ist (2011) (D) (SP) [68]
Tectum Allgemeine Reihe, 2567: 1. Aufl. (HC) (OA)
206 S., ISBN: 978-3-8288-2567-3

Mike Hillenbrand

(mit: Christian Humberg)
Trek-Minds (2011) (D) (SP) [69]
In Farbe und Bunt: 1. Aufl. (TB) (OA)
133 S., ISBN: 978-3-941864-00-9

Birthe Hohm

Science Fiction-Fans als realitätsfremde Nerds und Geeks –
Wahrheit oder überzogenes Vorurteil? (2011) (D) (SP) [70]
Editorship S&M Fandom Observer Spec, 1: 1. Aufl. (EP) (OA)
12 S.

Dominik Irtenkauf

Vlad Tepes: Vampir oder Tyrann? (2011) (D) (SP) [71]
Havemann phantastisch! - e, 43: 1. Aufl. (EP) (OA)
6 S.

Wolfgang Jeschke

(mit: Sascha Mamczak, Sebastian Pirling) (Hrsg.)
Das SF-Jahr 2011 (2011) (D) (SP) [72]
<unbekannt / unknown> (MX)
Heyne SF & F, 53379: 1. Aufl. (TB) (OA)
1307 S., ISBN: 978-3-453-53379-0
Serie: Das SF-Jahr, 26

Katja Kailer

Science Fiction: Gen- und Reproduktionstechnologie in
populären Spielfilmen (2011) (D) (SP) [73]
Logos, 2545: 1. Aufl. (TB) (OA)
196 S., ISBN: 978-3-8325-2545-3

Martin Kempf

(Hrsg.)
Fandom Observer 260 (2011) (D) (SP) [74]
Editorship S&M Fandom Observer, 260: 1. Aufl. (A4) (OZ)
26 S.
Serie: Fandom Observer, 260

(Hrsg.)
Fandom Observer 266 (2011) (D) (SP) [75]
Editorship S&M Fandom Observer, 266: 1. Aufl. (A4) (OZ)
34 S.
Serie: Fandom Observer, 266

Hardy Kettlitz

(mit: Christian Hoffmann)
Robert Sheckley (2011) (D) (SP) [76]
Shayol SF Personality, 21: 1. Aufl. (PB) (OA)
205 S., ISBN: 978-3-926126-95-5
Serie: SF Personality, 21

Reinhard Kück

Die Politik in Harry Potter-Romanen (2011) (D) (SP) [77]
createspace.com Allgemeine Reihe, 854: 1. Aufl. (TB) (ND)
144 S., ISBN: 978-1-4611-0854-2

Thomas Le Blanc

(Hrsg.)
Neue Welten (2011) (D) (SP) [78]
Ph. Bib. Wetzlar: 1. Aufl. (EP) (OA)
40 S.

Gerrit Lembke

Walter Moers' Zamonien-Romane (2011) (D) (SP) [79]
V&R unipress, 906: 1. Aufl. (TB) (OA)
330 S., ISBN: 978-3-89971-906-2

Stefan Manske

(Hrsg.)
SFCD-intern 10 (2011) (D) (SP) [80]
SFCD SFCD-intern, 10: 1. Aufl. (RH) (OA)
8 S.

Armin Möhle

(Hrsg.)
Fanzine-Kurier 149 (2011) (D) (SP) [81]
Whispering Times Fanzine-Kurier, 149: 1. Aufl. (EP) (OA)
16 S.

(Hrsg.)
Fanzine-Kurier 150 (2011) (D) (SP) [82]
Whispering Times Fanzine-Kurier, 150: 1. Aufl. (EP) (OA)
16 S.

(Hrsg.)
Fanzine-Kurier 151 (2011) (D) (SP) [83]
Whispering Times Fanzine-Kurier, 151: 1. Aufl. (EP) (OA)
12 S.

Fanzine-Kurier Geschichte (2011) (D) (SP) [84]
Whispering Times Fanzine-Kurier: 1. Aufl. (EP) (OA)
3 S.

René Moreau

(Hrsg.)
Exodus: Reaktionen auf Exodus 27 (2011) (D) (SP) [85]
SF-Flohmarkt Exodus Reaktionen, 28: 1. Aufl. (EP) (OA)
10 S.

Manfred Müller jr.

(Hrsg.)
Fandom Observer 259 (2011) (D) (SP) [86]
Editorship S&M Fandom Observer, 259: 1. Aufl. (A4) (OZ)
28 S.
Serie: Fandom Observer, 259

(Hrsg.)
Fandom Observer 264 (2011) (D) (SP) [87]
Editorship S&M Fandom Observer, 264: 1. Aufl. (A4) (OZ)
28 S.
Serie: Fandom Observer, 264

(Hrsg.)
Fandom Observer 270 (2011) (D) (SP) [88]
Editorship S&M Fandom Observer, 270: 1. Aufl. (A4) (OZ)
34 S.
Serie: Fandom Observer, 270

Paul Alfred Müller

Welträtsel Universum (C) (2011) (D) (SP) [89]
Dieter von Reeken, 45: 1. Aufl. (TB) (NZ)
317 S., ISBN: 978-3-940679-45-1

Michael Nagula

Perry Rhodan - Die Chronik 1 (2011) (D) (SP) [90]
Koch Hannibal, 326: 1. Aufl. (HC) (OA)
527 S., ISBN: 978-3-85445-326-0
Serie: Perry Rhodan

Perry Rhodan - Die Chronik 2 (2011) (D) (SP) [91]
Koch Hannibal, 330: 1. Aufl. (HC) (OA)
573 S., ISBN: 978-3-85445-330-7
Serie: Perry Rhodan

Ben Robinson

(mit: Marcus Riley)
Star Trek U.S.S. Enterprise: Technisches Handbuch (2011) (D) (SP)
[92]
USS Enterprise Owner's Workshop Manual (2010) (E)
Ü: Christian Humberg
Heel Allgemeine Reihe, 453: 1. Aufl. (PB) (DE)
159 S., ISBN: 978-3-86852-453-6
Serie: Enterprise

Franz Rottensteiner

(Hrsg.)
Quarber Merkur 112 (2011) (D) (SP) [93]
Lindenstruth Quarber Merkur, 112: 1. Aufl. (TB) (OA)
298 S., ISBN: 978-3-934273-91-7
Serie: Quarber Merkur, 112

Thomas Schölderle

Utopia und Utopie (2011) (D) (SP) [94]
Nomos, 5840: 1. Aufl. (TB) (OA)
540 S., ISBN: 978-3-8329-5840-4

Erik Schreiber

Deutsche Phantastik 2010: A - G (C) (2011) (D) (SP) [95]
EDFC Fantasia, 309: 1. Aufl. (EB) (OA)
166 S.
Serie: Fantasia, 309

Deutsche Phantastik 2010: H - K (C) (2011) (D) (SP) [96]
EDFC Fantasia, 310: 1. Aufl. (EB) (OA)
165 S.
Serie: Fantasia, 310

Deutsche Phantastik 2010: L - P (C) (2011) (D) (SP) [97]
EDFC Fantasia, 311: 1. Aufl. (EB) (OA)
179 S.
Serie: Fantasia, 311

Deutsche Phantastik 2010: R - Z (C) (2011) (D) (SP) [98]
EDFC Fantasia, 312: 1. Aufl. (EB) (OA)
167 S.
Serie: Fantasia, 312

Der phantastische Bücherbrief 2011/01 (C) (2011) (D) (SP) [99]
Club phantast. Lit. Bücherbrief, 556: 1. Aufl. (EP) (OA)
28 S.
Serie: Phantastischer Bücherbrief, 556

Der phantastische Bücherbrief 2011/02 (C) (2011) (D) (SP) [100]
Club phantast. Lit. Bücherbrief, 562: 1. Aufl. (EP) (OA)
36 S.
Serie: Phantastischer Bücherbrief, 562

Der phantastische Bücherbrief 2011/02: Chiara Strazulla (C) (2011)
(D) (SP) [101]
Club phantast. Lit. Bücherbrief, 559: 1. Aufl. (EP) (OA)
12 S.
Serie: Phantastischer Bücherbrief, 559

Der phantastische Bücherbrief 2011/02: Hans Joachim Alpers (C) (2011)
(D) (SP) [102]
Club phantast. Lit. Bücherbrief, 560: 1. Aufl. (EP) (OA)
8 S.
Serie: Phantastischer Bücherbrief, 560

Der phantastische Bücherbrief 2011/02: Role Play Convention (C)
(2011) (D) (SP) [103]
Club phantast. Lit. Bücherbrief, 558: 1. Aufl. (EP) (OA)
8 S.
Serie: Phantastischer Bücherbrief, 558

Der phantastische Bücherbrief 2011/02: Thilo Corzilius (C) (2011) (D)
(SP) [104]
Club phantast. Lit. Bücherbrief, 561: 1. Aufl. (EP) (OA)
8 S.
Serie: Phantastischer Bücherbrief, 561

Der phantastische Bücherbrief 2011/02: www.fictionfantasy.de (C)
(2011) (D) (SP) [105]
Club phantast. Lit. Bücherbrief, 557: 1. Aufl. (EP) (OA)
8 S.
Serie: Phantastischer Bücherbrief, 557

Der phantastische Bücherbrief 2011/03 (C) (2011) (D) (SP) [106]
Club phantast. Lit. Bücherbrief, 564: 1. Aufl. (EP) (OA)
32 S.
Serie: Phantastischer Bücherbrief, 564

Der phantastische Bücherbrief 2011/03: Erinnerungen (C) (2011) (D)
(SP) [107]
Club phantast. Lit. Bücherbrief, 563: 1. Aufl. (EP) (OA)
8 S.
Serie: Phantastischer Bücherbrief, 563

Der phantastische Bücherbrief 2011/04 (C) (2011) (D) (SP) [108]
Club phantast. Lit. Bücherbrief, 565: 1. Aufl. (EP) (OA)
52 S.
Serie: Phantastischer Bücherbrief, 565

Der phantastische Bücherbrief 2011/04: Christiane Lind (C) (2011) (D)
(SP) [109]
Club phantast. Lit. Bücherbrief, 566: 1. Aufl. (EP) (OA)
8 S.
Serie: Phantastischer Bücherbrief, 566

Der phantastische Bücherbrief 2011/05 (C) (2011) (D) (SP) [110]
Club phantast. Lit. Bücherbrief, 569: 1. Aufl. (EP) (OA)
32 S.
Serie: Phantastischer Bücherbrief, 569

Der phantastische Bücherbrief 2011/05: Gail Carriger (C) (2011) (D)
(SP) [111]
Club phantast. Lit. Bücherbrief, 567: 1. Aufl. (EP) (OA)
12 S.
Serie: Phantastischer Bücherbrief, 567

Der phantastische Bücherbrief 2011/05: Nina Blazon (C) (2011) (D)
(SP) [112]
Club phantast. Lit. Bücherbrief, 568: 1. Aufl. (EP) (OA)
12 S.
Serie: Phantastischer Bücherbrief, 568

Der phantastische Bücherbrief 2011/06 (C) (2011) (D) (SP) [113]
Club phantast. Lit. Bücherbrief, 570: 1. Aufl. (EP) (OA)
48 S.
Serie: Phantastischer Bücherbrief, 570

Der phantastische Bücherbrief 2011/07 (C) (2011) (D) (SP) [114]
Club phantast. Lit. Bücherbrief, 571: 1. Aufl. (EP) (OA)
36 S.
Serie: Phantastischer Bücherbrief, 571

Der phantastische Bücherbrief 2011/08 (C) (2011) (D) (SP) [115]
Club phantast. Lit. Bücherbrief, 572: 1. Aufl. (EP) (OA)
28 S.
Serie: Phantastischer Bücherbrief, 572

Der phantastische Bücherbrief 2011/09 (C) (2011) (D) (SP) [116]
Club phantast. Lit. Bücherbrief, 573: 1. Aufl. (EP) (OA)
36 S.
Serie: Phantastischer Bücherbrief, 573

Der phantastische Bücherbrief 2011/09: Susan Beth Pfeffer (C) (2011)
(D) (SP) [117]
Club phantast. Lit. Bücherbrief, 574: 1. Aufl. (EP) (OA)
8 S.
Serie: Phantastischer Bücherbrief, 574

Der phantastische Bücherbrief 2011/10 (C) (2011) (D) (SP) [118]
Club phantast. Lit. Bücherbrief, 575: 1. Aufl. (EP) (OA)
48 S.
Serie: Phantastischer Bücherbrief, 575

Der phantastische Bücherbrief 2011/11 (C) (2011) (D) (SP) [119]
Club phantast. Lit. Bücherbrief, 576: 1. Aufl. (EP) (OA)
52 S.
Serie: Phantastischer Bücherbrief, 576

Der phantastische Bücherbrief 2011/12 (C) (2011) (D) (SP) [120]
Club phantast. Lit. Bücherbrief, 577: 1. Aufl. (EP) (OA)
48 S.
Serie: Phantastischer Bücherbrief, 577

Franz Schröpf

Aus der Welt der Phantastik (C) (2011) (D) (SP) [121]
EDFC Fantasia, 316: 1. Aufl. (EB) (OA)
158 S.
Serie: Fantasia, 316

Aus der Welt der Phantastik (C) (2011) (D) (SP) [122]
EDFC Fantasia, 317: 1. Aufl. (EB) (OA)
158 S.
Serie: Fantasia, 317

Aus der Welt der Phantastik (C) (2011) (D) (SP) [123]
EDFC Fantasia, 318: 1. Aufl. (EB) (OA)
160 S.
Serie: Fantasia, 318

Aus der Welt der Phantastik (C) (2011) (D) (SP) [124]
EDFC Fantasia, 329: 1. Aufl. (EB) (OA)
129 S.
Serie: Fantasia, 329

Aus der Welt der Phantastik (C) (2011) (D) (SP) [125]
EDFC Fantasia, 330: 1. Aufl. (EB) (OA)
132 S.
Serie: Fantasia, 330

Aus der Welt der Phantastik (C) (2011) (D) (SP) [126]
EDFC Fantasia, 331: 1. Aufl. (EB) (OA)
140 S.
Serie: Fantasia, 331

Aus der Welt der Phantastik (C) (2011) (D) (SP) [127]
EDFC Fantasia, 336: 1. Aufl. (EB) (OA)
159 S.
Serie: Fantasia, 336

Aus der Welt der Phantastik (C) (2011) (D) (SP) [128]
EDFC Fantasia, 337: 1. Aufl. (EB) (OA)
162 S.
Serie: Fantasia, 337

Aus der Welt der Phantastik (C) (2011) (D) (SP) [129]
EDFC Fantasia, 338: 1. Aufl. (EB) (OA)
161 S.
Serie: Fantasia, 338

Aus der Welt der Phantastik (C) (2011) (D) (SP) [130]
EDFC Fantasia, 339: 1. Aufl. (EB) (OA)
174 S.
Serie: Fantasia, 339

Aus der Welt der Phantastik (C) (2011) (D) (SP) [131]
EDFC Fantasia, 340: 1. Aufl. (EB) (OA)
157 S.
Serie: Fantasia, 340

Aus der Welt der Phantastik (C) (2011) (D) (SP) [132]
EDFC Fantasia, 341: 1. Aufl. (EB) (OA)
154 S.
Serie: Fantasia, 341

Aus der Welt der Phantastik (C) (2011) (D) (SP) [133]
EDFC Fantasia, 342: 1. Aufl. (EB) (OA)
161 S.
Serie: Fantasia, 342

Aus der Welt der Phantastik (C) (2011) (D) (SP) [134]
EDFC Fantasia, 343: 1. Aufl. (EB) (OA)
142 S.
Serie: Fantasia, 343

Laurence C. Smith

Die Welt im Jahr 2050 (2011) (D) (SP) [135]
The World in 2050 (2010) (US)
Ü: Martin Pfeiffer, Udo Rennert
Dt. Vlg-Anst. Allgemeine Reihe, 4401: 1. Aufl. (HC) (DE)
480 S., ISBN: 978-3-421-04401-3

Hermann Urbanek

Der Phantastik-Buchmarkt 2010: Buchverlage A-E (2011) (D) (SP) [136]
EDFC Fantasia, 344: 1. Aufl. (EB) (OA)
173 S.
Serie: Fantasia, 344

Der Phantastik-Buchmarkt 2010: Buchverlage F-K (2011) (D) (SP) [137]
EDFC Fantasia, 345: 1. Aufl. (EB) (OA)
125 S.
Serie: Fantasia, 345

Der Phantastik-Buchmarkt 2010: Buchverlage L-P (2011) (D) (SP) [138]
EDFC Fantasia, 346:   1. Aufl. (EB) (OA)
171 S.
Serie: Fantasia, 346

Der Phantastik-Buchmarkt 2010: Buchverlage R-Z (2011) (D) (SP) [139]
EDFC Fantasia, 347:   1. Aufl. (EB) (OA)
173 S.
Serie: Fantasia, 347

Der Phantastik-Buchmarkt 2010: Taschenbücher (2011) (D) (SP) [140]
EDFC Fantasia, 348:   1. Aufl. (EB) (OA)
214 S.
Serie: Fantasia, 348

Der Phantastik-Buchmarkt 2010: Verschiedenes (2011) (D) (SP) [141]
EDFC Fantasia, 349:   1. Aufl. (EB) (OA)
97 S.
Serie: Fantasia, 349

Christian Wagnsonner

(Hrsg.)
Star Trek für Auslandseinsätze? (2011) (D) (SP) [142]
Religion und Frieden, 12:   1. Aufl. (TB) (OA)
223 S., ISBN: 978-3-902761-12-5

Marek Winiarczyk

Die hellenistischen Utopien (2011) (D) (SP) [143]
De Gruyter, 26381:   1. Aufl. (HC) (OA)
359 S., ISBN: 978-3-11-026381-7

Heinz Wipperfürth

(Hrsg.)
Exodus-Rundschau 04/2011 (2011) (D) (SP) [144]
SF-Flohmarkt Exodus Rundschau, 201104:   1. Aufl. (EP) (OA)
4 S.

Frank Zeiger

(mit: Andreas Schweitzer) (Hrsg.)
Perry Rhodan Jahrbuch 1961 (2011) (D) (SP) [145]
SFC Universum Perry Rhodan Jahrb., 1961:   1. Aufl. (TB) (OA)
128 S.
Serie: Perry Rhodan - Jahrbuch, 1961

(mit: Andreas Schweitzer) (Hrsg.)
Perry Rhodan Jahrbuch 2010 (2011) (D) (SP) [146]
SFC Universum Perry Rhodan Jahrb., 2010:   1. Aufl. (TB) (OA)
382 S.
Serie: Perry Rhodan - Jahrbuch, 2010

Verlagsstatistik

Heyne	105
Blanvalet	68
Bastei	62
Bastei-Lübbe	57
Moewig	56
Piper	51
EDFC	42
Libri	37
Heise	26
Unitall	26
Mohlberg	25
Panini	23
Club phantast. Lit.	22
Goldmann	21
AAVAA	20
Egmont	19
Atlantis	18
Carlsen	18
Noel	18
Privatdruck	18

www.ingramcontent.com/pod-product-compliance
Lightning Source LLC
Chambersburg PA
CBHW061958280526
45787CB00005B/1910